KB214605

BIBLE in Hand 교양인을 위한 성경

구약 | 출애굽기

영광의 탈출,
새로운 삶을 향하여

해제 **김근주**

샘이다
프로젝트

해제 김근주 | 기독연구원 느헤미야 연구위원

서울대학교 경제학과를 졸업하고, 장로회신학대학교 신학대학원에서
목회학 석사(M.Div.)와 신학 석사(Th.M.) 학위를 받은 후,
영국 옥스퍼드대학교에서 칠십인역 이사야서의 신학적 특징을 다룬
논문(The Identity of the Jewish Diaspora in the Septuagint Isaiah)으로
박사(D.Phil.) 학위를 받았다.
기독연구원 느헤미야 연구위원이며, 일산은혜교회 협동목사로 섬기고 있다.
〈복음의 공공성〉(비아토르), 〈특강 예레미야〉〈특강 이사야〉(IVP),
〈나를 넘어서는 성경 읽기〉〈소예언서 어떻게 읽을 것인가 1, 2, 3〉(이상 성서유니온),
〈구약의 숲〉〈다니엘처럼〉〈네 이웃을 네 몸과 같이〉(이상 대장간),
〈구약으로 읽는 부활 신앙〉(SFC출판부) 등을 펴냈다.

영광의 탈출,
새로운 삶을 향하여

믿음에 관심이 있거나 새로 예수를 믿게 된 사람들이 성경을
읽어야 하는데, 이때 전권을 주고 읽으라고 하면 질려서 잘 읽
지를 못한다. 이런 사람들에게 이 책을 권하면 좋을 것 같다.
새번역을 사용하고 있고, 읽으면서 생길 수 있는 질문에 답을
주는 짧은 주석이 붙어 있어서 재미있게 읽을 수 있기 때문이
다. 이 낱권 성경책은 특별히 비신자 전도에 집중하는 가정교
회에서 잘 활용할 수 있을 것이다. 처음 성경을 접하는 분들이
성경을 쉽게 이해하고, 성경 읽는 데 자신감이 생길 것이다.

＿**최영기** | 휴스턴서울교회 은퇴목사, 국제가정교회사역원 초대원장

베스트셀러를 주로 읽는 요즘 사람들은 정작 인류 최고의 베
스트셀러인 성경에는 무지하다. 일반인들이 성경을 읽으려면
먼저 성경은 종교적 경전의 모양새에서 벗어나야 한다. 이 책
은 바로 그런 목적으로 출간되었다. 이제 종교적인 편견을 버
리고 성경을 읽고, 세계 시민에 걸맞은 교양을 가져보자.

＿**방선기** | 일터개발원 이사장

거룩할 '성'과 날 '경' 자로 구성된 성경(聖經)은 우리 삶이 혼돈의 심연으로 빠져들지 않도록 지켜주는 수직의 중심이다. 사람들이 성경에는 오류가 없어야 한다고 믿는 것은 그 때문이다. 성경을 읽다가 모순되는 지점을 발견하는 순간 경건한 사람들은 마치 연모하던 이의 비밀스러운 모습을 본 것처럼 민망해한다. 기독교에 대해 반감을 가진 이들은 '잘코사니!' 하면서 공격의 빌미를 삼는다. 민망해할 것도 없고, 쾌재를 부를 것도 없다. 김근주 교수와 권연경 교수의 안내를 받아 성경 속을 거닐다 보면 그 모순 속에 담긴 삶의 심오함에 가 닿을 것이다. 교회 밖의 사람들은 물론이고 기독교인에게도 이 책은 좋은 길잡이가 되어주리라 믿는다.

_ 김기석 | 청파교회 담임목사

01

이 책에 사용된 한글 번역본은 대한성서공회의 허락을 받아 〈성경전서 새번역〉(2001년)을 사용했습니다.

기독교 성서를 번역, 출판, 반포하는 대한성서공회는 〈성경전서 새번역〉에 대해 "원문의 뜻을 우리말 독자들이 이해할 수 있도록 정확하게 번역하고, 쉬운 현대어로, 우리말 어법에 맞게, 한국교회에서 사용할 수 있도록 번역된 성경"이며, "번역이 명확하지 못했던 본문과 의미 전달이 미흡한 본문은 뜻이 잘 전달되도록 고쳤다. 할 수 있는 대로 번역어투를 없애고, 뜻을 우리말로 표현하려고 노력했다. 그러나 신학적으로 중요한 본문에서는 원문을 그대로 반영하려고 노력했다. 대화문에서는 현대 우리말 존대법을 적용했다"고 밝히고 있습니다.

02

성경 본문 하단은 성경을 읽으면서 생기는 궁금한 내용에 대해 질문과 해제 형식으로 담아냈습니다. 질문은 편집부에서 만들고, 해제는 구약성경은 김근주 교수(기독연구원 느헤미야), 신약성경은 권연경 교수(숭실대 기독교학과)가 맡았습니다.

성경 본문입니다

장을 말합니다

절을
말합니다

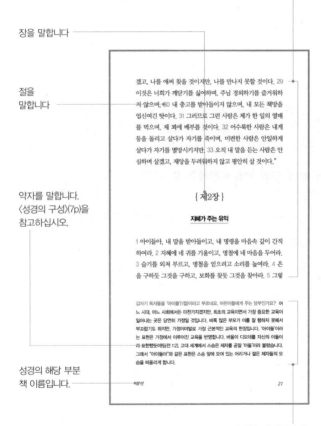

겠고, 나를 애써 찾을 것이지만, 나를 만나지 못할 것이다. 29 이것은 너희가 깨닫기를 싫어하며, 주님 경외하기를 즐거워하지 않으며, 30 내 충고를 받아들이지 않으며, 내 모든 책망을 업신여긴 탓이다. 31 그러므로 그런 사람은 제가 한 일의 열매를 먹으며, 제 꾀에 배부를 것이다. 32 어수룩한 사람은 내게 등을 돌리고 살다가 자기를 죽이며, 미련한 사람은 안일하게 살다가 자기를 멸망시키지만, 33 오직 내 말을 듣는 사람은 안심하며 살겠고, 재앙을 두려워하지 않고 평안히 살 것이다."

{ 제2장 }

지혜가 주는 유익

1 아이들아, 내 말을 받아들이고, 내 명령을 마음속 깊이 간직하여라. 2 지혜에 네 귀를 기울이고, 명철에 네 마음을 두어라. 3 슬기를 외쳐 부르고, 명철을 얻으려고 소리를 높여라. 4 은을 구하듯 그것을 구하고, 보화를 찾듯 그것을 찾아라. 5 그렇

갑자기 독자들을 '아이들'(1절)이라고 부르네요. 어린이들에게 주는 당부인가요? 어느 시대, 어느 사회에서든 마찬가지겠지만, 최초의 교육이면서 가장 중요한 교육이 일어나는 곳은 당연히 가정일 것입니다. 비록 많은 부모가 이를 잘 행하지 못해서 부끄럽기도 하지만, 가정이야말로 가장 근본적인 교육의 현장입니다. '아이들'이라는 표현은 가정에서 이루어진 교육을 반영합니다. 바울이 디모데를 자신의 아들이라 표현했듯이(딤전 1:2), 고대 세계에서 스승은 제자를 곧잘 '아들'이라 불렀습니다. 그래서 "아이들아"와 같은 표현은 스승 앞에 모여 있는 어리거나 젊은 제자들의 모습을 떠올리게 합니다.

약자를 말합니다.
〈성경의 구성〉(7p)을
참고하십시오.

성경의 해당 부분
책 이름입니다.

ᵈ잠언   21

질문과 해제입니다

7

성경, 구약 39권 + 신약 27권

성경은 한 권의 책이 아닙니다. 기원전 1천 년 전부터 기원후
2세기에 이르기까지 아주 긴 시간 동안 쓰여진 다양한 책들의
묶음입니다. 성경은 66권의 책으로 구성되어 있습니다. 그 책
들은 저자도, 내용도, 형식도, 분량도 모두 다릅니다. 성경은
크게 구약과 신약으로 구분되며, 구약은 39권, 신약은 27권으
로 구성되어 있습니다.

또 성경에는 여러 종류의 번역판이 있는데, 이 책은 대한성서
공회가 최근에 번역해 출간한 〈성경전서 새번역〉(2001년)을
채택하고 있습니다.

성경의 구성

구약

율법서 { 창세기(창) 출애굽기(출) 레위기(레) 민수기(민) 신명기(신)

역사서 여호수아기(수) 사사기(삿) 룻기(룻) 사무엘기상(삼상)
사무엘기하(삼하) 열왕기상(왕상) 열왕기하(왕하) 역대지상(대상)
역대지하(대하) 에스라기(라) 느헤미야기(느) 에스더기(더)

시가서 { 욥기(욥) 시편(시) 잠언(잠) 전도서(전) 아가(아)

대선지서 이사야서(사) 예레미야서(렘) 예레미야 애가(애) 에스겔서(겔)
다니엘서(단)

소선지서 호세아서(호) 요엘서(욜) 아모스서(암) 오바댜서(옵) 요나서(욘)
미가서(미) 나훔서(나) 하박국서(합) 스바냐서(습) 학개서(학)
스가랴서(슥) 말라기서(말)

신약

복음서 { 마태복음서(마) 마가복음서(막) 누가복음서(눅) 요한복음서(요)

역사서 { 사도행전(행)

바울서신 로마서(롬) 고린도전서(고전) 고린도후서(고후)
갈라디아서(갈) 에베소서(엡) 빌립보서(빌) 골로새서(골)
데살로니가전서(살전) 데살로니가후서(살후)
디모데전서(딤전) 디모데후서(딤후) 디도서(딛) 빌레몬서(몬)

공동서신 히브리서(히) 야고보서(약) 베드로전서(벧전) 베드로후서(벧후)
요한1서(요일) 요한2서(요이) 요한3서(요삼) 유다서(유)

예언서 { 요한계시록(계)

※괄호 안은 각 책을 줄여서 표기할 때 쓰는 약자입니다.

출애굽기

Exodus

고통 속 부르짖음을
들으시는 하나님,
그리고 그 하나님과의
새로운 삶을 향하여

'출애굽'은 단순히 이집트라는 지역을 떠났다는 의미를 넘어
'새로운 삶을 향하여'라고 말할 수 있습니다.
출애굽기와 그에 이어지는 레위기, 민수기, 신명기는
그와 같은 새로운 삶을 향한 가르침과 법도입니다.
출애굽기를 비롯한 이 책들에 제시된 자세한 규례는
사람을 피곤하게 하며 지키지 못할 번거로운 규제로 주어진 것이 아니라,
이집트와 같은 강한 제국에 좌우되지 않는 삶,
다른 누군가에 얽매이거나 기대지 않고
주체적으로 살아가는 삶을 위한 규례입니다.
여호와를 하나님으로 모시고 신뢰하며 살아가는 삶은
바로 그와 같은 삶입니다.

출애굽기는 야곱과 그의 열두 아들의 이름, 그리고 이들에게 속한 70명의 가족에 대한 언급으로 시작하면서 창세기를 이어나갑니다. 하나님께서 아브라함을 새로운 땅으로 부르셨지만 그 약속이 곧바로 성취되지는 않았고, 급기야는 지독한 흉년이 발생해 야곱과 그의 가족은 이집트까지 내려가게 되었습니다. 하나님의 약속이 무효가 된 것 같은 현실이지만, 야곱의 자손은 이집트에서 매우 번성해 큰 민족을 이룹니다.

이들의 번성을 불안하게 여겼던 이집트의 지배 세력은 이스라엘 민족에게 무자비한 탄압을 가하고 이들을 강제 노동에 동원시켰지만, 오히려 그와 같은 압제는 이스라엘이 이집트를 탈출하게 되는 계기가 되었습니다. 고된 노동에 시달리는 이들의 탄식 소리를 들으신 하나님께서 아브라함에게 했던 언약을 기억하셨다는 진술(2:23-25)은 출애굽기의 성격을 단적으로 보여줍니다. 이스라엘을 향한 하나님의 사랑의 본질은 특정 민족에 대한 편애가 아니라, 억압과 압제에 신음하는 이들이 부르짖는 소리를 들으신다는 것입니다.

이스라엘 백성의 이집트 탈출기

출애굽기에서 가장 중요한 인물로 모세를 들 수 있습니다. 태어나자마자 죽을 뻔했던 모세는 하나님의 인도하심 가운데 이스라엘 백성을 격려하고, 이집트의 바로와 맞서며 그 백성을 출애굽기는 전능하신 하나님께서 노예들의 부르짖음을 들으셨다는 것, 그리고 강력한 제국 이집트에 맞서 그 노예들을 하나님의 크신 권능으로 이끌어내셨음을 증언합니다. 이와 같은 하나님의 권능과 구원이 사람의 마음속에서 일어나는 어떤 감정의 변화로 나타나는 것이 아니라 제국의 억압과 노예의 탈출이라는 생생하고 구체적인 역사를 배경으로 선포되고 제시되고 증언됩니다.

새로운 길로 이끌어내는 책임을 맡았습니다. 그러나 한편으로 하나님의 부르심 앞에서 계속 주저하고 머뭇거리는 그의 모습은 출애굽의 주인공이 모세와 같은 영웅이 아니라 그를 부르시고 백성의 부르짖음을 들으신 하나님이심을 다시금 확인시켜줍니다.

당연히 노예들을 보내줄 생각이 없는 이집트 바로와의 대결을 비롯해, 이집트를 떠나 홍해를 건너 광야 길로 향하는 출애굽 과정은 놀라운 기적으로 가득합니다. 이집트에서 일어났던 열가지 재앙이 어떻게 가능한지, 이스라엘이 건널 때는 마른 땅처럼 갈라졌던 홍해가 이집트 군인들이 몰려올 땐 어떻게 다시 흐르게 되었는지, 오늘의 우리가 이해하기는 쉽지 않습니다. 이스라엘이 이집트를 떠나 이동해갔던 여정 역시 오늘날에는 거의 모든 장소를 확인할 수 없으며, 심지어 시내산이 어디에 있는지조차 명확히 판단하기 어렵습니다. 나아가 이와 같은 출애굽 사건이 언제 일어났는지도 단정하기 어렵습니다. 구약성경을 제외한 다른 고대 문헌, 가령 이집트 문헌에는 이에 대한 언급이 전혀 없기 때문입니다. 학자들에 따라 주전 15세기에 이와 같은 사건이 일어났다고 보는 이들이 있고, 어떤 이들은 주전 13세기가 그 배경이라고 보기도 합니다.

성경의 다른 책도 그렇지만, 출애굽기는 역사적 정보를 정확히 전달하는 데 힘을 기울이지 않습니다. 사실 이와 같은 관심은 고대 사람의 관심이 아니라 근대 이후 우리의 관심입니다. 출애굽기는 전능하신 하나님께서 노예들의 부르짖음을 들으셨다는 것, 그리고 강력한 제국 이집트에 맞서 그 노예들을 하나님의 크신 권능으로 이끌어내셨음을 증언합니다. 이와 같은 하나님의 권능과 구원이 사람의 마음속에서 일어나는 어떤 감정의 변화로 나타나는 것이 아니라, 제국의 억압과 노예의 탈출이라는 생생하고 구체적인 역사를 배경으로 선포되고 제시되고 증언됩니다.

새로운 삶을 향하여

아울러 출애굽기가 증언하는 핵심 주제는 하나님의 율법입니다. 400년의 세월을 이집트에서 보냈고 그 마지막 긴 세월은 강제 노동과 억압이었던지라, 이스라엘 백성은 몸은 이집트를 떠났어도 마음은 여전히 이집트에서의 생활, 노예의 생활에 익숙했을 것입니다. 그래서 출애굽과 이후의 여정은 그 백성을 향해 하나님께서 이르시는 규례와 법도로 가득합니다.

그와 더불어 새로운 땅으로 떠났지만 이전의 삶의 습관에 젖어 있던 백성들은 끊임없이 새로운 길을 불평하며 이전 방식으로 돌아가려고 합니다. 그런 점에서 '출애굽'은 단순히 이집트라는 지역을 떠났다는 의미를 넘어 '새로운 삶을 향하여'라고 말할 수 있습니다. 출애굽기와 그에 이어지는 레위기, 민수기, 신명기는 그와 같은 새로운 삶을 향한 가르침과 법도입니다. 출애굽기를 비롯한 이 책들에 제시된 자세한 규례는 사람을 피곤하게 하며 지키지 못할 번거로운 규제로 주어진 것이 아니라, 이집트와 같은 강한 제국에 좌우되지 않는 삶, 다른 누군가에 얽매이거나 기대지 않고 주체적으로 살아가는 삶을 위한 규례입니다. 여호와를 하나님으로 모시고 신뢰하며 살아가는 삶은 바로 그와 같은 삶입니다.

십계명과 성막, 함께하시는 하나님

하나님께서 이르시는 법도를 따라 살아가는 새로운 삶의 규례로서의 율법이 가장 잘 드러나는 부분은 시내산 언약입니다. 아무 조건이나 요구 없이 이집트에서 그 백성을 건져내신 하나님께서는 시내산에 도달한 이스라엘과 언약을 맺으십니다. 노예에서 해방된 이스라엘은 하나님의 율법을 따라 살기로 약속하고, 그에 따라 하나님께서는 '하나님 백성'의 법도로 율법을 부여하십니다. 십계명(20:1-17)과 언약의 책(20:22-23:33)이 그러한 율법을 대표합니다.

시내산에 다다른 이래 출애굽기 내용은 이와 같은 시내산 언약과 더불어 성막 건설에 할애됩니다(25-40장). 성막은 그 백성 가운데 거하시는 하나님의 처소입니다. 그래서 성막은 백성과 함께하시는 하나님의 상징입니다. 그런데 이 성막 본문 한가운데는 이스라엘 백성이 자신들을 위해 금송아지를 세웠다는 내용도 등장합니다(32장). 이와 같은 배열은 성막과 금송아지가 어떻게 다른지 강렬하게 보여줍니다.

노예 생활을 청산하고 그들 가운데 거하시는 하나님과 더불어 걸어가는 새로운 삶을 향하여! 그것이 '출애굽기'라는 이름이 의미하는 핵심입니다. 이제 그들이 걸어가는 길을 같이 가볼까요?

{ 제1장 }

이스라엘 사람이 학대를 받다

1 야곱과 함께 각각 자기 가족을 데리고 이집트로 내려간 이스라엘의 아들들의 이름은, 2 르우벤과 시므온과 레위와 유다와 3 잇사갈과 스불론과 베냐민과 4 단과 납달리와 갓과 아셀이다. 5 이미 이집트에 내려가 있는 요셉까지 합하여, 야곱의 혈통에서 태어난 사람은 모두 일흔 명이다.

6 ○ 세월이 지나서, 요셉과 그의 모든 형제와 그 시대 사람들은 다 죽었다. 7 그러나 이스라엘 자손은 자녀를 많이 낳고 번성하여, 그 수가 불어나고 세력도 커졌으며, 마침내 그 땅에 가득 퍼졌다.

8 ○ 요셉을 알지 못하는 새 왕이 일어나서 이집트를 다스리게 되었다. 9 그 왕이 자기 백성에게 말하였다. "이 백성 곧 이스라엘 자손이 우리보다 수도 많고, 힘도 강하다. 10 그러니 이제 우리는 그들에게 신중히 대처하여야 한다. 그렇게 하지 않

이스라엘 백성이 대체 얼마나 많아졌기에 천하의 파라오가 두려움을 느꼈던 걸까요?(9-10절) 출애굽기 12장 37절에 따르면 이집트를 떠날 때 이스라엘의 숫자는 장정만 해도 60만가량이었다고 합니다. 이 숫자는 믿기 어려울 만큼 엄청나게 큰 수입니다. 언제나 권력을 쥐고 휘두르며 사람을 억압하는 집단은 소수인 반면, 그들에게 짓밟히는 이들은 다수입니다. 그래서 권력은 강력한 힘으로 사람의 정신을 눌러서 다른 생각을 하지 못하게 만들며, 적절하게 폭력을 휘둘러 지배하려고 합니다. 그렇지만 사람이 언제까지 그렇게 지배당하며 살 수는 없는 법이고, 언제고 깨닫게 될 날이 온다는 것을 인류 역사가 우리에게 알려줍니다. 어둠이 빛을 이기지 못하듯, 소수의 권력이 다수의 백성을 짓누르는 현실은 결코 오래갈 수 없습니다.

으면 그들의 수가 더욱 불어날 것이고, 또 전쟁이라도 일어나는 날에는, 그들이 우리의 원수들과 합세하여 우리를 치고, 이 땅에서 떠나갈 것이다." 11 그래서 이집트 사람들은, 이스라엘 자손을 부리는 공사 감독관을 두어서, 강제 노동으로 그들을 억압하였다. 이스라엘 자손은, 바로가 곡식을 저장하는 성읍 곧 비돔과 라암셋을 건설하는 일에 끌려나갔다. 12 그러나 그들은 억압을 받을수록 그 수가 더욱 불어나고, 자손이 번성하였다. 그래서 이집트 사람들은 이스라엘 자손을 몹시 싫어하였고, 13 그들을 더욱 혹독하게 부렸다. 14 이집트 사람들이, 흙을 이겨 벽돌을 만드는 일이나 밭일과 같은 온갖 고된 일로 이스라엘 자손을 괴롭히므로, 그들의 일은 매우 힘들었다.

15 ○ 한편 이집트 왕은 십브라와 부아라고 하는 히브리 산파들에게 이렇게 말하였다. 16 "너희는 히브리 여인이 아이 낳는 것을 도와줄 때에, 잘 살펴서, 낳은 아기가 아들이거든 죽이고, 딸이거든 살려두어라." 17 그러나 산파들은 하나님을 두려워하였으므로, 이집트 왕이 그들에게 명령한 대로 하지 않고, 남자아이들을 살려두었다. 18 이집트 왕이 산파들을 불러들

어째서 이집트인들은 이스라엘 백성들이 떠날까 걱정했던 걸까요?(10절) 정말 두렵다면 떠나는 걸 반겨야 하지 않을까요? 한때 유행했던 개그처럼 이스라엘이 다 떠나면 "소는 누가 키우나요?" 오늘날까지도 전해지는 이집트 문명의 찬란함은 그 모든 엄청난 공사에 동원된 노예를 비롯해 무수한 일반 백성의 희생 위에 세워졌을 것입니다. 이집트 왕실의 번영이든 이집트 문화의 번성이든, 이 모든 것이 가능했던 이유는 그들 대신 힘겹고 반복되는 노동을 수행하는 다수의 집단이 있었기 때문입니다. 그렇기에 이집트가 두려워한 것은 다수 노예들의 각성과 변화입니다. 이 노예들이 노예로 살아가는 삶을 당연하게 여기지 않고, 이와 같은 끔찍한 억압 체제가 영원한 질서가 아님을 깨닫게 될 때, 이집트의 체제는 단번에 붕괴될 테니까요.

여, 그들을 꾸짖었다. "어찌하여 일을 이렇게 하였느냐? 어찌하여 남자아이들을 살려두었느냐?" 19 산파들이 바로에게 대답하였다. "히브리 여인들은 이집트 여인들과 같지 않습니다. 그들은 기운이 좋아서, 산파가 그들에게 이르기도 전에 아기를 낳아버립니다." 20 그래서 하나님이 산파들에게 은혜를 베풀어주셨으며, 이스라엘 백성은 크게 불어났고, 매우 강해졌다. 21 하나님은 산파들이 하나님을 두려워하는 것을 보시고, 그들의 집안을 번성하게 하셨다. 22 마침내 바로는 모든 백성에게 명령을 내렸다. "갓 태어난 히브리 남자아이는 모두 강물에 던지고, 여자아이들만 살려두어라."

이스라엘의 그 수많은 아기들을 어떻게 고작 산파 둘이서 다 감당할 수 있었을까요?(15절) 물론 다 감당할 수 없었을 겁니다. 창세기든 출애굽기든 성경은 정보를 정확히 전달하는 역사책이 아니라 하나님께서 그 백성 가운데 어떻게 행하셨는지, 그리고 우리 인간이 어떻게 하나님과 동행하며 살아갈 것인지를 증언하는 책임을 다시 명심할 필요가 있습니다. 출애굽기는 히브리 여인을 돌보는 산파 2명이 있다고 말하는 것에 관심을 두는 것이 아니라, 아마도 무수했을 산파들의 대표적 존재로 십브라와 부아를 증언합니다. 이집트 바로의 권력이 그토록 강하지만, 십브라와 부아 이 두 여성은 자신들이 해야 할 일을 똑 부러지게 해냅니다. 그리고 출애굽기는 이 두 여성의 이름을 우리에게 전합니다. 억압과 압제가 가득한 세월이라면 언제든 용기 있는 이 두 여성의 이름을 기억하게 될 것입니다.

{ 제2장 }

모세의 탄생

1 레위 가문의 한 남자가 레위 가문의 한 여자를 아내로 맞이하였다. 2 그 여자가 임신을 하여 아들을 낳았는데, 그 아이가 하도 잘생겨서, 남이 모르게 석 달 동안이나 길렀다. 3 그러나 더 이상 숨길 수가 없어서, 갈대 상자를 구하여다가 역청과 송진을 바르고, 아이를 거기에 담아 강가의 갈대 사이에 놓아두었다. 4 그 아이의 누이가 멀찍이 서서, 아이가 어떻게 되는지를 지켜보고 있었다.

5 ○ 마침 바로의 딸이 목욕을 하려고 강으로 내려왔다. 시녀들이 강가를 거닐고 있을 때에, 공주가 갈대숲 속에 있는 상자를 보고, 시녀 한 명을 보내서 그것을 가져오게 하였다. 6 열어 보니, 거기에 남자아이가 울고 있었다. 공주가 그 아이를 불쌍히 여기면서 말하였다. "이 아이는 틀림없이 히브리 사람의 아

바로의 명령을 듣지 않고 거짓을 고하는 히브리 산파들, 바로의 딸에게 아이의 엄마를 유모로 소개하는 아이의 누나. 이처럼 선의로 하는 거짓말은 하나님도 기뻐하시나요? 이 거짓말은 천하보다 소중한 생명을 지키고 살리기 위한 거짓말이기에 진리와 생명, 정의를 위한 행동이라고 할 수 있습니다. 그리고 이러한 거짓말은 자신들의 목숨을 걸어야 하는 거짓말이기에 '믿음의 행동'이기도 합니다. 이와 같은 상황은 허다합니다. 만약 일제강점기에 독립운동가가 우리 집에 숨어들었다면, 우리는 이를 정직하게 일본 경찰에게 말해야 하는 것일까요? 이를 생각하면 정직보다 더 중요한 가치는 정의라고 말할 수도 있습니다. 어떻게 하는 것이 정의인지 신중하게 판단해야 하겠지만, 주변을 돌아보지 않고 오직 '정직'만을 말하는 것은 실제로는 악을 위해 기여하는 경우가 참 많은 것 같습니다.

이로구나." 7 그때에 그 아이의 누이가 나서서 바로의 딸에게
말하였다. "제가 가서, 히브리 여인 가운데서 아기에게 젖을 먹
일 유모를 데려다 드릴까요?" 8 바로의 딸이 대답하였다. "그
래, 어서 데려오너라." 그 소녀가 가서, 그 아이의 어머니를 불
러왔다. 9 바로의 딸이 그에게 말하였다. "이 아이를 데리고 가
서, 나를 대신하여 젖을 먹여다오. 그렇게 하면, 내가 너에게 삯
을 주겠다." 그래서 그 여인은 그 아이를 데리고 가서 젖을 먹
였다. 10 그 아이가 다 자란 다음에, 그 여인이 그 아이를 바로
의 딸에게 데려다주니, 공주는 이 아이를 양자로 삼았다. 공주
는 "내가 그를 물에서 건졌다" 하면서, 그의 이름을 모세라고
지었다.

모세가 미디안으로 피하다

11 ○ 세월이 지나, 모세가 어른이 되었다. 어느 날 그는 왕궁 바
깥으로 나가 동족에게로 갔다가, 그들이 고되게 노동하는 것을

11절을 보면 모세는 이미 스스로 히브리인임을 알고 있었던 것으로 보입니다. 그는
이 사실을 어떻게 알고 있었을까요? 우리가 사용할 수 있는 정보가 오직 출애굽기
뿐이니, 미루어 짐작할 수밖에 없습니다. 모세 스스로 히브리인임을 알았다면 그것
은 아마 그를 양자 삼았던 공주가 일러주었기 때문일 것 같습니다. 공주는 갓난아기
를 건질 때 아이가 히브리인의 아이임을 알아차렸고, 히브리 여인에게 그 아이를 젖
먹여 키우도록 허락했습니다. 이로 미루어볼 때, 공주는 아이에게 그가 히브리인이
라는 사실을 굳이 감출 필요를 못 느꼈던 것 같습니다. 1장에서 소개된 산파, 2장 첫
머리에서 모세를 낳아 기른 어머니, 그리고 히브리인의 아이임을 알고도 아이를 건
져내어 양자로 삼아 돌본 이집트의 공주까지, 출애굽기의 첫머리는 이스라엘의 구
원이 용기 있는 여성들을 통해 진전되고 있음을 생생히 보여줍니다.

보았다. 그때에 그는 동족인 히브리 사람이 이집트 사람에게 매를 맞는 것을 보고, 12 좌우를 살펴서 사람이 없는 것을 확인하고, 그 이집트 사람을 쳐 죽여서 모래 속에 묻어버렸다. 13 이튿날 그가 다시 나가서 보니, 히브리 사람 둘이 서로 싸우고 있었다. 그래서 그는 잘못한 사람에게 말하였다. "당신은 왜 동족을 때리오?" 14 그러자 그 사람은 대들었다. "누가 당신을 우리의 지도자와 재판관으로 세웠단 말이오? 당신이 이집트 사람을 죽이더니, 이제는 나도 죽일 작정이오?" 모세는 일이 탄로 난 것을 알고 두려워하였다. 15 바로가 이 일을 전하여 듣고, 모세를 죽이려고 찾았다. 모세는 바로를 피하여 미디안 땅으로 도망쳐서, 거기에서 머물렀다.

○ 어느 날 그가 우물가에 앉아 있을 때이다. 16 미디안 제사장에게 일곱 딸이 있었는데, 그 딸들이 그리로 와서 물을 길어 구유에 부으며, 아버지의 양 떼에게 물을 먹이려고 하였다. 17 그런데 목자들이 나타나서, 그들을 쫓아버렸다. 그래서 모세가 일어나서, 그 딸들을 도와 양 떼에게 물을 먹였다. 18 그들이 아버

미디안 제사장(16절)이란 어떤 존재입니까? 여호와 하나님을 섬기는 제사장인가요? 단정할 수는 없지만, 여호와 하나님께서 자신을 드러내고 알리신 대상은 이스라엘이라는 점에서 미디안 제사장은 다른 신을 섬기는 제사장이었을 것으로 여겨집니다. 고대사회에서 종교는 기본적으로 배타적이지 않았습니다. 한 지역에서 섬기는 특정한 신이 있고, 다른 지역에서는 다른 신이 있었으며, 사람들은 각각의 지역에서 예배하는 신을 같이 예배하고 존중했습니다. 그렇기에 종교를 이유로 외부 집단을 핍박하고 억압하는 것은 잘 찾아보기 어렵습니다. 그런 점에서 고대 세계에서는 '유일신' 신앙이야말로 특이하며 희귀한 사상이라고 할 수 있습니다. 이를 생각하면, 미디안 제사장 집안이 모세를 받아들이고 환대한 사건은 정작 동족인 히브리 사람들이 그를 거부한 것과 대조됩니다.

지 르우엘에게 돌아갔을 때에, 아버지가 그들에게 물었다. "너희가 오늘은 어떻게 이렇게 일찍 돌아왔느냐?" 19 그들이 대답하였다. "어떤 이집트 사람이 목자들의 손에서 우리를 구하여주고, 우리를 도와서 물까지 길어, 양 떼에게 먹였습니다." 20 아버지가 딸들에게 말하였다. "그 사람이 어디에 있느냐? 그런 사람을 그대로 두고 오다니, 어찌 그럴 수가 있느냐? 그를 불러다가 음식을 대접해라." 21 르우엘은, 모세가 기꺼이 자기와 함께 살겠다고 하므로, 자기 딸 십보라를 모세와 결혼하게 하였다. 22 십보라가 아들을 낳으니, 모세는 "내가 낯선 땅에서 나그네가 되었구나!" 하면서, 아들의 이름을 게르솜이라고 지었다.

23 ○ 세월이 많이 흘러서, 이집트의 왕이 죽었다. 이스라엘 자손이 고된 일 때문에 탄식하며 부르짖으니, 고된 일 때문에 부르짖는 소리가 하나님께 이르렀다. 24 하나님이 그들의 탄식하는 소리를 들으시고, 아브라함과 이삭과 야곱에게 세우신 언약을 기억하시고, 25 이스라엘 자손의 종살이를 보시고, 그들의 처지를 생각하셨다.

{ 제3장 }

하나님이 모세를 부르시다

1 모세는 미디안 제사장인 그의 장인 이드로의 양 떼를 치는 목자가 되었다. 그가 양 떼를 몰고 광야를 지나서 하나님의 산 호렙으로 갔을 때에, 2 거기에서 주님의 천사가 떨기 가운데서 이는 불꽃으로 그에게 나타났다. 그가 보니, 떨기에 불이 붙는데도, 그 떨기가 타서 없어지지 않았다. 3 모세는, 이 놀라운 광경을 좀 더 자세히 보고, 어째서 그 떨기가 불에 타지 않는지를 알아보아야 하겠다고 생각하였다. 4 모세가 그것을 보려고 오는 것을 보시고, 하나님이 떨기 가운데서 "모세야, 모세야!" 하고 그를 부르셨다. 모세가 대답하였다. "예, 제가 여기에 있습니다." 5 하나님이 말씀하셨다. "이리로 가까이 오지 말아라. 네가 서 있는 곳은 거룩한 땅이니, 너는 신을 벗어라." 6 하나님이 또 말씀하셨다. "나는 너의 조상의 하나님, 곧 아브라함의 하나님, 이삭의 하나님, 야곱의 하나님이다." 모세는 하나님을 뵙기가 두려워서, 얼굴을 가렸다.

2절에서는 떨기나무 속 주인공이 '주님의 천사'라고 말했다가 4절에서는 '하나님'이라고 합니다. 어느 편이 맞습니까? 하나님은 눈으로 볼 수 있는 존재가 아니십니다. 그래서 하나님께서 사람에게 무엇을 말씀하거나 알리실 때 그분의 천사가 나타납니다. 고대 이스라엘은 그렇게 하나님의 천사가 나타났을 때 천사와 하나님을 굳이 구별하지 않았고 하나님의 천사를 당연히 하나님으로 여기고 알았습니다. 하나님의 천사는 대개 날개가 있다든지 해서 사람과 외형적으로 달랐지만, 때론 사람과 똑같은 모양이기도 했습니다. 그렇기에 소돔에 나타난 천사를 소돔 사람들은 알아보지 못해 함부로 짓밟으려 했고, 반면 아브라함과 롯은 그들을 환대했습니다(창 19장).

7 ○ 주님께서 다시 말씀하셨다. "나는 이집트에 있는 나의 백성이 고통받는 것을 똑똑히 보았고, 또 억압 때문에 괴로워서 부르짖는 소리를 들었다. 그러므로 나는 그들의 고난을 분명히 안다. 8 이제 내가 내려가서 이집트 사람의 손아귀에서 그들을 구하여, 이 땅으로부터 저 아름답고 넓은 땅, 젖과 꿀이 흐르는 땅, 곧 가나안 사람과 헷 사람과 아모리 사람과 브리스 사람과 히위 사람과 여부스 사람이 사는 곳으로 데려가려고 한다. 9 지금도 이스라엘 자손이 부르짖는 소리가 나에게 들린다. 이집트 사람들이 그들을 학대하는 것도 보인다. 10 이제 나는 너를 바로에게 보내어, 나의 백성 이스라엘 자손을 이집트에서 이끌어내게 하겠다." 11 모세가 하나님께 아뢰었다. "제가 무엇이라고, 감히 바로에게 가서, 이스라엘 자손을 이집트에서 이끌어내겠습니까?" 12 하나님이 대답하셨다. "내가 너와 함께 있겠다. 네가 이 백성을 이집트에서 이끌어낸 다음에, 너희가 이 산 위에서 하나님을 예배하게 될 때에, 그것이 바로 내가 너를 보냈다는 징표가 될 것이다."

'젖과 꿀이 흐르는 땅'(8절)은 지도에서 어딜 가리키나요? 지금의 이스라엘 땅은 척박해 보이기만 하는데요. 젖과 꿀이 흐르는 땅은 가나안 땅을 가리키는데, 지금은 시리아, 레바논, 요르단, 이스라엘, 팔레스타인이 자리한 땅입니다. 민수기에서는 이 땅을 살펴보고 온 사람이 "정말 젖과 꿀이 흐르는 곳"(민 13:27)이라고 보고하면서 그 땅에서 나온 과일을 가져와 보여줍니다. 신명기에서는 "골짜기와 산에서 지하수가 흐르고 샘물이 나고 시냇물이 흐르는 땅이며, 밀과 보리가 자라고 포도와 무화과와 석류가 나는 땅이며, 올리브기름과 꿀이 생산되는 땅이며, 먹을 것이 모자라지 않고 아무것도 부족함이 없는 땅이며, 돌에서는 쇠를 얻고 산에서는 구리를 캐낼 수 있는 땅"(신 8:7-9)으로 표현합니다. 세상에서 가장 비옥한 땅이라고 말하는 것이 아니라, 살아가기에 모자람이 없는 땅이라고 표현합니다. 그러나 옛날이나 지금이나 사람의 죄악은 땅마저도 메마르고 헐벗게 만들어버립니다.

13 ○ 모세가 하나님께 아뢰었다. "제가 이스라엘 자손에게 가서 '너희 조상의 하나님께서 나를 너희에게 보내셨다' 하고 말하면, 그들이 저에게 '그의 이름이 무엇이냐?' 하고 물을 터인데, 제가 그들에게 무엇이라고 대답해야 합니까?" 14 하나님이 모세에게 대답하셨다. "나는 곧 나다. 너는 이스라엘 자손에게 이르기를, '나'라고 하는 분이 너를 그들에게 보냈다고 하여라." 15 하나님이 다시 모세에게 말씀하셨다. "너는 이스라엘 자손에게 이르기를 '여호와, 너희 조상의 하나님, 곧 아브라함의 하나님, 이삭의 하나님, 야곱의 하나님이 나를 너희에게 보내셨다' 하여라. 이것이 영원한 나의 이름이며, 이것이 바로 너희가 대대로 기억할 나의 이름이다.

16 ○ 가서 이스라엘의 장로들을 모아놓고, 그들에게 일러라. '주 너희 조상의 하나님 곧 아브라함과 이삭과 야곱의 하나님이 나에게 나타나셔서 말씀하셨다' 하고 말하면서 이렇게 전하여라. '내가 너희의 처지를 생각한다. 너희가 이집트에서 겪는 일을 똑똑히 보았으니, 17 이집트에서 고난받는 너희를 내가 이끌어내어, 가나안 사람과 헷 사람과 아모리 사람과 브리스

"나는 곧 나"(14절)라니, 설명이 너무 불친절합니다. 하나님은 달리 설명할 방법이 없었던 걸까요? 예를 들어 "나는 학생이다"라고 하면 다양한 특징과 정체성을 가진 나란 존재가 학생으로 규정되어버리지 않습니까? 하나님 스스로를 무엇이라 표현하면 그것만으로 규정되고 한정되어버릴 것입니다. 하나님에 대해 무엇을 알았다 싶으면 하나님은 그런 분이라고 주장하며 그것이 전부인 것처럼 말하는 일이 흔히 벌어집니다. "나는 곧 나"라는 표현은 세상 그 어떤 것으로도 하나님을 규정할 수 없으며, 오직 하나님 그분만이 스스로를 규정하심을 보여줍니다. 그래서 이 표현은 하나님의 자존성, 즉 그 무엇에도 좌우되지 않고 스스로 홀로 존재하심을 반영합니다. 우리의 어떤 깨달음과 경험도 하나님을 온전히 표현할 수 없음을 유념해야 합니다.

사람과 히위 사람과 여부스 사람이 사는 땅 곧 젖과 꿀이 흐르는 땅으로 올라가기로 작정하였다' 하여라. 18 그러면 그들이 너의 말을 들을 것이다. 또 너는 이스라엘의 장로들을 데리고 이집트의 임금에게 가서 '히브리 사람의 주 하나님이 우리에게 나타나셨으니, 이제 우리가 광야로 사흘 길을 걸어가서, 주 우리의 하나님께 제사를 드려야 하니, 허락하여주십시오' 하고 요구하여라. 19 그러나 내가 이집트의 왕을 강한 손으로 치지 않는 동안에는, 그가 너희를 내보내지 않을 것이라는 것을 나는 안다. 20 그러므로 나는 손수 온갖 이적으로 이집트를 치겠다. 그렇게 한 다음에야, 그가 너희를 내보낼 것이다. 21 나는 이집트 사람이 나의 백성에게 은혜를 베풀게 하여, 너희가 떠날 때에 빈손으로 떠나지 않게 하겠다. 22 여인들은 각각, 이웃에 살거나 자기 집에 함께 사는 이집트 여인들에게서 은붙이와 금붙이와 의복을 달라고 하여, 그것으로 너희 아들딸들을 치장하여라. 너희는 이렇게 이집트 사람의 물건을 빼앗아 가지고 떠나갈 것이다."

바로가 순순히 따르지 않을 줄 하나님은 알았습니다(19절). 그러면서도 열 가지 재앙을 내리며 시간을 끈 까닭은 무엇입니까? 성경을 읽을 때 늘 기억해야 할 점은 이 글이 오늘 우리를 위해 기록된 것이 아니라 수천 년 전의 사람을 염두에 두고 쓰였다는 것입니다. 그리고 사건의 경과와 더불어 그때그때 기록한 것이 아니라, 사건이 모두 일어나고 한참 후에 사건을 되돌아보며 썼다는 점도 기억해야 합니다. 모든 일이 지나고 보니, 이 열 가지 재앙은 당시 세계 최강의 나라였던 이집트보다도 더 강하신 하나님께서 하나님의 능력과 권세를 드러내신 사건임을 깨닫게 되었습니다. 즉 열 가지 재앙은 하나님께서 '시간을 끄신 것'이 아니라, 노예를 억압하며 자신의 권세를 휘두르는 세력의 고집과 오만, 거역에 대해 노예의 부르짖음을 들으시고 건지시는 하나님의 능력을 드러내신 사건이라 볼 수 있습니다.

{ 제4장 }

하나님이 모세에게 능력을 주시다

1 그러나 모세는 이렇게 말씀을 드렸다. "그들이 저를 믿지 않고, 저의 말을 듣지 않고, '주님께서는 너에게 나타나지 않으셨다' 하면 어찌합니까?" 2 주님께서 그에게 물으셨다. "네가 손에 가지고 있는 것이 무엇이냐?" 모세가 대답하였다. "지팡이입니다." 3 주님께서 말씀하셨다. "그것을 땅에 던져보아라." 모세가 지팡이를 땅에 던지니, 그것이 뱀이 되었다. 모세가 그 앞에서 피하니, 4 주님께서 모세에게 말씀하셨다. "너의 손을 내밀어서 그 꼬리를 잡아라." 모세가 손을 내밀어서 꼬리를 잡으니, 그것이 그의 손에서 도로 지팡이가 되었다. 5 주님께서 말씀하셨다. "네가 이렇게 해서 이적을 보여주면, 주 너희 조상의 하나님, 곧 아브라함의 하나님, 이삭의 하나님, 야곱의 하나님이 너에게 나타난 것을 믿을 것이다."

6 ○ 주님께서 또 그에게 말씀하셨다. "너의 손을 품에 넣어

하나님을 직접 대면하고도 모세가 이토록 자신 없어 하는 이유는 무엇입니까?(1절) 세계 최고 강대국의 임금 앞에 가서 노예로 시달리는 백성을 자유롭게 풀어달라 외치라는 사명을 받으면 그 누구라도 떨 수밖에 없을 것입니다. 이와 같은 본문은 이 엄청난 일이 사람의 재능이나 실력, 말재주로 할 수 없는 일임을 잘 보여줍니다. 자신 없어 하는 모세의 모습은 부족하고 연약한 우리의 모습을 보는 듯합니다. 그렇기에 모세가 하나님을 힘입어 저 놀라운 일을 행한다면, 오늘의 우리 역시 앞가림하기도 버거운 존재지만 오직 하나님을 힘입어 거대 권력이나 세력 앞에서도 자유와 해방, 구원을 담대하게 외칠 수 있을 것입니다. 능력이 나에게 있는 것이 아니라 하나님께 있다는 고백이야말로 하나님을 믿는 신앙의 핵심이라 할 수 있습니다.

보아라." 그래서 모세가 손을 품에 넣었다가 꺼내어서 보니, 그 손에 악성 피부병이 들어서, 마치 흰 눈이 덮인 것 같았다. 7 주님께서 "너의 손을 품에 다시 넣어보아라" 하고 말씀하셨다. 그가 손을 다시 품에 넣었다가 꺼내어서 보니, 손의 살이 본래대로 돌아와 있었다. 8 "그들이 네가 하는 말도 믿지 않고, 첫 번째 이적의 표징도 받아들이지 않더라도, 두 번째 이적의 표징은 믿을 것이다. 9 그들이 이 두 이적도 믿지 않고, 너의 말도 믿지 않으면, 너는 나일강에서 물을 퍼다가 마른 땅에 부어라. 그러면 나일강에서 퍼온 물이, 마른 땅에서 피가 될 것이다."

10 ○ 모세가 주님께 아뢰었다. "주님, 죄송합니다. 저는 본래 말재주가 없는 사람입니다. 전에도 그랬고, 주님께서 이 종에게 말씀을 하고 계시는 지금도 그러합니다. 저는 입이 둔하고 혀가 무딘 사람입니다." 11 주님께서 그에게 말씀하셨다. "누가 사람의 입을 지었느냐? 누가 말 못 하는 이를 만들고 듣지 못하는 이를 만들며, 누가 앞을 볼 수 있는 사람이 되게 하거나 앞 못 보는 사람이 되게 하느냐? 바로 나 주가 아니더냐? 12 그러니 가거라. 네가 말하는 것을 내가 돕겠다. 네가 할 말

"주 너희 조상의 하나님, 곧 아브라함의 하나님, 이삭의 하나님, 야곱의 하나님"(5절). 이렇게 조상의 이름을 줄줄이 나열하는 이유는 무엇입니까? 하나님께서 조상들에게 주신 약속을 잊지 않으셨음을 이를 통해 표현합니다. 짧지 않은 시간이 흘렀지만 하나님께서는 조상들에게 하셨던 약속을 여전히 기억하고 계시며, 이제 그 백성을 건지실 것입니다. 또 아브라함과 이삭과 야곱을 함께 언급하는 것은 하나님이 아브라함의 하나님일 뿐만 아니라 이삭의 하나님이자 야곱의 하나님이신 것처럼 그 시대 그 사람의 하나님이심을 표현합니다. 그래서 과거의 약속과 전통에 따른 하나님께서 오늘 여기를 살아가는 이들의 하나님도 되심을 증언하는 것입니다.

을 할 수 있도록, 내가 너에게 가르쳐주겠다." 13 모세가 머뭇
거리며 "주님, 죄송합니다. 제발 보낼 만한 사람을 보내시기
바랍니다" 하고 말씀드리니, 14 주님께서 모세에게 크게 노하
시어 말씀하셨다. "레위 사람인 너의 형 아론이 있지 않느냐?
나는 그가 말을 잘하는 줄 안다. 그가 지금 너를 만나러 온다.
그가 너를 보면 참으로 기뻐할 것이다. 15 너는 그에게 말하여
주어라. 네가 할 말을 그에게 일러주어라. 네가 말을 할 때에
나 그가 말을 할 때에, 내가 너희를 둘 다 돕겠다. 너희가 하여
야 할 말을 가르쳐주겠다. 16 그가 너를 대신하여 백성에게 말
을 할 것이다. 그는 너의 말을 대신 전달할 것이요, 너는 그에
게 하나님같이 될 것이다. 17 너는 이 지팡이를 손에 잡아라.
그리고 이것으로 이적을 행하여라."

모세가 이집트로 돌아가다

18 ○ 모세가 그의 장인 이드로에게 돌아가서 이렇게 말하였다.
"저는 이제 떠나야겠습니다. 이집트에 있는 친족들에게로 돌아

앞서 3장 20절을 보면 하나님이 '손수' 이집트를 치겠다고 말합니다. 스스로 능력이
있는데도 하나님이 굳이 모세와 같은 일꾼을 쓰는 이유는 무엇입니까? 만일 모든
일을 하나님께서 '손수' 하신다면 사람은 그저 꼭두각시에 불과할 것입니다. 종종 우
리는 어찌할 수 없는 현실 앞에서 하나님께서 친히 개입하셔서 이 모든 상황을 바꾸
어주길 구하곤 하지만, 정말 그런 일이 빈번히 일어난다면 사람은 더 이상 존엄하
거나 존귀하기 어려울 것입니다. 하나님께서 다 행하시니 우리가 책임질 것도 없고
안타까워할 것도 없지 않겠습니까? 우리에게 능력이 없어 하나님을 의지하지만, 모
세처럼 우리는 한 걸음 앞으로 나아가야 하고 모세처럼 한마디 말을 해야 합니다. 그
럴 때 하나님의 능력이 나타날 것입니다. 하나님의 손에 능력이 있지만, 그 손이 행
하시도록 사람의 손이 필요하고 사람의 발이 필요합니다.

가서, 그들이 아직도 살아 있는지를 알아보아야겠습니다." 이드로는 모세에게, 편안히 가라고 하면서 작별을 하였다. 19 주님께서 미디안에서 모세에게 말씀하셨다. "이집트로 돌아가거라. 너의 목숨을 노리던 사람들이 모두 죽었다." 20 그래서 모세는 아내와 아들들을 나귀 등에 태우고 이집트 땅으로 돌아갔다. 그때에 모세는 손에 하나님의 지팡이를 들고 있었다.

21 ㅇ 주님께서 모세에게 말씀하셨다. "내가 너에게 이적을 행할 능력을 주었으니, 너는 이집트로 돌아가거든, 바로의 앞에서 그 모든 이적을 나타내 보여라. 그러나 나는 그가 고집을 부리게 하여 내 백성을 놓아 보내지 않게 하겠다. 22 너는 바로에게 말하여라. '나 주가 이렇게 말한다. 이스라엘은 나의 맏아들이다. 23 내가 너에게 나의 아들을 놓아 보내어 나를 예배하게 하라고 하였건만, 너는 그를 놓아 보내지 않았다. 그러므로 이제 내가 너의 맏아들을 죽게 하겠다.'"

24 ㅇ 모세가 길을 가다가 어떤 숙소에 머물러 있을 때에, 주님께서 찾아오셔서 모세를 죽이려고 하셨다. 25 십보라가 부싯돌 칼을 가지고 제 아들의 포피를 잘라서 모세의 발에 대고,

---

'자녀'라고 하지 않고 꼭 집어 '맏아들'(22절)이라고 한 이유가 궁금합니다. 여기서 '맏아들'은 가장 소중한 것, 특별한 것과 같은 의미를 지닌다고 볼 수 있습니다. 하나님께서는 이스라엘 열두 지파 가운데 북왕국을 대표하는 에브라임을 가리켜 나의 맏아들이라고 부르기도 하시고(렘 31:9), 다윗을 가리켜 모든 왕들 위에 맏아들이라 표현하기도 하십니다(시 89:27). 특히 출애굽기 본문에서는 23절에서 보듯 바로의 맏아들과 대조하기 위해 이스라엘을 맏아들이라 표현한다고 볼 수 있습니다. 하나님의 맏아들인 이스라엘을 해방시키지 않고 억압하고 장악하려는 바로를 향해 하나님께서는 나의 맏아들을 놓지 않으면 너의 맏아들을 죽이겠다고 선언하십니다. 강력한 군주 바로를 향해 히브리 노예야말로 하나님의 맏아들이라 선언하신 것입니다.

"당신은, 나에게 피 남편입니다" 하고 말하였다. 26 그래서 주님께서 그를 놓아주셨는데, 그때에 십보라가 '피 남편'이라고 말한 것은 바로 이 할례 때문이다.

27 ○ 주님께서 아론에게, 광야로 가서 모세를 만나라고 말씀하시니, 그가 하나님의 산에 가서 모세를 만나서 입을 맞추어 문안하였다. 28 모세는, 주님께서 자기를 보내시면서 하신 모든 말씀과, 자기에게 명하신 이적들에 관한 모든 것을, 아론에게 말하여주었다. 29 모세와 아론은 이집트로 가서, 이스라엘 자손의 모든 장로를 불러 모았다. 30 아론이 주님께서 모세에게 하신 모든 말씀을 그들에게 일러주고, 백성이 보는 앞에서 이적을 행하니, 31 백성이 그들을 믿었다. 그들은, 주님께서 이스라엘 자손을 굽어살피시고 그들이 고통받는 것을 보셨다는 말을 듣고, 엎드려 주님께 경배하였다.

하나님은 왜 모세를 죽이려 하는 거죠?(24절) 십보라의 행동은 무슨 의미를 담고 있습니까? 26절을 볼 때 이 사건의 중심에는 할례가 있습니다. 할례는 남자 성기의 포피를 제거해 하나님의 언약 백성이 되었음을 알리는 풍습으로, 하나님의 언약을 지키겠다는 다짐을 상징합니다(창 17:9-14). 25절의 '모세의 발'은 모세의 성기를 가리키는 부드러운 표현입니다. 십보라가 아들에게 할례를 행하고 그 포피를 모세의 성기에 대며 "나에게 피 남편입니다"라고 말한 것은 정작 할례를 받아야 할 대상이 모세였음을 보여줍니다. 아마도 모세는 애굽 왕실에서 자랐기에 이스라엘 사람에게 필요한 할례를 제대로 받지 못했을 것이며, 이는 하나님의 언약 백성을 건져내는 일을 시작하려는 시점에 문제가 되었을 것입니다. 십보라는 이를 알아차리고 지혜롭게 대응해 상황을 해결합니다. 이 본문은 출애굽기에서 가장 어려운 본문이라고 할 만큼 해석이 쉽지 않습니다. 분명한 것은 하나님의 놀라운 일을 행할 모세가 위기에 처했다는 것, 그리고 그 위기를 극복해 모세가 제 몫을 감당하도록 한 것이 그의 아내 십보라였다는 점입니다. 모세의 수동적인 모습과 십보라의 능동적인 모습은 매우 대조적입니다.

{ 제5장 }

<u>모세와 아론이 왕 앞에 서다</u>

1 그 뒤에 모세와 아론이 바로에게 가서 말하였다. "주 이스라엘의 하나님이 말씀하시기를 '나의 백성을 보내라. 그들이 광야에서 나의 절기를 지켜야 한다' 하셨습니다." 2 그러나 바로는 이렇게 대답하였다. "그 주가 누구인데, 나더러 그의 말을 듣고서, 이스라엘을 보내라는 것이냐? 나는 주를 알지도 못하니, 이스라엘을 보내지도 않겠다." 3 그들이 말하였다. "히브리 사람의 하나님이 우리에게 나타나셨습니다. 우리가 광야로 사흘 길을 가서, 주 우리의 하나님께 제사를 드릴 수 있게 허락하여주십시오. 그렇게 하지 않으면, 주님께서 무서운 질병이나 칼로 우리를 치실 것입니다." 4 이집트의 왕은 그들에게 이렇게 대답하였다. "모세와 아론은 들어라. 너희는 어찌하여 백성이 일을 하지 못하게 하느냐? 어서 물러가서, 너희가 할 일이나 하여라." 5 바로가 말을 이었다. "그들이 이집트 땅의 백성보다도 더 불어났다. 그런데도 너희는 그들이 하는 일을 중단시키려 드는구나."

절기를 지킨다(1절)는 건 무슨 뜻입니까? 유월절과 같은 이스라엘의 절기는 한참 뒤에 생기지 않았나요? 물론 정교한 절기 체계는 좀 더 시간이 흐른 뒤에 정착되었습니다. 이 본문에서 절기를 지킨다는 것은 어느 종교에서든 신을 예배하기 위해 특정한 날을 지키는 것을 가리킵니다. 3절과 8절에서는 광야로 가는 목적을 '제사를 드리기 위해'라고 표현하기도 하는데, 이 역시 같은 내용을 뜻합니다. 오늘 우리는 마음만 먹으면 언제 어디서든 예배드릴 수 있지만, 억압과 강제 노동에 시달리는 노예들이 함께 모여 제사드리는 행위는 바로와 같은 절대 권력에게는 매우 위험하게 여겨지는 일이었습니다. 권력자에게는 하나님을 예배하는 일이 성가시고 눈에 거슬리는 일입니다.

6 ○ 바로는 그날로, 이스라엘 백성을 부리는 강제 노동 감독관들과 작업반장들에게 명령하였다. 7 "너희는 벽돌을 만드는 데 쓰는 짚을 더 이상 이전처럼 저 백성에게 대주지 말아라. 그들이 직접 가서 짚을 모아오게 하여라. 8 그러나 벽돌 생산량은 이전과 같게 하여라. 만들어내는 벽돌의 수가 줄어들어서는 안 된다. 그들이 게을러서, 그들의 하나님께 제사를 드리러 가게 해달라고 하면서 떠든다. 9 그들에게는 더 힘겨운 일을 시키고, 그 일만 하게 하여서, 허튼소리에 귀를 기울이지 못하게 하여라."

10 ○ 이스라엘 백성을 부리는 강제 노동 감독관들과 작업반장들이 나가서, 그들에게 이렇게 선포하였다. "바로께서 명령하시기를 '내가 너희에게 더 이상 짚을 주지 않겠다. 11 너희는 가서, 너희가 쓸 짚을 직접 구해와야 한다. 그렇다고 해서 너희의 벽돌 생산량이 줄어들어서는 안 된다' 하셨다." 12 그래서 백성들은 온 이집트 땅에 흩어져서, 짚 대신으로 쓸 곡초 그루터기를 모아들였다. 13 "너희는, 짚을 공급받을 때만큼 벽돌을 만들어내야 한다." 감독관들은 이렇게 말하며 그들을 몰아쳤다. 14 바로의 강제 노동 감독관들은 자기들이 뽑아서 세운 이스라엘 자손의 작업반장들을 때리면서 "너희는 어찌하여, 어

2절에서 바로는 주를 알지도 못한다고 말합니다. 하나님은 이집트인들에게 전혀 알려지지 않은 신이었습니까? 우리가 읽고 있는 이 새번역 성경은 '여호와'라는 이름을 항상 '주'라고 옮겼습니다. 2절에서 바로가 언급하는 '주' 역시 여호와입니다. 고대 중동에서는 나라마다 자신들의 신이 있고, 지역마다 숭배하는 신이 따로 있었습니다. 이집트는 대개 태양신을 최고의 신으로 숭배하곤 했습니다. 그렇기에 바로는 히브리인들의 하나님 여호와에 대해서는 알 수 없었습니다. 다른 지역을 방문한다면 그 지역의 신을 존중하겠지만, 이집트 땅에서 더구나 노예들의 신이었으니, 바로 입장에서는 알지도 못하는 신이고 무시할 수 있는 신이었을 것입니다.

제도 오늘도, ·벽돌 만드는 작업에서 너희가 맡은 일을 전처럼 다 하지 못하느냐?" 하고 다그쳤다.

15 ○ 이스라엘 자손의 작업반장들이 바로에게 가서 호소하였다. "어찌하여 저희 종들에게 이렇게 하십니까? 16 저희 종들은 짚도 공급받지 못한 채로 벽돌을 만들라고 강요받고 있습니다. 보십시오, 저희 종들이 이처럼 매를 맞았습니다. 잘못은 틀림없이 임금님의 백성에게 있습니다." 17 그러자 바로가 대답하였다. "이 게을러터진 놈들아, 너희가 일하기가 싫으니까, 주께 제사를 드리러 가게 해달라고 떠드는 것이 아니냐! 18 썩 물러가서 일이나 하여라. 너희에게 짚을 대주지 않겠다. 그러나 너희는 벽돌을, 맡은 수량대로 어김없이 만들어 내야 한다." 19 이스라엘 자손의 작업반장들은 매일 만들어야 하는 벽돌의 수를 줄일 수 없다는 말을 듣고서, 자기들이 곤경에 빠졌음을 알았다. 20 그들은 바로 앞에서 나오다가, 자기들을 만나려고 서 있는 모세와 아론과 마주쳤다. 21 그들은 이렇게 말하였다. "주님께서 당신들을 내려다보시고 벌을 내리시면 좋겠소. 당신들 때문에 바로와 그의 신하들이 우리를 미

이스라엘 백성들의 처지는 더 어려워졌습니다(10~18절). 하나님은 왜 단번에 해방을 주지 않고 이렇게 고생스러운 과정을 거치게 했을까요? 하나님의 개입이 언제나 단번에 놀라운 방식으로 이루어진다면, 사람이 살아가는 역사는 거의 무의미해지지 않을까요? 학생이 공부하느라 힘들 때마다 언제나 하나님께서 단번에 머리가 좋아지게 하고 단번에 시험을 잘 치르게 도와주신다면, 그러한 신앙은 일상을 튼튼히 살아가게 하는 것이 아니라 그야말로 마약과 같고 복권과 같을 것입니다. 결국 우리가 매일 반복하며 살아가는 일상은 전부 무너지고 말겠지요. 하나님께서는 노예의 부르짖음을 들으셨고 그들을 건지실 것입니다. 그렇지만 역사 안에서 일상과 더불어 그 모든 구원의 역사가 진행될 것입니다. 특별한 기적이어서 하나님의 행하심이 아니라, 일상의 사건을 달리 보게 될 때 그 역시 기적이라 할 수 있습니다.

워하고 있소. 당신들은 그들의 손에 우리를 죽일 수 있는 칼을
쥐어준 셈이오."

모세가 주님께 호소하다

22 ○ 이 말을 듣고서, 모세는 주님께 돌아와서 호소하였다.
"주님, 어찌하여 주님께서는 이 백성에게 이렇게 괴로움을 겪
게 하십니까? 정말, 왜 저를 이곳에 보내셨습니까? 23 제가 바
로에게 가서 주님의 이름으로 말한 뒤로는, 그가 이 백성을 더
욱 괴롭히고 있습니다. 그런데도 주님께서는 주님의 백성을
구하실 생각을 전혀 하지 않고 계십니다."

하나님은 왜 히브리인들에게 직접 계획을 알려주지 않았을까요? 그랬더라면 21절처
럼 모세를 오해하거나 원망하는 일도 없었을 텐데요. 이미 모세와 아론은 백성의 장
로들을 불러 하나님께서 하신 모든 말씀을 일렀지만(4:29-31), 바로와 같은 권력자는
교묘하게 파고들어 모세와 백성 사이를 이간하고 갈라버립니다. 백성들은 '주님께서
모세와 아론을 벌하시기를'(21절) 기도합니다. 정말 하나님을 믿는다면 바로를 벌하시
기를 구해야 하겠지만, 이스라엘 백성은 오랜 노예 생활로 인해 바로는 어찌할 수 없
는 존재로 받아들였을 것입니다. 그래서 기껏 하나님께 구하는 것이 모세를 벌하는 것
이 되어버렸습니다. 바로와 같은 권력은 결코 영원한 것도 아니고 바꿀 수 없는 것도
아닙니다. 하나님만이 영원하고 유일한 질서입니다. 그러므로 출애굽 과정은 이스라
엘 백성이 노예근성에서 벗어나는 훈련의 시간이기도 합니다.

{ 제6장 }

1 주님께서 모세에게 말씀하셨다. "이제 너는, 내가 바로에게 하는 일을 보게 될 것이다. 틀림없이 그는 강한 손에 밀려서, 그들을 내보내게 될 것이다. 강한 손에 밀려서야, 그들을 이 땅에서 내쫓다시피 할 것이다."

하나님이 모세를 부르시다

2 ○ 하나님이 모세에게 이렇게 말씀하셨다. "나는 '주'다. 3 나는 아브라함과 이삭과 야곱에게 '전능한 하나님'으로는 나타났으나, 그들에게 나의 이름을 '여호와'로는 알리지 않았다. 4 나는 또한, 그들이 한동안 나그네로 몸 붙여 살던 가나안 땅을 그들에게 주기로 그들과 언약을 세웠는데, 5 이제 나는 이집트 사람이 종으로 부리는 이스라엘 자손의 신음소리를 듣고, 내가 세운 언약을 생각한다. 6 그러므로 너는 이스라엘 자손에게 말하여라. '나는 주다. 나는 이집트 사람들이 너희를 강제로 부리지 못하게 거기에서 너희를 이끌어내고, 그 종살이에서 너

하나님이 이름을 알려주셨다는(2-3절) 사실에는 어떤 의미가 담겨 있습니까? 여호와는 이스라엘의 하나님의 고유한 이름입니다. 이 이름을 이제 모세와 그의 백성에게 알리신다는 것은 그들을 건지기 위해 이스라엘의 하나님으로 행하실 것임을 의미합니다. 대개 신의 이름은 당대의 왕과 같은 권력자들과 연관되는 반면, 여호와라는 이름은 이집트 땅에서 노예가 된 이들과 연관해 알려진다는 점에서 매우 특이하고 대조적입니다. 하나님께서는 스스로의 이름을 알리기에 가장 적절하고 적합한 상황이 바로 이와 같은 노예 해방의 상황이라고 여기셨다고 볼 수 있습니다. 그렇기에 여호와라는 이름은 언제나 해방과 자유, 회복을 상징하는 이름이 될 것입니다.

희를 건지고, 나의 팔을 펴서 큰 심판을 내리면서, 너희를 구하여내겠다. 7 그래서 너희를 나의 백성으로 삼고, 나는 너희의 하나님이 될 것이다. 그러면 너희는, 내가 주 곧 너희를 이집트 사람의 강제 노동에서 이끌어낸 너희의 하나님임을 알게 될 것이다. 8 내가, 아브라함과 이삭과 야곱에게 주기로 손을 들어 맹세한 그 땅으로 너희를 데리고 가서, 그 땅을 너희에게 주어, 너희의 소유가 되게 하겠다. 나는 주다.'" 9 모세가 이스라엘 자손에게 이와 같이 전하였으나, 그들은 무거운 노동에 지치고 기가 죽어서, 모세의 말을 들으려고 하지 않았다.

10 ○ 주님께서 모세에게 이르셨다. 11 "너는 이집트의 왕 바로에게 가서, 이스라엘 자손을 그의 나라에서 내보내라고 하여라." 12 이에 모세가 주님께 아뢰었다. "이스라엘 자손도 저의 말을 듣지 않는데, 어찌 바로가 저의 말을 듣겠습니까? 저는 입이 둔하여 말을 할 줄 모릅니다."

13 ○ 주님께서는 모세와 아론에게 이스라엘 자손을 이집트 땅에서 인도하여내라고 명하셨는데, 이 사실을 이스라엘 자손에게도 알리고 이집트 왕 바로에게도 알리라고 모세와 아론에게 명하셨다.

모세의 항변(12절)은 백번 합리적입니다. 하나님의 명령이 지극히 불합리해 보일 때도 그 명령에 따라야 합니까? 간혹 하나님께서 행하시는 일의 의미를 이해하기 어려울 때도 많지만, 그럴 때일수록 우리는 그분의 뜻을 신중하고 진지하게 고민하며 묵상해야 합니다. 그러나 그것이 언제나 무조건 그분의 뜻을 수용해야 하고 지체 없이 따라야 한다는 의미는 아닙니다. 모세처럼 하나님께 항의하고 문제를 제기하는 것은 당연한 일일 것입니다. 항의할 수 없고 다른 의견을 말할 수 없다면, 그런 신은 사람을 멋대로 휘두르는 독재자겠지요. 모세의 항변과 하나님의 대답은 백성을 해방시키는 일이 사람의 능력에 좌우될 것이 아니라 하나님의 능력임을 보여주는 과정입니다.

모세와 아론의 족보

14 ○ 모세와 아론의 조상은 이러하다.

○ 이스라엘의 맏아들 르우벤의 아들들은 하녹과 발루와 헤스론과 갈미인데, 이들이 르우벤 가문이다.

15 ○ 시므온의 아들들은 여무엘과 야민과 오핫과 야긴과 소할과, 가나안 여자가 낳은 아들 사울인데, 이들이 시므온 가문이다.

16 ○ 레위의 아들들의 이름은, 그 태어난 순서대로, 게르손과 고핫과 므라리인데, 레위는 백삼십칠 년을 살았다.

17 ○ 게르손의 아들들은 가문별로는 립니와 시므이이다.

18 ○ 고핫의 아들들은 아므람과 이스할과 헤브론과 웃시엘인데, 고핫은 백삼십삼 년을 살았다.

19 ○ 므라리의 아들들은 마흘리와 무시이다.

○ 이들이 세대별로 본 레위 가문이다.

20 ○ 아므람은 자기의 고모 요게벳을 아내로 맞아 아론과 모세를 낳았다. 아므람은 백삼십칠 년을 살았다.

21 ○ 이스할의 아들들은 고라와 네벡과 시그리이다.

22 ○ 웃시엘의 아들들은 미사엘과 엘사반과 시드리이다.

난데없이 이 대목에 족보가 등장하는 이유는 무엇입니까? 이 족보는 아론의 정통성을 부각시키기 위해 이 자리에 놓였다고 볼 수 있습니다. 모세는 계속해서 자신의 부족함을 이야기하고 이후 그와 함께할 사람으로 아론이 등장하는데(7:1-2), 그에 앞서 이 족보를 제시함으로써 아론의 특별함을 부각시킵니다. 이 족보를 통해 아론은 야곱의 셋째 아들인 레위로부터 이어진 자임이 표현됩니다. 고라의 아들들(24절)이 특히 언급된 까닭은 아마도 이들이 나중에 레위에서 아론으로 이어지는 흐름에 반대하고 거역하는 세력으로 등장하기 때문일 것입니다(민 16장). 족보를 끝맺으면서 '아론과 모세'(26절)라고 아론을 먼저 적은 것에서도 아론에 대한 강조를 볼 수 있습니다.

23 ○ 아론은, 암미나답의 딸이요 나손의 누이인 엘리세바와 결혼하여, 나답과 아비후와 엘르아살과 이다말을 낳았다.

24 ○ 고라의 아들들은 앗실과 엘가나와 아비아삽인데, 이들은 고라 가문이다.

25 ○ 아론의 아들 엘르아살은 부디엘의 한 딸과 결혼하여, 비느하스를 낳았다. 이들이 다 가문별로 본 레위 일가의 조상이다.

26 ○ 이스라엘 자손을 부대별로 편성하여 이집트 땅에서 인도하여내라는 주님의 분부를 받은 이들이, 바로 이들 아론과 모세이고. 27 이집트의 왕 바로에게 가서 이스라엘 자손을 내보내달라고 말한 이들도, 바로 이들 모세와 아론이다.

모세와 아론에게 내린 주님의 명령

28 ○ 주님께서 이집트 땅에서 모세에게 말씀하실 때이다. 29 주님께서 모세에게 이르시기를 "나는 주다. 너는 내가 너에게 하는 말을 모두 이집트의 임금 바로에게 전하여라" 하셨다. 30 그러나 모세는 주님께 이렇게 대답하였다. "보십시오, 저는 입이 둔하여 말을 할 줄 모릅니다. 바로가 어찌 저의 말을 듣겠습니까?"

하나님이 6장에서만 네 번이나(2, 6, 8, 29절) "나는 주다"라는 말을 되풀이합니다. 이런 선언이 중요한 까닭은 무엇입니까? 여호와라는 이름은 이집트에서 노예로 시달리던 이스라엘을 건지시려는 상황에서 처음 알려지고 소개되었습니다. 이후로도 이 이름은 이집트에서의 구출과 연관해 자주 쓰입니다. 가령 십계명과 같은 중요한 말씀 첫머리에도 "나는 너희를 이집트 땅 종살이하던 집에서 이끌어낸 주 너희의 하나님이다"(20:2)라는 구절이 있습니다. 그래서 "나는 주다"라는 말씀은 이집트와 같은 강력한 제국의 압제에 시달리는 노예를 건지시는 하나님을 증언합니다. 이를 굳게 신뢰하도록 하나님께서는 거듭 "나는 주다"라고 선언하십니다.

{ 제7장 }

1 주님께서 모세에게 말씀하셨다. "보아라, 나는, 네가 바로에게 하나님처럼 되게 하고, 너의 형 아론이 너의 대언자가 되게 하겠다. 2 너는, 내가 너에게 명한 것을 너의 형 아론에게 말하여주고, 아론은 그것을 바로에게 말하여, 이스라엘 자손을 그 땅에서 내보내달라고 하여라. 3 그러나 나는, 바로가 고집을 부리게 하여놓고서, 이집트 땅에서 표징과 이적을 많이 행하겠다. 4 바로가 너희의 말을 듣지 않을 때에, 나는 손을 들어 큰 재앙으로 이집트를 치고, 나의 군대요 나의 백성인 이스라엘 자손을 이집트 땅에서 인도하여내겠다. 5 내가 손을 들어 이집트를 치고, 그들 가운데서 이스라엘 자손을 이끌어낼 때에, 이집트 사람들은 내가 주님임을 알게 될 것이다." 6 모세와 아론은 주님께서 자기들에게 명하신 대로 하였다. 7 그들이 바로에게 말할 때에, 모세의 나이는 여든 살이고, 아론의 나이는 여든세 살이었다.

하나님의 군대(4절)라고 말하기엔 히브리 민족이 너무 허약하고 무기력하지 않은가요? 우리는 모세가 계속해서 스스로를 부족하다 말하는 것을 4장과 6장에서 거듭 보았습니다. 모세가 자칫 영웅처럼 여겨질 수 있지만, 그와 같은 본문은 모세가 영웅이 아니라 부족한 사람이되 하나님께 순종한 사람임을 확인시켜줍니다. 마찬가지로 이집트에서 종살이하는 히브리 민족 이스라엘은 실제로 허약하고 무기력한 이들입니다. 그러나 하나님의 약속과 말씀을 믿고 한 걸음 나아갈 때, 그들은 하나님의 군대입니다. 출애굽기를 비롯한 구약성경은 능력이 사람에게 있는 것이 아니라 하나님께 있음을 끊임없이 증언합니다.

뱀으로 변한 아론의 지팡이

8 ○ 주님께서 모세와 아론에게 다음과 같이 말씀하셨다. 9 "바로가 너희에게 이적을 보여달라고 요구하거든, 너는 아론에게 지팡이를 바로 앞에 던지라고 하여라. 그러면 지팡이가 뱀이 될 것이다." 10 모세와 아론은 바로에게 갔다. 그들은 주님께서 분부하신 대로 하였다. 아론이 바로와 그의 신하들 앞에 자기의 지팡이를 던지니, 그것이 뱀이 되었다. 11 이에 바로도 현인들과 요술가들을 불렀는데, 이집트의 마술사들도 자기들의 술법으로 그와 똑같이 하였다. 12 그들이 각자 자기의 지팡이를 던지니, 그것들이 모두 뱀이 되었다. 그러나 아론의 지팡이가 그들의 지팡이를 삼켰다. 13 그러나 주님께서 말씀하신 대로, 바로가 고집을 부리고, 그들의 말을 듣지 않았다.

첫째 재앙 : 물이 피가 되다

14 ○ 주님께서 모세에게 말씀하셨다. "바로는 고집이 세서, 백성들을 내보내기를 거절하였다. 15 그러니 너는 아침에 바

바로가 부른 현인과 요술가들(11절)은 어떤 사람들입니까? 고대 중동 국가에는 이와 같은 현인, 요술가, 마술사 집단이 늘 권력 곁에 있었습니다. 요술가라고 하면 오늘 우리에겐 눈속임하는 사람들이라는 인상을 주지만, 고대 세계에서는 하늘과 땅에 있는 여러 사건이나 징조를 보고 현재와 미래를 해석하는 역할을 했습니다. 히브리 노예를 내보내는 일이 하나님께서 명하신 일임을 증명하기 위해 모세와 아론은 하나님의 명을 따라 뱀이 지팡이가 되게 하는 기적을 선보이지만, 이집트의 현인과 요술가 역시 같은 일을 행함으로써 히브리 노예의 하나님의 뜻이 별것 아니라고 말합니다. 그리고 이제부터 이스라엘의 하나님과 이집트 신의 대결 국면이 시작됩니다.

로에게로 가거라. 그가 물가로 갈 것이니, 강가에서 그를 기다리고 있다가, 그를 만나거라. 너는 뱀으로 변했던 그 지팡이를 손에 들고서, 16 그에게 이렇게 말하여라. '히브리 사람의 하나님이신 주님께서 나를 임금님께 보내어 이르시기를, 나의 백성을 보내어 그들이 광야에서 나에게 예배하게 하라, 하셨는데도, 임금님은 아직까지 그 말씀을 듣지 않았습니다. 17 그래서 주님께서 말씀하시기를, 이제 주님께서 친히 주님임을 임금님께 기어이 알리고야 말겠다고 하셨습니다. 보십시오, 내가 쥐고 있는 이 지팡이로 강물을 치면, 이 강물이 피로 변할 것입니다. 18 강에 있는 물고기는 죽고, 강물에서는 냄새가 나서, 이집트 사람이 그 강물을 마시지 못할 것입니다.'"

19 ○ 주님께서 다시 모세에게 이르셨다. "너는 아론에게 이르기를, 지팡이를 잡고 이집트의 모든 물 곧 강과 운하와 늪과 그 밖에 물이 고인 모든 곳에 손을 내밀라고 하여라. 그러면 그 모든 물이 피가 될 것이며, 이집트 땅 모든 곳에 피가 괼 것이다. 나무그릇이나 돌그릇에까지도 피가 괼 것이다."

20 ○ 모세와 아론은 주님께서 명하신 대로 하였다. 그가 바로와

하나님이 이토록 이름을 알리는 데 집착하는 속뜻이 궁금합니다(17절). 단번에 어마어마한 초자연적인 기적으로 세상을 뒤집고 이스라엘을 건지실 수 있겠지만, 이런 변화는 그 속에서 살아가는 사람들에게는 그야말로 로또와 같은 일일 것입니다. 앞에서 보았듯이(5:21) 이집트와 같은 강력한 국가는 사람들의 마음과 생각을 장악해 나라에 맞서거나 대항할 수 없게 만들고, 못난 자기 자신을 탓하게 만듭니다. 그러나 하나님께서는 끊임없이 "나는 주다"라고 선언하시면서, 그와 같이 제한되고 좁아져버린 우리 생각과 마음을 바꾸십니다. 거대한 국가 이집트가 진정한 능력이나 질서가 아님을, 히브리 노예의 하나님이야말로 주님이심을 이집트 온 땅에 알리고 드러내십니다. 이러한 깨달음이 없다면 우리는 또 다른 제국에 의해 노예가 되고 말 것입니다.

그의 신하들 앞에서 지팡이를 들어 강물을 치니, 강의 모든 물이 피로 변하였다. 21 그러자 강에 있는 물고기가 죽고, 강물에서 악취가 나서, 이집트 사람들이 그 강물을 마실 수 없게 되었다. 이집트 땅의 모든 곳에 피가 괴었다. 22 그런데 이집트의 마술사들도 자기들의 술법으로 그와 똑같이 하니, 주님께서 말씀하신 대로, 바로가 고집을 부리면서 그들의 말을 듣지 않았다. 23 이번에도 바로는 이 일에 아무 관심도 없다는 듯이 발길을 돌려서 궁궐로 들어갔다. 24 이렇게 하여서 강물을 마실 수 없게 되니, 모든 이집트 사람은 마실 물을 찾아서 강 주변에 우물을 팠다. 25 ㅇ 주님께서 강을 치신 지 이레가 지났다.

기적은 하나님만 일으킬 수 있는 줄 알았는데요. 11절이나 22절처럼 마술사들도 최소한 얼마쯤은 가능하군요. 정말 그렇습니다. 그렇지만 상황이 진행될수록 이집트 마술사들은 더 이상 하나님께서 하시는 일을 흉내 낼 수 없게 됩니다. 그 점에서 이 본문은 하나님과 이집트 신의 대결이라 할 수 있습니다. 한 가지 더 생각해볼 것은 사실 초자연적인 기적이 기독교뿐 아니라 다른 종교에서도, 그리고 무속 신앙에서도 종종 목격되고 증언된다는 점입니다. 그러므로 초자연적인 기적이 기독교 신앙의 본질이라고는 결코 말할 수 없습니다. 특별하고 놀라운 기적을 경험한다고 새로운 삶을 사는 것이 아니라, 온 땅의 주님이 여호와이심을 깨달을 때 새로운 삶, 제국에 굴복하지 않는 삶을 살게 됩니다.

{ 제8장 }

둘째 재앙 : 개구리 소동

1 주님께서 모세에게 말씀하셨다. "너는 바로에게로 가서 '나 주가 이렇게 말한다' 하고, 그에게 이르기를 '나의 백성을 보내라. 그들이 나를 예배할 수 있게 하여라. 2 네가 그들을 보내지 않으면, 나는 개구리로 너의 온 땅을 벌하겠다. 3 강에는 개구리들이 득실거리고, 위로 올라와서, 너의 궁궐과 너의 침실에도 들어가고, 침대로도 올라가고, 너의 신하와 백성의 집에도 들어가고, 너의 화덕과 반죽하는 그릇에도 들어갈 것이다. 4 또한 그 개구리들은 너와 너의 백성과 너의 모든 신하의 몸에도 뛰어오를 것이다' 하여라."

5 ○ 주님께서 모세에게 말씀하셨다. "너는 아론에게 이르기를, 지팡이를 들고 강과 운하와 늪 쪽으로 손을 내밀어서, 개구리들이 이집트 땅 위로 올라오게 하라고 하여라." 6 아론이 이집트의 물 위에다가 그의 팔을 내미니, 개구리들이 올라와서 이집트 땅을 뒤덮었다. 7 그러나 술객들도 자기들의 술법으로 그와 똑

하나님은 왜 개구리를 재앙의 도구로 선택했을까요? 어떤 이는 개구리 머리로 표현되는 이집트 신의 패배를 보이기 위해 개구리가 동원되었다고 주장하기도 합니다. 혹은 첫 번째 재앙으로 인해 나일강이 7일 동안 피로 변했으니 강에 있던 개구리들이 더이상 강에서 살 수 없어 육지로 뛰어오른 것으로 풀이할 수도 있습니다. 이렇게 볼 경우 첫 번째 재앙과 두 번째 재앙은 논리적으로 원인과 결과로 이어지는 자연스러운 흐름이라 볼 수 있습니다. 열 가지 재앙은 단절된 하나하나라기보다 이처럼 서로 연결되어 그다음 재앙을 부르는 것이라 이해할 수 있습니다. 언제나 그렇지 않습니까? 한 가지 어리석은 행동을 바로잡지 않으면 그에 따른 결과가 계속 일어나곤 하니까요.

같이 하여, 개구리들이 이집트 땅 위로 올라오게 하였다.

8 ○ 그때에 바로는 모세와 아론을 불러들여 부탁하였다. "너희는 주께 기도하여, 개구리들이 나와 나의 백성에게서 물러가게 하여라. 그러면 내가, 너희 백성이 주께 제사를 드릴 수 있도록, 너희를 보내주겠다." 9 모세가 바로에게 대답하였다. "기꺼이 그렇게 하겠습니다. 그러면 제가 언제쯤 이 개구리들이 임금님과 임금님의 궁궐에서 물러가서, 오로지 강에서만 살게 하여, 임금님과 임금님의 신하들과 임금님의 백성이 이 재앙을 피할 수 있게 기도하면 좋겠습니까?" 10 바로가 대답하였다. "내일이다." 모세가 말하였다. "말씀대로 하겠습니다. 그렇게 해서, 주 우리의 하나님과 같은 분이 없다는 사실을 알게하여드리겠습니다. 11 이제 개구리들이 임금님과 임금님의 궁궐과 신하들과 백성들에게서 물러가고, 오직 강에만 남아 있을 것입니다." 12 모세와 아론은 바로에게서 물러나왔다. 모세가, 주님께서 바로에게 보내신 개구리를 없애달라고 주님께 간구하니, 13 주님께서 모세가 간구한 대로 들어주셔서, 집과 뜰과 밭에 있던 개구리들이 다 죽었다. 14 사람들이 이것을 모아 무더기로 쌓아놓으니, 그 악취가 온 땅에 가득하였다. 15 바

9절에서 모세는 이전과 달리 바로에게 개구리들을 '언제쯤' 물러가게 하면 될지 묻습니다. 무슨 특별한 이유가 있습니까? 특정한 시점을 정하지 않는다면 그 일이 우연인지 아니면 하나님으로부터 비롯되었는지 판단하기 어려울 것입니다. 특정한 시점을 정하고 그렇게 정해놓은 시간에 개구리가 없어진다면 그것이야말로 하나님께서 행하시고 계심을 보여주는 명확한 근거가 될 것입니다. 이것은 언제 재앙이 사라지느냐 뿐만 아니라 언제 재앙이 임할 것인가에 대해서도 마찬가지입니다. 개구리가 물러가는 시점에 대한 질문이 두 번째 재앙에서 나타나지만, 주님께서 '내일' 재앙을 내리실 것이라 말씀하시는 장면은 세 번이나 등장합니다(8:23; 9:5, 18).

로는 한숨을 돌리게 되자, 주님께서 말씀하신 대로, 또 고집을
부리고 그들의 말을 듣지 않았다.

셋째 재앙 : 이 소동

16 ○ 주님께서 모세에게 말씀하셨다. "너는 아론에게 일러,
지팡이를 내밀어 땅의 먼지를 치라고 하여라. 그러면 이집트
온 땅에서 먼지가 이로 변할 것이다." 17 그들이 그대로 하였
다. 아론이 지팡이를 잡고서 팔을 내밀어 땅의 먼지를 치니,
먼지가 이로 변하여, 사람과 짐승들에게 이가 생겼다. 온 이
집트 땅의 먼지가 모두 이로 변하였다. 18 마술사들도 이와
같이 하여, 자기들의 술법으로 이가 생기게 하려고 하였으나,
그렇게 할 수가 없었다. 이가 사람과 짐승에게 계속하여 번져
나갔다. 19 마술사들이 바로에게 그것은 신의 권능이 아니고
서는 할 수 없는 일이라고 말하였다. 그러나 주님께서 말씀하
신 대로, 바로는 여전히 고집을 부리고, 그들의 말을 듣지 않
았다.

마술사들은 '신의 권능'(19절)이라고 말합니다. 여기서 '신'은 히브리 민족이 믿는 하
나님을 의미합니까? 본문만으로 단정하기는 어렵지만, 이집트의 신이 행한 일이든
히브리 민족의 신이 행한 일이든 사람이 할 수 있는 일이 아니라 신의 능력으로만 할
수 있는 일이라는 표현으로 볼 수 있습니다. 그래서 이 사건을 통해 마술사들이 히브
리인의 신에 대해 어떤 믿음이나 두려움이 생겼다고 보기는 어려울 것입니다. 나아
가 신의 권능이라는 말에도 불구하고 바로의 마음 역시 전혀 변하지 않습니다. 그러
니까 이집트 마술사도 할 수 있느냐 없느냐가 상황의 결정적인 계기가 되지는 못합
니다. 축적된 재앙은 하나님의 권능을 점차 드러냅니다. 여기서 우리가 놓치지 말아
야 할 것은 이 권능의 하나님께서 히브리 노예의 부르짖음을 들으셨다는 점입니다.

넷째 재앙 : 파리 소동

20 ○ 주님께서 모세에게 말씀하셨다. "너는 아침에 일찍이 일어나서, 바로 앞에 나서라. 그가 물가로 나갈 것이다. 그때에 너는 그에게 이르기를 '주님께서 이렇게 말씀하신다.' 하고 '나의 백성을 보내라. 그들이 나에게 예배를 드리게 하여라. 21 네가 나의 백성을 보내지 않으면, 나는, 너와 너의 신하들과 백성들과 너의 궁궐에 파리를 보내서, 이집트 사람의 집집마다 파리가 들끓게 하고, 땅도 파리가 뒤덮게 하겠다. 22 그러나 그날에 나는, 나의 백성이 사는 고센 땅에는 재앙을 보내지 않아서, 그곳에는 파리가 없게 하겠다. 내가 이렇게 하는 까닭은, 나 주가 이 땅에 있음을 네가 알게 하려는 것이다. 23 내가 나의 백성과 너의 백성을 구별할 것이니, 이런 이적이 내일 일어날 것이다' 하여라." 24 주님께서 말씀하신 대로 하시니, 파리가 무수히 바로의 궁궐과 그 신하의 집과 이집트 온 땅에 날아들었고, 그 땅이 파리 때문에 폐허가 되었다.

25 ○ 그러자 바로가 모세와 아론을 불러들여서 말하였다. "이

이집트인들은 대체 왜 '돌로 치고 싶어 할 만큼'(26절) 히브리인들의 제사를 혐오했나요? 이집트인들은 히브리인의 제사뿐만 아니라 그들과 밥 먹는 것도 부정하게 여겼고(창 43:32), 히브리인이 목축하는 것도 부정하다 여겼습니다(창 46:34). 민족이나 나라마다 나름의 제사와 생활 관행이 있고, 거기에 맞지 않는 것은 부정하게 여겼음을 짐작할 수 있습니다. 훗날 이스라엘 역시 이방인과 식사하는 것을 경계했고, 그들의 제사 제물 역시 부정하게 여겼습니다. 오늘날에도 종종 다른 종교의 예배 자리에 함께하는 것을 꺼리는 점을 생각하면, 좀 더 종교성이 가득했던 고대에는 더욱 그러했으리라 짐작할 수 있습니다. 이렇게 부정하다 여기는 일을 억지로 진행하면 그야말로 폭동까지 일어날 수도 있는 민감한 문제였습니다.

제 너희는 가되, 이 땅 안에서 너희 하나님께 제사를 드려라." 26 모세가 말하였다. "이집트 사람들은 우리가 주 우리의 하나님께 제사드리는 것을 부정하게 여기므로 이 땅 안에서는 제사를 드릴 수 없습니다. 우리가, 이집트 사람들이 보는 앞에서, 그들이 부정하게 여기는 것을 희생제물로 바치면, 그들이 어찌 보고만 있겠습니까? 우리를 돌로 치지 않겠습니까? 27 우리는, 하나님이 우리에게 말씀하신 대로, 광야로 사흘 길을 나가서, 주 우리의 하나님께 제사를 드려야 합니다." 28 바로가 대답하였다. "그렇다면 나는 너희를 내보내서, 너희가 광야에서 주 너희의 하나님께 제사를 드리게 하겠다. 그러나 너희는 너무 멀리는 나가지 말아라. 그리고 너희는 내가 하는 일도 잘되도록 기도하여라." 29 모세가 말하였다. "보십시오, 이제 제가 임금님 앞에서 물러가서 주님께 기도하겠습니다. 내일이면 파리 떼가 바로 임금님과 신하들과 백성들에게서 떠나갈 것입니다. 그러나 바로 임금님이 우리를 속이고 백성을 보내지 않으셔서 우리가 주님께 제사를 드리지 못하는 일이 다시는 없게 하여주시기 바랍니다." 30 모세가 바로 앞에서 물러

바로는 조금씩 조건을 달리해가면서 계속 타협안을 제시합니다(25, 28절). 어째서 모세는 끝까지 애초의 요구를 굽히지 않았을까요? 이 모든 일의 목적이 무엇인지 모세는 명확하게 인지하고 있었다고 볼 수 있습니다. 이집트의 노예살이로부터 해방되는 것, 하나님께서 인도하실 새로운 땅에서 하나님을 예배하며 그분의 백성으로 살아가는 것, 그것이 이 모든 상황의 출발점입니다. 약간의 자유, 적당한 휴식을 얻어내기 위해 힘을 가진 제국과 타협하기 시작하면, 결국 모세와 이스라엘 백성은 제국이 허용하는 한도 내에서의 자유, 체제가 인정하고 허락하는 만큼의 신앙 외에는 무엇도 간직하고 누릴 수 없을 것입니다. 모세와 이스라엘의 목적은 좀 더 편안한 삶이 아니라, 제국의 영향과 힘으로부터 놓여난 완전한 해방, 완전한 자유를 얻는 것이었습니다.

나와 주님께 기도하니, 31 주님께서 모세의 기도를 들어주셔서, 파리가 바로와 그의 신하들과 백성에게서 모두 떠나서 한 마리도 남아 있지 않게 하셨다. 32 그러나 이번에도 바로는 고집을 부리고, 백성을 보내지 않았다.

{ 제9장 }

다섯째 재앙 : 집짐승의 죽음

1 주님께서 모세에게 말씀하셨다. "너는 바로에게로 가서 '히브리 사람의 주 하나님이 이렇게 말씀하신다' 하고 '나의 백성을 보내어라. 그들이 나에게 예배드리게 하여라. 2 네가 그들을 보내기를 거절하고, 계속 그들을 붙잡아둔다면, 3 주의 손이, 들에 있는 너의 집짐승들 곧 말과 나귀와 낙타와 소와 양 떼를 쳐서, 심히 무서운 병이 들게 할 것이다. 4 그러나 주는 이스라엘

'예배드린다'(1절)는 건 무슨 뜻입니까? 찬송, 기도, 설교로 이어지는 요즘 교회의 예배와 같은 건가요? 여기에 쓰인 히브리어 동사는 기본적으로 '일하다'라는 뜻을 갖고 있습니다. 동사의 목적어가 사람이면 "누구누구를 섬기다"라는 뜻으로 쓰이고, 목적어가 하나님이면 "하나님을 섬기다", 즉 "하나님을 예배하다"가 됩니다. 이러한 '하나님 섬김', 즉 예배는 시대에 따라 양상이 달라질 것입니다. 고대사회에서 예배의 핵심에는 동물로 드리는 제사가 있었습니다. 광야로 가서 제사드린다는 표현도 있고(3:18; 8:8, 26-28), 예배드리겠다는 표현도(7:16; 9:1; 10:11, 24), 절기를 지키겠다는 표현도 있습니다(5:1; 10:9). 드러난 표현은 조금씩 다르지만, 말하고자 하는 바는 모두 "우리는 하나님을 섬기는 백성으로 살아가겠습니다"라는 단호한 선언입니다. 이집트는 히브리인을 노예로 삼아 자기 나라를 섬기게 했으나(1:13-14), 이스라엘은 제국 이집트가 아니라 하나님을 섬기는 백성입니다.

사람의 집짐승과 이집트 사람의 집짐승을 구별할 것이니, 이스라엘 자손의 것은 하나도 죽지 않게 할 것이다' 하여라." 5 주님께서 때를 정하시고서 "나 주가 내일 이 땅에서 이 일을 하겠다" 하고 말씀하셨다. 6 이튿날 주님께서 이 일을 하시니, 이집트 사람의 집짐승은 모두 죽었는데, 이스라엘 자손의 집짐승은 한 마리도 죽지 않았다. 7 바로는 사람을 보내서, 이스라엘 사람의 집짐승이 한 마리도 죽지 않은 것을 확인하였다. 그러나 바로는 여전히 고집을 부리고, 그 백성을 보내지 않았다.

여섯째 재앙 : 피부병 전염

8 ○ 주님께서 모세와 아론에게 말씀하셨다. "너희는 화덕에 있는 그을음을 두 손에 가득히 움켜쥐어라. 그리고 모세가 그것을 바로 앞에서 공중에 뿌려라. 9 그것이 이집트 온 땅 위에서 먼지가 되어, 사람과 집짐승에게 악성 종기를 일으킬 것이다." 10 그래서 그들은 화덕의 그을음을 모아 가지고 가서, 바로 앞에 섰다. 모세가 그것을 공중에 뿌리니, 그것이 사람과

가축이 죽는 게 이집트인들에게 심각한 위험이 되는 이유는 무엇입니까? 이집트인들에게 특별히 더 큰 위험이라기보다는 고대사회에서 가축이 사람에게 차지하는 역할을 생각하면 이해할 수 있습니다. 가축은 재산이기도 하고, 때로 양식이기도 하며, 가족 같기도 했을 것입니다. 그런데 이집트 전역에서 가축이 모두 단번에 몰살되었으니, 그 일은 이집트인들에게 큰 위협이자 공포였을 것입니다. 집집마다 가축을 기르지 않는 오늘날에도 광우병을 비롯해 가축에게 생기는 전염병이 인류를 얼마나 두렵게 하는지 떠올려보면 쉽게 이해할 수 있습니다. 가축에게 생기는 병을 다룬 다섯 번째 재앙에 이어 곧바로 사람에게 생기는 종기라는 여섯 번째 재앙으로 연결된다는 점 역시 가축에게 생긴 병이 거기에서 그치는 것이 아님을 보여줍니다.

짐승에게 붙어서, 악성 종기를 일으켰다. 11 마술사들도 종기 때문에 모세 앞에 나서지 못하였다. 모든 이집트 사람과 마술사들에게 종기가 생긴 것이다. 12 그러나 주님께서 바로가 여전히 고집을 부리게 하셨으므로, 주님께서 모세에게 말씀하신 대로, 바로가 그들의 말을 듣지 않았다.

일곱째 재앙 : 우박

13 ○ 주님께서 모세에게 말씀하셨다. "너는 아침에 일찍이 일어나서, 바로 앞에 나서서 이렇게 말하여라. '히브리 사람의 주 하나님이 이렇게 말씀하신다. 나의 백성을 보내어라. 그들이 나에게 예배드리게 하여라. 14 이번에는 내가 나의 온갖 재앙을 너와 너의 신하들과 백성에게 내려서, 온 세상에 나와 같은 신이 없다는 것을 너에게 알리겠다. 15 내가 팔을 뻗어서 무서운 질병으로 너와 너의 백성을 쳤다면, 너는 이미 세상에서 사라졌을 것이다. 16 너에게 나의 능력을 보여주어, 온 세상에 나

재앙이 있을 때마다 대부분 마술사에 관한 언급이 있습니다. 이들을 중요하게 다루는 까닭이 궁금합니다. 이집트의 마술사는 이집트 스스로의 힘으로 해낼 수 있는 모든 것을 상징한다고 볼 수 있습니다. 출애굽기는 모세와 아론이 등장해 이스라엘의 하나님의 이름으로 행하는 엄청난 일들을 묘사하면서 이집트의 마술사가 해낼 수 있는 행동을 나란히 비교합니다. 이를 통해 이스라엘의 하나님의 능력과 권능을 부각시킵니다. 이러한 일종의 '대결과 경쟁' 구조는 이방 땅에서 살아가는 이스라엘의 이야기에 빈번히 등장합니다. 구약성경의 다니엘서에는 바빌론 땅에 포로로 끌려간 다니엘이 과연 누가 꿈을 풀이하고 환상을 해석하는가를 두고 계속 바빌론의 마술사들과 대결합니다. 이와 같은 소재는 이방 땅에서 살아가는 이스라엘을 향해 하나님의 능력을 굳게 신뢰할 것을 촉구하며 격려하는 역할을 합니다.

의 이름을 널리 알리려고, 내가 너를 남겨두었다. 17 그런데 너는 아직도 교만한 마음을 버리지 못하고, 나의 백성을 내보내지 않는다. 18 그러므로 내일 이맘때에 내가 매우 큰 우박을 퍼부을 것이니, 그처럼 큰 우박은 이집트에 나라가 생긴 때로부터 이제까지 한 번도 내린 적이 없다. 19 그러니 이제 너는 사람을 보내어, 너의 집짐승과 들에 있는 모든 것을 안전한 곳으로 대피시켜라. 집 안으로 들어가지 않고 들에 남아 있는 사람이나 짐승은, 모두 쏟아지는 우박에 맞아 죽을 것이다.'" 20 바로의 신하들 가운데서 주님의 말씀을 두려워한 사람들은 자기의 종들과 집짐승들을 집 안으로 피하게 하였다. 21 그러나 주님의 말씀을 마음에 두지 않는 사람은 자기의 종과 집짐승을 들에 그대로 내버려두었다.

22 ○ 그때에 주님께서 모세에게 말씀하셨다. "네가 하늘로 팔을 내밀면, 우박이 온 이집트 땅에, 그리고 이집트 땅에 있는 사람과 짐승과 들의 모든 풀 위에 쏟아질 것이다." 23 모세가 하늘로 그의 지팡이를 내미니, 주님께서 천둥소리를 나게 하시고 우박을 내리셨다. 벼락이 땅에 떨어졌다. 주님께서 이집트 땅 위에 우박을 퍼부으신 것이다. 24 우박이 쏟아져 내리면

독특하게도 우박의 경우는 '내일 이맘때'(18절)로 정확한 시간을 예고합니다. 특별한 연유가 있을까요? 앞에서도 다루었지만, 앞으로 벌어질 사건에 대한 시간 예고는 그 일이 우연이나 어쩌다 된 일이 아니라 하나님께서 의도하고 뜻하셔서 일어난 일임을 명확히 밝혀줍니다. 우박은 종종 일어나는 현상이겠지만, 이렇게 미리 예고한 시간에 정확하게 일어난다면 그것은 이스라엘의 하나님께서 내리시는 재앙임이 분명해집니다. 특히 이 우박은 이전에 없을 정도로 거센 우박이며, 집 안으로 대피하라는 명령까지 내려졌습니다. 이 말을 듣고 피한 이들은 피해가 없었지만, 무시한 이들에게는 정해진 시간에 내린 우박이 큰 재앙이 되었습니다.

서, 번갯불도 함께 번쩍거렸다. 이와 같은 큰 우박은 이집트에 나라가 선 뒤로부터 이집트 온 땅에 한 번도 내린 적이 없다. 25 이집트 온 땅에서 우박이, 사람이나 짐승이나 할 것 없이, 들에 있는 모든 것을 쳤다. 우박이 들의 모든 풀을 치고, 들의 모든 나무를 부러뜨렸다. 26 그러나 이스라엘 자손이 사는 고센 땅에는 우박이 내리지 않았다.

27 ○ 바로가 사람을 보내서, 모세와 아론을 불러들였다. 그리고 그들에게 말하였다. "이번에는 내가 죄를 지었다. 주께서 옳으셨고, 나와 나의 백성이 옳지 못하였다. 28 너는 주께 기도하여, 하나님이 나게 하신 이 천둥소리와 하나님이 내리신 이 우박을 그치게 하여다오. 내가 너희를 보내겠다. 너희는 더 이상 여기에 머물지 않아도 괜찮다." 29 모세가 그에게 말하였다. "내가 이 성을 나가는 대로, 나의 손을 들어서 주님께 빌겠습니다. 그러면 천둥소리가 그치고, 우박이 더 이상 내리지 않을 것입니다. 이것은 온 세상이 우리 주님의 것임을 임금님께 가르치려는 것입니다. 30 그래도 임금님과 임금님의 신하들이 주 하나님을 두려워하지 않으리라는 것을 나는 알고 있습니다." 31 이때에 이미, 보리는 이삭이 나오고, 삼

23절에서처럼 모세는 재앙을 부를 때마다 지팡이를 사용합니다. 모세의 지팡이는 특별한 것이었나요? 미디안의 목자였던 모세는 늘 지팡이를 가지고 다녔습니다. 여느 목자의 평범한 지팡이일 뿐이지만, 하나님께서 모세를 통해 그분의 크고 놀라운 일을 드러내실 때 모세의 이 지팡이는 하나님의 능력을 드러내는 통로가 되었습니다. 그래서 모세의 지팡이는 하나님의 능력을 상징합니다. 그 누구라도 그 어떤 사람이라도 자신의 능력이나 실력과는 무관하게 하나님께서 사용하시는 지팡이가 된다면 모세의 지팡이처럼 엄청난 일의 통로가 될 것입니다. 그래서 모세의 지팡이는 내 힘이 아니라 하나님의 힘을 신뢰하며 걸어가는 하나님의 사람을 상징한다고 말할 수 있습니다.

은 꽃이 피어 있었으므로, 삼과 보리가 모두 피해를 입었다. 32 그러나 밀과 쌀보리는, 이삭이 팰 때가 아니었으므로, 피해를 입지 않았다. 33 모세는 바로 앞을 떠나서, 성 바깥으로 나갔다. 그가 주님께 손을 들어 기도하니, 천둥소리와 우박이 그치고, 땅에는 비가 더 내리지는 않았다. 34 그러나 바로는, 비와 우박과 천둥소리가 그친 것을 보고서도, 다시 죄를 지었다. 그와 그의 신하들이 또 고집을 부렸다. 35 주님께서 모세를 시켜 말씀하신 대로, 바로는 고집을 부리며 이스라엘 자손을 내보내지 않았다.

갑자기 농작물 이야기가 등장합니다(31–32절). 이 구절은 무슨 의미를 지니고 있습니까? 이제까지는 사람과 가축에게 재앙이 내렸다면, 일곱 번째 우박 재앙과 여덟 번째 메뚜기 재앙은 곡식에 임하는 재앙입니다. 거센 우박이 떨어져 그때까지 자랐던 곡식은 엄청나게 망가져버렸습니다. 다음번의 메뚜기 재앙은 혹시라도 우박의 피해를 모면했던 식물까지 완전히 못 쓰게 만들어버렸습니다. 나일강이 피로 변하는 것에서 시작했던 재앙은 그로 인해 개구리가 올라오고 이와 파리가 득시글거리면서 가축의 병과 악성 종기로 이어졌습니다. 먹을 물도 없었고, 가축까지 모두 쓰러진 데다, 갑자기 들이닥친 우박과 메뚜기로 모든 식물까지 초토화돼버렸습니다. 그야말로 이집트 전역에 전면적이고 광범위한 재앙이 임한 것입니다.

{ 제10장 }

여덟째 재앙 : 메뚜기 소동

1 주님께서 모세에게 말씀하셨다. "너는 바로에게 가거라. 그와 그 신하들이 고집을 부리게 한 것은 나다. 이것은 내가, 그들이 보는 앞에서 나의 온갖 이적을 보여주려고 그렇게 한 것이다. 2 그뿐만 아니라, 내가 이집트 사람들을 어떻게 벌하였는지를, 그리고 내가 그들에게 어떤 이적을 보여주었는지를, 네가 너의 자손에게도 알리게 하려고, 또 내가 주님임을 너희에게 가르치려고 그렇게 한 것이다."

3 ○ 모세와 아론이 바로에게 가서 말하였다. "히브리 사람의 주 하나님이 말씀하셨습니다. '네가 언제까지 내 앞에서 교만하게 굴려느냐? 나의 백성을 보내서, 나를 예배하게 하여라. 4 네가 나의 백성을 보내기를 거절하면, 나는 내일 너의 영토 안으로 메뚜기 떼가 들어가게 할 것이다. 5 그것들이 땅의 표면을 덮어서, 땅이 보이지 않게 될 것이며, 우박의 피해를 입

모세는 '히브리 사람의 주 하나님'(3절)이라는 다소 장황한 표현을 쓰고 있습니다. 그냥 '하나님'만으로도 충분한데, 왜 그랬을까요? 이스라엘이 스스로를 '히브리 사람'이라 부르는 때는 대부분 외국인을 상대하는 상황입니다. 출애굽기에서도 이집트의 바로 왕 앞에 섰을 때 모세와 아론은 '히브리 사람의 주 하나님'(5:3; 7:16; 9:1, 13; 10:3)이라는 표현을 자주 사용합니다. 이미 하나님께서는 모세 앞에 나타나셨을 때 바로에게 하나님을 그렇게 소개하라고 명하셨습니다(3:18). 고대 이집트 사람들에게 '히브리 사람'은 강제 노동에 동원하는 노예입니다. 아마도 바로는 자신이야말로 신의 현현이나 대행자라 여겼을 것입니다. 그런데 놀랍게도 모세와 아론을 통해 소개된 하나님께서는 스스로를 가리켜 강제 노동에 시달리는 '히브리 사람의 하나님'이라 알리십니다.

지 않고 남아 있는 것들을 먹어치우되, 들에서 자라는 나무들까지 모두 먹어치울 것이다. 6 너의 궁궐과 너의 모든 신하의 집과 이집트의 모든 사람의 집이 메뚜기로 가득 찰 것이다. 이것은 너의 아버지와 너의 조상이 이 땅 위에 살기 시작한 때부터 오늘까지, 너희가 전혀 못 본 일이다.'" 그러고 나서, 모세는 발길을 돌려 바로에게서 나왔다.

7 ○ 바로의 신하들이 바로에게 말하였다. "언제까지 이 사람이, 우리를 망하게 하는 함정이 되어야 합니까? 이 사람들을 내보내서 그들의 주 하나님을 예배하게 하심이 좋을 듯합니다. 임금님께서는 아직도 이집트가 망한 것을 모르고 계십니까?" 8 모세와 아론이 다시 바로에게 불려갔다. 바로가 그들에게 말하였다. "너희는 가서 주 너희의 하나님께 예배하여라. 그런데 갈 사람은 누구누구냐?" 9 모세가 대답하였다. "우리 모두가 주님의 절기를 지켜야 하므로, 어린아이와 노인들을 비롯하여, 우리의 아들과 딸을 다 데리고 가야 하며, 우리의 양과 소도 몰고 가야 합니다." 10 바로가 그들에게 호통쳤다. "그래, 어디 다 데리고 가봐라! 너희와 함께 있는 너희의 주가

이제 신하들까지 나서서 이집트가 망하게 되었다는 판에(7절), 바로는 대체 무얼 믿고 이렇게 고집을 부린 걸까요? 현실을 직면할 수 없었던 게 아닐까요? 자신이야말로 아주 특별하고 대단한 존재인데, 천하기 그지없는 히브리 사람의 하나님이라는 존재가 제국의 임금인 자신을 이렇게까지 궁지에 몰아넣었다는 사실을 참을 수 없었던 것 같습니다. 그런데 곰곰이 생각해보면, 우리 역시 이처럼 아무 쓸모없는 일에 나와 우리 곁의 사람을 파괴하는 허세를 부리고 고집을 부린 적이 허다했다 싶기도 합니다. 신하들이 보기에도 분명한 일이 정작 당사자에게는 전혀 보이지 않는 것은 고집과 아집, 허세에 사로잡혔기 때문일 것입니다. 그래서 바로는 단지 고대인이 아니라 오늘의 우리를 비추는 존재이기도 합니다.

나를 감동시켜서 너희와 너희 아이들을 함께 보내게 할 것 같으냐? 어림도 없다! 너희가 지금 속으로 악한 음모를 꾸미고 있음이 분명하다! 11 그렇게는 안 된다! 가려면 너희 장정들이 나 가서, 너희의 주에게 예배를 드려라. 너희가 처음부터 바란 것이 그것이 아니더냐?" 이렇게 해서, 그들은 바로 앞에서 쫓겨났다.

12 ○ 주님께서 모세에게 말씀하셨다. "너의 팔을 이집트 땅 위로 내밀어라. 그러면 메뚜기 떼가 이집트 땅으로 몰려와서, 우박의 피해를 입지 않고 땅에 그대로 남아 있는 푸성귀를 모두 먹어치울 것이다." 13 모세가 지팡이를 이집트 땅 위로 내미니, 주님께서 그날 온종일, 그리고 밤이 새도록, 그 땅에 동풍이 불게 하셨다. 그 동풍은 아침녘에 메뚜기 떼를 몰고 왔다. 14 메뚜기 떼가 이집트 온 땅 위로 몰려와서, 곳곳마다 내려앉았다. 그렇게 많은 메뚜기 떼는 전에도 본 적이 없고, 앞으로도 결코 볼 수 없을 만한 것이었다. 15 그것들이 땅의 표면을 다 덮어서, 땅이 새까맣게 되었다. 그것들이, 우박의 피해를 입지 않고 남아 있는 나무의 열매와 땅의 푸성귀를 모두 먹어

이집트의 동쪽은 바다와 사막뿐인데, 그 많은 메뚜기는 어디서 왔을까요? 이집트의 동쪽 위로는 팔레스타인 지역과 연결되는 시나이 반도(시내 반도)가 있습니다. 13절에서 '그날 온종일, 그리고 밤이 새도록' 동풍이 불었다고 하니, 시나이 반도와 그 너머에서 메뚜기 떼가 몰려왔으리라 짐작할 수 있습니다. 오늘날에도 이집트에서 불어온 바람으로 메뚜기 떼가 멀리 파키스탄까지 날아가 곡식에 막대한 피해를 끼쳤다는 소식이 들리곤 합니다. 또 출애굽기 본문은 그럴 법한 일을 제시하는 것이 아니라, 하나님께서 당시 최강 나라인 이집트 땅에 어떻게 그분의 능력을 드러내시고 강제 노동에 시달리던 히브리 노예를 건지셨는지를 증언하는 데 목적이 있습니다. 그런 점에서, 출애굽기에 나오는 재앙을 모두 합리적으로 설명하기는 어렵습니다.

치워서, 이집트 온 땅에 있는 들의 나무와 푸른 푸성귀는 하나도 남지 않았다. 16 그러므로 바로가 모세와 아론을 급히 불러들여서 말하였다. "내가 너희와 주 너희의 하나님께 죄를 지었다. 17 부디 이번만은 나의 죄를 용서하고, 주 너희의 하나님께 기도하여 이 엄청난 재앙이 나에게서 떠나게 하여라." 18 모세가 바로에게서 물러나와 주님께 기도를 드리니, 19 주님께서 바람을 가장 센 서풍으로 바꾸셔서, 메뚜기 떼를 홍해에 몰아넣으시고, 이집트 온 땅에 메뚜기 한 마리도 남겨두지 않으셨다. 20 그러나 주님께서는 바로가 여전히 고집을 부리게 하셨으며, 바로는 여전히 이스라엘 자손을 내보내지 않았다.

아홉째 재앙 : 어두움이 땅을 덮다

21 ○ 주님께서 모세에게 말씀하셨다. "너는 하늘로 팔을 내밀어라. 그러면 손으로 더듬어야 다닐 만큼 짙은 어둠이 이집트 땅을 덮을 것이다." 22 모세가 하늘에다 그의 팔을 내미니, 이집트 온 땅에 사흘 동안 짙은 어둠이 내렸다. 23 사흘 동안 사

아홉 번째 재앙은 실생활에 미치는 영향이 그다지 크지 않은 것처럼 보입니다. 하나님은 왜 어두움을 재앙의 도구로 선택했을까요? 태양 혹은 빛은 사람이 살아가는 데 가장 근본적인 토대입니다. 창세기 1장에 나오는 창조 과정에서도 가장 먼저 만들어진 것이 빛입니다. 햇볕은 생존을 위한 필수 사항입니다. 특히 이집트에서 태양신은 이집트 종교에서 가장 높은 자리를 차지합니다. 언제나 떠오르는 태양이야말로 영원한 것이라 여겼기에, 이집트뿐만 아니라 대부분의 고대 세계는 태양을 신성시했습니다. 그런데 마침내 이스라엘의 주 하나님께서는 모세가 내민 팔을 통해 태양마저도 그 빛을 잃게 만드셨습니다. 가장 영원하리라 믿었던 것이 영원하지 않았던 것입니다. 흑암의 사흘은 온 땅의 주권자가 누구인지를 드러내는 시간이었습니다.

람들은 서로 볼 수도 없었고, 제자리를 뜰 수도 없었다. 그러나 이스라엘 자손이 사는 곳에는 어디에나 빛이 있었다. 24 바로가 모세를 불러들여서 말하였다. "너희는 가서 주께 예배하여라. 그러나 너희의 양과 소는 남겨두고, 너희의 아이들만 데리고 가야 한다." 25 모세가 대답하였다. "임금님도 우리의 주 하나님께 바칠 희생제물과 번제물을 우리에게 더 보태주셔야 합니다. 26 우리는 우리의 집짐승을 한 마리도 남겨두지 않고 다 몰고 가겠습니다. 우리는 그것들 가운데서 주 우리의 하나님께 바칠 제물을 택할 것입니다. 그러나 우리가 거기에 다다를 때까지는, 우리가 어떤 것을 바쳐야 할지를 알 수 없습니다." 27 주님께서 바로가 고집을 부리도록 하셨으므로, 바로는 여전히 그들을 내보내지 않았다. 28 바로가 모세에게 소리쳤다. "어서 내 앞에서 썩 물러가거라. 다시는 내 앞에 얼씬도 하지 말아라. 네가 내 앞에 다시 나타나는 날에는 죽을 줄 알아라." 29 모세가 말하였다. "말씀 잘하셨습니다. 나도 다시는 임금님 앞에 나타나지 않겠습니다."

보통 제물은 정해져 있지 않나요? 무얼 바쳐야 할지 모른다는 모세의 말(26절)은 궁색한 핑계처럼 들립니다. 이스라엘 백성이 이집트를 탈출해 시내산에 도착한 후에야 명확한 제사 규례가 주어집니다. 그에 따르면 소와 양만이 아니라 염소와 비둘기까지도 제물이 될 수 있습니다. 그리고 이 모든 제물은 각각 드려져야 하는 경우가 정해져 있기에 모세의 말이 틀린 건 아닙니다. 게다가 만일 제국의 임금이 신에게 어떤 제물을 드려야 할지 결정하고 그것만을 취하게 만든다면 그 종교는 제국이 관할하고 지배하는 종교일 뿐, 사람의 양심의 자유를 따르는 종교일 수는 없을 것입니다. 제물을 선택하는 문제는 예배자가 결정할 일이지, 결코 외부의 어떤 권력이 개입할 사항은 아님이 분명합니다.

{ 제11장 }

처음 난 것의 죽음

1 주님께서 모세에게 말씀하셨다. "내가 이제 바로에게와 이집트 땅 위에 한 가지 재앙을 더 내리겠다. 그렇게 한 다음에야 그가 너희를 여기에서 내보낼 것이다. 그가 너희를 내보낼 때에는, 여기에서 너희를 마구 쫓아낼 것이니, 2 이제 너는 백성에게 일러서, 남자는 이웃에 사는 남자에게, 여자는 이웃에 사는 여자에게 은붙이와 금붙이를 요구하게 하여라." 3 주님께서 이집트 사람들이 이스라엘 백성에게 호감을 가지게 하시고, 또 이집트 땅에서 바로의 신하와 백성이 이 사람 모세를 아주 위대한 인물로 여기게 하셨다.

4 ㅇ 그래서 모세가 바로에게 말하였다. "주님께서 말씀하셨습니다. '내가 한밤중에 이집트 사람 가운데로 지나갈 것이니, 5 이집트 땅에 있는 처음 난 것이 모두 죽을 것이다. 임금 자리에 앉은 바로의 맏아들을 비롯하여, 맷돌질하는 몸종의 맏아들과 모든 짐승의 맏배가 다 죽을 것이다. 6 이집트 온 땅에

금붙이를 요구하는 히브리인에게 이집트인들이 호감을 갖는다(2-3절)는 게 부자연스러워 보입니다. 아마도 상황의 급격한 변화와 반전을 강조하기 위한 다소 과장된 표현일 것입니다. 바로의 고집 때문에 이집트에는 그야말로 끔찍하고 참혹한 재앙이 연이어 일어났습니다. 이집트의 모든 가축이 쓰러지고 모든 식물이 황폐해지고 말았습니다. 이 모든 재앙은 그들 가운데 있는 히브리 사람들 때문이었기에, 마침내 히브리 사람들이 떠난다는 소식은 이집트 사람에게 안도의 소식이었을 테고, 이런 이유로 '호감'을 가지게 했다는 표현까지 나왔을 것입니다. 깊은 애정에서 나온 호감이 아니라, 재앙의 근원이 떠나간다는 데서 나온 호감이라 볼 수 있습니다.

서, 이제까지도 없었고, 앞으로도 없을, 큰 곡성이 들릴 것이다. 7 그러나 이집트의 개마저 이스라엘 자손을 보고서는 짖지 않을 것이다. 사람뿐 아니라 짐승을 보고서도 짖지 않을 것이다. 이는, 나 주가 이집트 사람과 이스라엘 사람을 구별하였다는 것을 너희에게 알리려는 것이다.' 8 이렇게 되면, 임금님의 모든 신하가 나에게 와서, 내 앞에 엎드려 '당신과 당신을 따르는 백성은 모두 나가주시오' 하고 사정할 것입니다. 이런 일이 있은 다음에야, 내가 여기서 떠나겠습니다." 모세는 매우 화를 내면서, 바로 앞에서 나왔다.

9 ○ 주님께서 모세에게 말씀하셨다. "바로가 너희의 말을 듣지 않을 것이다. 이것은 내가 아직도 더 많은 이적을 이집트 땅에서 나타내 보여야 하기 때문이다." 10 모세와 아론이 바로 앞에서 이 모든 이적을 행하였다. 그러나 주님께서 바로의 고집을 꺾지 않으셨으므로, 바로가 그 땅에서 이스라엘 자손을 내보내지 않았다.

잘못은 바로가 했는데, 이집트 전 백성에게 공동 책임을 묻는 건(5-7절) 너무 부당합니다. 하나님은 공평하다면서 어떻게 이럴 수가 있습니까? 이 구절들만으로는 그렇게 보일 수도 있습니다. 그러나 성경에서 하나님의 불공정하심을 느낄 때 우리가 먼저 기억해야 할 것은 하나님께서 사람보다 덜 정의로우실 수는 없다는 것입니다. 그렇다면 불공정해 보이는 어떤 행동에는 이유가 있을 것이라 생각해볼 수 있습니다. 바로의 옹고집으로 인해 이집트 모든 이들의 장자가 죽는 것은 분명 부당합니다. 그렇다면 자연스럽게 생각해볼 수 있는 것은 이집트의 모든 사람들이 히브리 노예를 억압하고 착취하는 일에 나섰을 것이라는 점입니다. 억압과 압제는 단지 지배자 한 사람의 문제가 아니라 그 사회 전체의 문제임이 분명합니다.

{ 제12장 }

유월절

1 주님께서 이집트 땅에서 모세와 아론에게 말씀하셨다. 2 "너희는 이달을 한 해의 첫째 달로 삼아서, 한 해를 시작하는 달로 하여라. 3 온 이스라엘 회중에게 알리어라. 이달 열흘날 각가문에 어린 양 한 마리씩 곧 한 가족에 한 마리씩 어린 양을마련하도록 하여라. 4 한 가족의 식구 수가 너무 적어서, 양 한마리를 다 먹을 수 없으면, 한 사람이 먹을 분량을 계산하여,가까운 이웃에서 그만큼 사람을 더 불러다가 함께 먹도록 하여라. 5 너희가 마련할 짐승은 흠이 없는 일 년 된 수컷으로 하되, 양이나 염소 가운데서 골라라. 6 너희는 그것을 이달 열나흘날까지 두었다가, 해 질 무렵에 모든 이스라엘 회중이 모여서 잡도록 하여라. 7 그리고 그 피는 받아다가, 잡은 양을 먹을 집의 좌우 문설주와 상인방에 발라야 한다. 8 그날 밤에 그고기를 먹어야 하는데, 고기는 불에 구워서, 누룩을 넣지 않은 빵과 쓴 나물을 곁들여 함께 먹어야 한다. 9 너희는 고기를

2절에 나타나는 이스라엘의 전통 달력은 우리가 쓰는 것과 다른가요? 구약성경에 제시된 달력은 대체로 고대 바빌론에서 사용하던 달력을 채택했습니다. 그래서 일곱 번째 달부터 새해가 시작됩니다. 그런데 출애굽기와 신명기 같은 책에서는 이스라엘의 중요한 명절인 유월절이 들어 있는 달을 첫째 달로 삼았습니다. 이달이 한 해의 처음이라서 첫째 달이 아니라, 하나님께서 이스라엘을 이집트에서 건져내심으로 인해 이달이 한 해의 가장 중요한 첫째 달로 여겨진 것입니다. 그래서 구약성경의 연대를 셀 때는 유월절이 있는 달로부터 시작하는 한 해와 바빌론을 비롯한 고대 중동 지역에서처럼 일곱 번째 달을 첫 달로 여기는 한 해가 같이 나타납니다.

결코 날로 먹거나 물에 삶아서 먹어서는 안 된다. 머리와 다리와 내장 할 것 없이, 모두 불에 구워서 먹어야 한다. 10 그리고 너희는 그 어느 것도 다음 날 아침까지 남겨두어서는 안 된다. 아침까지 남은 것이 있으면, 불에 태워버려야 한다. 11 너희가 그것을 먹을 때에는 이렇게 하여라. 허리에 띠를 띠고, 발에 신을 신고, 손에 지팡이를 들고, 서둘러서 먹어라. 유월절은 주 앞에서 이렇게 지켜야 한다. 12 그날 밤에 내가 이집트 땅을 지나가면서, 사람이든지 짐승이든지, 이집트 땅에 있는 처음 난 것을 모두 치겠다. 그리고 이집트의 모든 신을 벌하겠다. 나는 주다. 13 문틀에 피를 발랐으면, 그것은 너희가 살고 있는 집의 표적이니, 내가 이집트 땅을 칠 때에, 문설주에 피를 바른 집은, 그 피를 보고 내가 너희를 치지 않고 넘어갈 터이니, 너희는 재앙을 피하여 살아남을 것이다. 14 이날은 너희가 기념해야 할 날이니, 너희는 이날을 주 앞에서 지키는 절기로 삼아서 영원한 규례로 대대로 지켜야 한다."

요구 사항이 고약합니다. 쓴 나물과 함께 먹으라는 것도, 고기를 머리부터 내장까지 다, 그것도 쫓기듯 서서 서둘러 먹으라는 것도요(8-11절). 이후로 매년 유월절을 기념할 때마다 이와 같은 규례를 지키라고 한 것은 이것이 후대를 위한 교육과 가르침을 의도한 상징적인 행위임을 알려줍니다. 누룩을 넣지 않은 빵은 발효시키지 않은 빵입니다. 이 빵과 쓴 나물을 먹는 것은 이집트에서의 오랜 노예 생활의 고달픔과 괴로움을 잊지 않게 하려는 의도일 것입니다. 잡은 양을 하나도 남기지 않고 함께 모여 전부 구워 먹는다는 것은 누구도 이 식사에서 배제되는 일이 없게 하려는 뜻일 겁니다. 서둘러 먹는 것은 하나님께서 순식간에 이집트의 노예 생활을 청산케 하셨고 급히 그 땅을 떠나게 하신 것을 기념하는 행위였을 것입니다.

무교절

15 ○ "너희는 이레 동안, 누룩을 넣지 않고 만든 빵을 먹어야 한다. 그 첫날에 너희는 집에서 누룩을 말끔히 치워라. 첫날부터 이렛날까지 누룩을 넣은 빵을 먹는 사람은 누구든지 이스라엘에서 끊어진다. 16 너희는 첫날에 거룩한 모임을 열고, 이렛날에도 거룩한 모임을 열어라. 이 두 날에는, 너희 각자가 먹을 것을 장만하는 일이 아니면, 어떤 일도 해서는 안 된다. 17 너희는 무교절을 지켜야 한다. 바로 이날에 내가 이집트 땅에서 너희 온 이스라엘 지파를 이끌어냈기 때문이다. 너희는 이날을 영원한 규례로 삼아서 대대로 지켜야 한다. 18 너희는 첫째 달 열나흗날 저녁부터 그달 스무하룻날 저녁까지 누룩을 넣지 않은 빵을 먹어야 한다. 19 이레 동안에는 너희 집 안에 누룩이 있어서는 안 된다. 누룩 든 빵을 먹는 사람은 누구든지, 외국인이든지 본국인이든지, 이스라엘 회중에서 끊어진다. 20 누룩을 넣은 것은 아무것도 먹지 않아야 한다. 너희가 어디에서 살든지, 이 기간 동안에는 누룩을 넣지 않은 빵을 먹어야 한다."

날마다 쓰던 누룩을 집에서 말끔히 치우게 한 것(15절)에는 어떤 뜻이 있습니까? 누룩을 금지하는 이유에 대해 본문은 전혀 설명하지 않아서, 다만 미루어 짐작할 수 있을 따름입니다. 곡식 제사를 드릴 때도 제물에 누룩을 넣어서는 안 됩니다(레 2:11). 이와 같은 금지는 누룩 자체에 대한 어떤 거부라기보다는 상징적인 의미를 지닌다고 여겨집니다. 밀가루에 넣어 빵 전체를 부풀게 한다는 점에서, 누룩은 있는 그대로의 모습을 변질시키고 부풀리는 것을 상징합니다. 하나님께 나올 때 우리는 자신을 부풀리거나 속이고 그럴 듯하게 다듬을 것이 아니라 우리 있는 모습 그대로 나와야 합니다. 예수님께서는 당대의 열심 있는 종교인이던 바리새파 사람들을 두고 겉을 그럴 듯하게 꾸미는 누룩과 같다 경고하셨습니다(마 16:5-12).

첫 번째 유월절

21 ○ 모세가 이스라엘의 장로를 모두 불러서, 이렇게 말하였다. "여러분은 여러분의 가족들과 함께 먹을 양이나 염소를 준비하여, 유월절 제물로 잡으십시오. 22 우슬초 묶음을 구하여다가 그릇에 받아놓은 피에 적셔서, 그 피를 상인방과 좌우 문설주에 뿌리십시오. 여러분은 아침까지 아무도 자기 집 문밖으로 나가서는 안 됩니다. 23 주님께서 이집트 사람들을 치려고 지나가시다가, 상인방과 좌우 문설주에 바른 피를 보시고, 그 문 앞을 그냥 지나가실 것이며, 파괴자가 여러분의 집을 치러 들어가지 못하게 하실 것입니다. 24 여러분은 이 일을 여러분과 여러분의 자손이 지킬 규례로 삼아, 영원히 지키게 하십시오. 25 여러분은 주님께서 여러분에게 주시겠다고 약속하신 땅에 들어가거든, 이 예식을 지키십시오. 26 여러분의 아들딸이 여러분에게 '이 예식이 무엇을 뜻합니까?' 하고 물을 것입니다. 27 그러면 여러분은 그들에게 '이것은 주님께 드리는 유월절 제사다. 주님께서 이집트 사람을 치실 때에, 이집트에 있던 이스라엘 자손의 집만은 그

기간이 헷갈립니다. 유월절과 무교절은 같은 기간에 포함된 두 절기입니까? 유월절은 열넷째 날 저녁부터 그다음 날 저녁까지고, 무교절은 유월절 다음 날인 열다섯째 날 저녁부터 7일간 지키는 절기입니다. 유월절은 하나님께서 이집트의 모든 처음 난 것을 치시던 밤에 양의 피를 바른 집은 '넘어가셨다'는 것을 기념하는 절기입니다. '유월절'에서 '유월'이라는 잘 쓰지 않는 한자말은 '넘어감'을 의미합니다. 유월절에 이어 7일간 지키는 무교절은 무교병, 즉 '누룩 없는' 빵을 먹는 절기라서 그와 같은 이름이 붙었습니다. 무교절은 하나님께서 마침내 이스라엘을 이집트에서 건져내셨음을 기념하는 절기입니다. 유월절과 무교절을 지킬 때마다, 어느 곳에서든 그 백성을 지키시며 종살이와 같은 현실에서 건지시는 하나님을 기억하는 것입니다.

냥 지나가셔서, 우리의 집들을 구하여주셨다' 하고 이르십시오."
백성은 이 말을 듣고서, 엎드려 주님께 경배를 드렸다.
28 ○ 이스라엘 자손은 돌아가서, 주님께서 모세와 아론에게 명하신 대로 하였다.

열째 재앙 : 처음 난 것들의 죽음

29 ○ 한밤중에 주님께서 이집트 땅에 있는 처음 난 것들을 모두 치셨다. 임금 자리에 앉은 바로의 맏아들을 비롯하여 감옥에 있는 포로의 맏아들과 짐승의 맏배까지 모두 치시니, 30 바로와 그의 신하와 백성이 그날 한밤중에 모두 깨어 일어났다. 이집트에 큰 통곡 소리가 났는데, 초상을 당하지 않은 집이 한 집도 없었다. 31 바로는 밤중에 모세와 아론을 불러들여서 말하였다. "너희와 너희 이스라엘 자손은 어서 일어나서, 내 백성에게서 떠나가거라. 그리고 너희의 요구대로, 너희는 가서 너희의 주를 섬겨라. 32 너희는 너희가 요구한 대로, 너희의 양과 소도 몰고 가거라. 그리고 내가 복을 받게 빌어라."

이렇게 어마어마한 사건이 열 번이나 줄지어 일어났다면 성경 외에 다른 역사책에도 기록이 남아 있지 않을까요? 그럴 것 같습니다. 그럼에도 불구하고 이집트나 고대 중동 기록 어디에도 아직까지 이스라엘의 출애굽에 대한 내용을 전혀 발견하지 못했습니다. 고대의 기록은 대개 왕실 중심으로 이루어지고 보존된다는 점에서, 이집트 왕실로서는 자신들의 무력함과 부끄러움을 적나라하게 반영한 이와 같은 기록을 남길 이유가 없을 것이라고 생각해볼 수 있습니다. 그러나 무엇보다도 출애굽기의 기록은 어떤 객관적인 내용을 전달하기보다 하나님께서 히브리 노예에게 행하신 크고 놀라운 구원을 증언하는 목적을 지닌다는 점에서, 이러한 신앙적인 기록에서 어떤 객관적인 사실을 찾아내기는 쉽지 않다는 것을 유념해야 합니다.

33 ○ 이집트 사람은 '우리 모두 다 죽게 되었다' 하면서, 이스라엘 백성에게 '어서 이 땅에서 떠나라'고 재촉하였다. 34 그래서 이스라엘 백성은, 아직 빵 반죽이 부풀지도 않았는데, 그 반죽을 그릇째 옷에 싸서, 어깨에 둘러메고 나섰다. 35 이스라엘 자손은 모세의 말대로 이집트 사람에게 은붙이와 금붙이와 의복을 요구하였고, 36 주님께서는 이스라엘 백성이 이집트 사람에게 환심을 사도록 하셨으므로, 이집트 사람들은 이스라엘 자손의 요구대로 다 내어주었다. 이렇게 하여서, 그들은 이집트 사람들에게서 물건을 빼앗아 가지고 떠나갔다.

이스라엘의 이집트 탈출

37 ○ 마침내 이스라엘 자손이 라암셋을 떠나서 숙곳으로 갔는데, 딸린 아이들 외에, 장정만 해도 육십만가량이 되었다. 38 그 밖에도 다른 여러 민족들이 많이 그들을 따라나섰고, 양과 소 등 수많은 집짐승 떼가 그들을 따랐다. 39 그들은 이집트에서 가지고 나온 부풀지 않은 빵 반죽으로 누룩을 넣지 않은

여기는 장정의 숫자만 나와 있습니다. 여인과 아이, 노인들을 포함한 규모를 가늠해 볼 수 있을까요? 장정만 60만이라면, 가정당 아내와 3명의 자녀를 생각할 경우 최소 200만이 넘습니다. 고대엔 오늘날보다 자녀를 좀 더 많이 낳았으니, 노인들까지 포함하면 300만도 훌쩍 넘을 것입니다. 이와 같은 기록 역시 글자 그대로 받아들이기는 어렵습니다. 창세기와 출애굽기를 비롯한 성경이 과학이나 역사를 전달하는 책이 아니라 하나님께서 행하신 큰일을 증언하는 책이라는 점, 그리고 이 책이 수천 년 전을 배경으로 한다는 점을 고려해야 합니다. 이런 면에서 제시된 숫자를 글자 그대로 받아들이기보다는 70명으로 시작한 이집트살이(1:1-5)가 이만큼 성장했음을 보여주는 신앙적인 증언이라 해석하는 것이 나을 것 같습니다.

빵을 구워야 하였다. 그들은 이집트에서 급히 쫓겨 나왔으므로, 먹거리를 장만할 겨를이 없었다.

40 ○ 이스라엘 자손이 이집트에서 산 기간은 사백삼십 년이었다. 41 마침내 사백삼십 년이 끝나는 바로 그날, 주님의 모든 군대가 이집트 땅에서 나왔다. 42 그날 밤에 주님께서 그들을 이집트 땅에서 이끌어내시려고 밤을 새우면서 지켜주셨으므로, 그 밤은 '주님의 밤'이 되었고, 이스라엘 자손이 대대로 밤새워 지켜야 하는 밤이 되었다.

유월절 규례

43 ○ 주님께서 모세와 아론에게 말씀하셨다. "유월절 규례는 이러하다. 이방 사람은 아무도 유월절 제물을 먹지 못한다. 44 그러나 돈으로 사들인 종으로서 할례를 받은 사람은 누구나 그것을 먹을 수 있다. 45 임시로 거주하는 타국인이나 고용된 타국인 품꾼은 그것을 먹을 수 없다. 46 어느 집이든지 고기는 한 집에서 먹어야 하며, 그 고기를 조금이라도 집 바깥으

할례는 어떤 의미가 있기에, 그 예식을 치른 이만 유월절을 지키게 했을까요?(48절) 앞서 4장 후반부의 사건을 설명하면서 할례에 대해 다루었습니다. 할례는 하나님의 언약을 따라 사는 백성의 상징입니다. 하나님께서 우리를 부르셨으니 우리는 이제 그분께서 명하신 말씀을 따라 살아가겠노라는 약속의 표지로 할례를 몸에 행했습니다. 유월절은 하나님께서 그때 이집트에서 우리를 살리고 인도하셨음을 기억하며 기념하는 절기입니다. 그러므로 당연히 유월절 식사 참여는 그 하나님의 언약 안에서 살겠다는 사람에게 의미가 있을 것입니다. 이방인이라 하더라도 할례를 행한다는 것은 이스라엘의 하나님을 나의 하나님으로 고백하며 그분의 뜻을 따라 살겠다는 결단이니, 그 사람 역시 유월절에 참여할 수 있습니다.

로 가지고 나가서는 안 된다. 뼈는 하나라도 꺾어서는 안 된다. 47 이스라엘 모든 회중이 다 함께 이 유월절을 지켜야 한다. 48 너희에게 몸 붙여 사는 외국인이 주님의 유월절을 지키려고 하면, 너희는 그 모든 남자에게 할례를 받게 하여야 한다. 그런 다음에 그는 본국인과 같이 되어서 유월절에 참여할 수 있다. 할례를 받지 않은 사람은 아무도 제물을 먹어서는 안 된다. 49 본국인에게나 너희에게 몸 붙여 사는 타국인에게나, 이 법은 동일하다."

50 ○ 이스라엘의 모든 자손은, 주님께서 모세와 아론에게 명하신 대로 하였다. 51 바로 이날에 주님께서 이스라엘 자손을 각 군대 단위로 이집트 땅에서 이끌어내셨다.

{ 제13장 }

맏이 봉헌

1 주님께서 모세에게 말씀하셨다. 2 "이스라엘 자손 가운데서 태를 제일 먼저 열고 나온 것 곧 처음 난 것은, 모두 거룩하게 구별하여 나에게 바쳐라. 사람이든지 짐승이든지, 처음 난 것은 모두 나의 것이다."

무교절

3 ○ 모세가 백성에게 선포하였다. "당신들은 이집트에서 곧 당신들이 종살이하던 집에서 나온 이날을 기억하십시오. 주님께서 강한 손으로 거기에서 당신들을 이끌어내신 날이니, 누룩을 넣은 빵을 먹어서는 안 됩니다. 4 첫째 달인 아빕월의 오늘 당신들이 이집트를 떠났습니다. 5 주님께서, 당신들의 조상에게 주신다고 맹세하신 젖과 꿀이 흐르는 땅 곧 가나안 사

2절에서 '바친다'는 말은 무슨 뜻입니까? 죽여서 제물을 삼으라는 말인가요? 우리 말 성경에서는 "거룩하게 구별하여 바치다"로 되어 있지만, 히브리어로는 "거룩히 구별하다"를 의미하는 동사가 한 번 쓰였습니다. 이스라엘의 모든 처음 난 것은 사람이든 가축이든 하나님께 거룩히 구별해야 합니다. 즉 무엇이든 처음 난 것은 모두 하나님의 것입니다. 그리고 그 처음 난 것이 하나님의 것이라는 표시로 어린 양을 제물로 하나님께 바칩니다. 이것은 지난날 하나님께서 이집트의 모든 처음 난 것을 죽이실 때 이스라엘이 어린 양을 잡아먹었던 것과 대응됩니다. 사람과 짐승의 모든 처음 난 것에 대해 당연하게 여길 것이 아니라 이처럼 하나님의 것으로 인정하고 어린 양을 대신 바쳐야 합니다. 이 과정을 통해 후대의 이스라엘은 두고두고 이집트를 떠나던 그날 밤에 하나님께서 베푸신 구원을 기억합니다.

람과 헷 사람과 아모리 사람과 히위 사람과 여부스 사람의 땅에 이르게 하시거든, 당신들은 이달에 다음과 같은 예식을 지키십시오. 6 당신들은 이레 동안 누룩을 넣지 않은 빵을 먹어야 하며, 이렛날에는 주님의 절기를 지키십시오. 7 이레 동안 당신들은 누룩을 넣지 않은 빵을 먹어야 하며, 당신들 영토 안에서 누룩을 넣은 빵이나 누룩이 보여서는 안 됩니다. 8 그날에 당신들은 당신들 아들딸들에게, '이 예식은, 내가 이집트에서 나올 때에, 주님께서 나에게 해주신 일을 기억하고 지키는 것이다' 하고 설명하여주십시오. 9 이 예식으로, 당신들의 손에 감은 표나 이마 위에 붙인 표와 같이, 당신들이 주님의 법을 늘 되새길 수 있게 하십시오. 주님께서 강한 손으로 당신들을 이집트에서 구하여내셨기 때문입니다. 10 그러므로 당신들은 이 규례를 해마다 정해진 때에 지켜야 합니다."

맏이

11 ○ "주님께서, 당신들과 당신들 조상에게 맹세하신 대로, 당신들을 가나안 사람의 땅에 이르게 하셔서 그 땅을 당신들에

"손에 감은 표나 이마 위에 붙인 표"(9절)는 무얼 가리키는지 궁금합니다. 16절에도 그와 같은 표현이 나오고, 신명기에도 손에 감은 표와 이마 위에 붙인 표를 언급합니다(신 6:8; 11:18). 특히 16절과 신명기에서 한글 성경이 그저 '이마 위에 붙인 표'라고 번역한 단어는 모두 '이마에 끈'으로 되어 있습니다. 유대인들은 신명기의 해당 본문 구절을 담은 작은 상자와 가죽끈 같은 것을 사용하기도 합니다. 늘 그 말씀을 기억하고 잊지 말라는 점을 강조하기 위해 손이나 이마에 특별한 표시를 해두라는 의미라고 볼 수 있습니다. 실제로 상자나 끈 같은 상징 물건을 사용할 수도 있겠지만, 핵심은 "잊지 말라"입니다.

게 주시거든, 12 당신들은 태를 처음 열고 나오는 모든 것을 주님께 바치십시오. 그리고 당신들이 기르는 짐승이 처음 낳는 수컷은 다 주님의 것입니다. 13 그러나 나귀의 맏배는 어린 양을 대신 바쳐서 대속하도록 하십시오. 그렇게 대속하지 않으려거든, 그 목을 꺾으십시오. 당신들 자식들 가운데서 맏아들은 모두 대속하여야 합니다. 14 뒷날 당신들 아들딸이 당신들에게 묻기를, 무엇 때문에 이런 일을 하느냐고 하거든, 당신들은 아들딸에게 이렇게 일러주십시오. '주님께서 강한 손으로 이집트 곧 종살이하던 집에서 우리를 이끌어내셨다. 15 그때에 바로가 우리를 내보내지 않으려고 고집을 부렸으므로, 주님께서, 처음 난 것을, 사람뿐만 아니라 이집트 땅에 있는 모든 처음 난 것을 죽이셨다. 그래서 나는 처음 태를 열고 나온 모든 수컷을 주님께 제물로 바쳐서, 아들 가운데에서도 맏아들을 모두 대속하는 것이다. 16 이것을 각자의 손에 감은 표나 이마 위에 붙인 표처럼 여겨라. 이렇게 하는 것은, 주님께서 강한 손으로 우리를 이집트 땅에서 이끌어내셨기 때문이다.'"

'대속'(13절)이란 무슨 뜻인가요? 왜 나귀와 사람만 대속을 명했을까요? 대속한다는 것은 '대신하다'라는 의미입니다. 처음 난 것은 모두 하나님의 것인데, 그렇다고 처음 난 아들을 죽여서 하나님께 바칠 수는 없겠지요. 그래서 처음 난 아들을 상징하면서 대신하는 것이 필요합니다. 여기에서는 사람과 나귀만 언급되어 있지만, 성경의 다른 본문에서는 소와 양에 대한 언급도 있습니다(레 27:26−27). 아마도 이집트를 떠나 새로운 땅으로 이동하는 상황에서는 짐을 나르는 나귀가 다른 어떤 짐승보다도 중요했기에, 여기서는 굳이 나귀만 언급되었을 수 있습니다. 오늘날 우리는 내게 있는 것이 모두 자신의 것이라고 쉽게 생각하지만, 이와 같은 본문은 그러한 우리 생각을 근본적으로 되돌아보게 합니다.

구름기둥과 불기둥

17 ㅇ 바로는 마침내 이스라엘 백성을 내보냈다. 그러나 그들이 블레셋 사람의 땅을 거쳐서 가는 것이 가장 가까운데도, 하나님은 백성을 그 길로 인도하지 않으셨다. 그것은 하나님이, 이 백성이 전쟁을 하게 되면 마음을 바꾸어서 이집트로 되돌아가지나 않을까, 하고 염려하셨기 때문이다. 18 그래서 하나님은 이 백성을 홍해로 가는 광야 길로 돌아가게 하셨다. 이스라엘 자손은 대열을 지어 이집트 땅에서 올라왔다. 19 모세는 요셉의 유골을 가지고 나왔다. 요셉이 이스라엘 자손에게 엄숙히 맹세까지 하게 하며 "하나님이 틀림없이 너희를 찾아오실 터이니, 그때에 너희는 여기에서 나의 유골을 가지고 나가거라" 하고 말하였기 때문이다. 20 그들은 숙곳을 떠나 광야 끝에 있는 에담에 장막을 쳤다. 21 주님께서는, 그들이 밤낮으로 행군할 수 있도록, 낮에는 구름기둥으로 앞서 가시며 길을 인도하시고, 밤에는 불기둥으로 앞길을 비추어주셨다. 22 낮에는 구름기둥 밤에는 불기둥이 그 백성 앞을 떠나지 않았다.

'블레셋 사람의 땅'(17절)이란 어느 지역을 가리킵니까? 블레셋은 60만 명이나 되는 히브리인들이 감당할 수 없을 만큼 강한 민족이었습니까? 여기서 '블레셋 사람의 땅을 거쳐서 가는 것'은 이집트에서 시내 반도 북단을 거쳐 팔레스타인으로 곧장 이어지는 길을 가리키며, 통상 '해변 길'(Via Maris)이라 불리는 길입니다. 고대 세계에서 이집트에 기반을 둔 세력과 메소포타미아에 기반을 둔 세력이 전쟁을 위해 이동할 때는 항상 이 해변 길을 따라 움직였습니다. 고대 자료에 따르면, 출애굽 즈음한 시기에 이집트의 요새가 이 해변 길을 따라 배치되었음을 알 수 있습니다. 이스라엘이 만일 이 길을 따라 이동했다면 여정 내내 이집트 요새를 지나야 하고, 그 과정에서 잘 훈련된 군사들과의 전투가 그치지 않았을 것입니다.

{ 제14장 }

홍해를 건너다

1 주님께서 모세에게 말씀하셨다. 2 "너는 이스라엘 자손에게 말하여, 오던 길로 되돌아가서, 믹돌과 바다 사이의 비하히롯 앞 곧 바알스본 맞은쪽 바닷가에 장막을 치라고 하여라. 3 그러면 바로는, 이스라엘 자손이 막막한 광야에 갇혀서 아직 이 땅을 헤매고 있을 것이라고 생각할 것이다. 4 내가 바로의 고집을 꺾지 않고 그대로 둘 터이니, 그가 너희를 뒤쫓아올 것이다. 그러나 나는 바로와 그 군대를 물리침으로써 나의 영광을 드러낼 것이니, 이집트 사람들이 이것을 보고서, 내가 주님임을 알게 될 것이다." 이스라엘 자손은 모세가 시키는 대로 하였다.

5 ○ 이스라엘 백성이 도망쳤다는 소식이 이집트의 왕의 귀에 들어갔다. 그러자 바로와 그의 신하들은 이 백성에 대한 생각을 바꾸었다. "우리에게 종살이하던 이스라엘 백성을 이렇

주님이 바로의 마음을 고집스럽게 했다는 표현이 여러 번 있습니다(4, 8절). 대체 왜 주님은 그렇게 했나요? 그렇다면 바로의 잘못이라고 말할 수는 없는 거 아닌가요? 처음에는 '바로가 고집을 부렸다'는 표현이 여러 번 등장합니다(7:13, 22; 8:19; 9:35). 그러다가 어느 시점부터 "하나님께서 바로의 마음을 고집스럽게 하셨다"는 표현이 나옵니다(9:12; 10:20, 27; 11:10; 14:4, 8). 심지어 14장 17절에서는 하나님께서 이스라엘을 뒤쫓는 이집트 사람의 마음을 고집스럽게 하셨다는 언급도 있습니다. 옳고 바른 것을 듣기 싫어하며 고집을 부리다 보면, 어느 순간 듣고 싶어도 들을 수 없는 마음이 되어버리는 것을 경험한 적이 없습니까? 바로의 마음 역시 그렇게 생각해볼 수 있습니다. 좀 더 근본적으로는 이와 같은 표현은 하나님께서 온 땅의 주권자이심을 증언하며, 그렇게 강해 보이는 이집트의 바로조차 하나님의 뜻 안에 있음을 증언하는 선언입니다. 그 하나님께서는 이집트에게 시달리던 히브리 노예들의 하나님이십니다.

게 풀어주어 놓아 보내다니, 어쩌자고 이렇게 하였는가?" 하고 후회하였다. 6 바로는 병거를 갖추고, 그의 군대를 이끌고 나섰다. 7 그는 특수병거 육백 대로 편성된 정예부대와 장교들이 지휘하는 이집트 병거부대를 모두 이끌고 나섰다. 8 주님께서 이집트의 왕 바로의 마음을 고집스럽게 하시니, 바로가, 주님의 보호를 받으면서 당당하게 나가고 있는 이스라엘 자손을 뒤쫓았다. 9 마침내 바로의 모든 병거와 기마와 그의 기병과 보병으로 구성된 이집트 군대가 이스라엘 백성을 추격하여, 그들이 진을 치고 있는 비하히롯 근처 바알스본 맞은쪽 바닷가에 이르렀다.

10 ○ 바로가 다가오고 있었다. 이스라엘 자손이 고개를 들고 보니, 이집트 사람들이 그들을 추격하여오고 있었다. 이스라엘 자손은 크게 두려워하며, 주님께 부르짖었다. 11 그들은 모세를 원망하며 말하였다. "이집트에는 묏자리가 없어서, 우리를 이 광야에다 끌어내어 죽이려는 것입니까? 우리를 이집트에서 끌어내어, 여기서 이런 일을 당하게 하다니, 왜 우리를 이렇게 만드십니까? 12 이집트에 있을 때에, 우리가 이미 당신에게 말하지 않았습니까? 광야에 나가서 죽는 것보다 이집트

이집트 군대가 얼마나 강력했기에 '당당하게'(8절) 행군하던 60만 장정들이 이렇게 사색이 된 걸까요? 60만 장정이라는 표현은 이스라엘의 성장과 변화를 보여주는 상징적인 숫자라고 보는 것이 나을 것 같습니다. 글자 그대로 60만 장정이라면 고대 세계에서 최강의 나라였을 테니까요. 그리고 아무리 숫자가 많다 해도 당시 명실상부한 최강국인 이집트의 훈련된 군사력과 어제까지 노예로 시달리던 일반인의 전투력을 비교하기는 어려울 것입니다. 구약성경과 신약성경은 사람의 숫자나 능력이 승패를 좌우하지 않는다고 일관되게 강조합니다. 이스라엘의 '많음'은 하나님의 은혜와 돌보심을 상징하는 것이지, 이스라엘의 세력이나 강대함을 나타내는 표현은 아닙니다.

사람을 섬기는 것이 더 나으니, 우리가 이집트 사람을 섬기게 그대로 내버려두라고 하지 않았습니까?" 13 모세가 백성에게 대답하였다. "두려워하지 마십시오. 당신들은 가만히 서서, 주님께서 오늘 당신들을 어떻게 구원하시는지 지켜보기만 하십시오. 당신들이 오늘 보는 이 이집트 사람을 다시는 볼 수 없을 것입니다. 14 주님께서 당신들을 구하여주시려고 싸우실 것이니, 당신들은 진정하십시오."

15 ○ 주님께서 모세에게 말씀하셨다. "너는 왜 부르짖느냐? 너는 이스라엘 자손에게 명하여, 앞으로 나아가게 하여라. 16 너는 지팡이를 들고 바다 위로 너의 팔을 내밀어, 바다가 갈라지게 하여라. 그러면 이스라엘 자손이 바다 한가운데로 마른 땅을 밟으며 지나갈 수 있을 것이다. 17 내가 이집트 사람의 마음을 고집스럽게 하겠다. 그들이 너희를 뒤쫓을 것이다. 그러나 나는 바로와 그의 모든 군대와 병거와 기병들을 전멸시켜서, 나의 영광을 드러내겠다. 18 내가 바로와 그의 병거와 기병들을 물리치고서 나의 영광을 드러낼 때에, 이집트 사람은 비로소 내가 주님임을 알게 될 것이다."

진퇴양난의 상황에서 모세가 이토록 담대했던 배경은 무엇입니까? 이집트에서 떠나온 것 자체가 이스라엘 백성의 힘이나 능력, 강력함으로 가능했던 일이 아니었습니다. 그렇다면 앞으로 가야 할 길 역시 자신들의 재주와 실력으로 갈 수 있는 여정이 아닐 것입니다. 모세 역시 자신의 심히 부족함에도 불구하고 이집트의 바로 왕 앞에서서 그 백성을 인도해내는 일을 하나님의 도우심으로 해내지 않았습니까? 이러한 경험을 통해 모세는 중요한 건 내 능력이 아니라 하나님의 능력과 도우심임을 깊이 깨달았을 것입니다. 하나님께서 인도하시는 앞길에 바다가 놓였다면, 그 바다를 건널 수 있도록 하나님께서 길을 여실 것입니다. 그렇기에 참 신앙은 제아무리 부족한 자라도 담대하게 걸어갈 수 있는 길입니다.

19 ○ 이스라엘 진 앞을 인도하는 하나님의 천사가 진 뒤로 옮겨 가자, 진 앞에 있던 구름기둥도 진 뒤로 옮겨가서, 20 이집트 진과 이스라엘 진 사이를 가로막고 섰다. 그 구름이 이집트 사람들이 있는 쪽은 어둡게 하고, 이스라엘 사람들이 있는 쪽은 환하게 밝혀주었으므로, 밤새도록 양쪽이 서로 가까이 갈 수 없었다. 21 ○ 모세가 바다 위로 팔을 내밀었다. 주님께서 밤새도록 강한 동풍으로 바닷물을 뒤로 밀어내시니, 바다가 말라서 바닥이 드러났다. 바닷물이 갈라지고, 22 이스라엘 자손은 바다 한가운데로 마른 땅을 밟으며 지나갔다. 물이 좌우에서 그들을 가리는 벽이 되었다. 23 뒤이어 이집트 사람들이 쫓아왔다. 바로의 말과 병거와 기병이 모두 이스라엘 백성의 뒤를 쫓아 바다 한가운데로 들어왔다. 24 새벽녘이 되어, 주님께서 불기둥과 구름기둥에서 이집트 진을 내려다보시고, 이집트 진을 혼란 속에 빠뜨리셨다. 25 주님께서 병거의 바퀴를 벗기셔서 전진하기 어렵게 만드시니, 이집트 사람들은 '이스라엘 사람들을 쫓지 말고 되돌아가자. 그들의 주가 그들 편이 되어 우리 이집트 사람과 싸운다!' 하고 외쳤다.

19절에 등장하는 '하나님의 천사'는 어떤 존재입니까? 미디안에서 양을 치던 모세에게 나타나셨던 주님의 천사(3:2)나 본문에 등장하는 하나님의 천사는 하나님께서 그 백성을 위해 동원하시는 어떤 신적인 존재라고 이해할 수 있습니다. 오늘 우리는 이런 존재를 믿기 어렵지만, 지금으로부터 수천 년 전의 고대사회를 현재와 같은 관점으로 이해할 수는 없을 것입니다. 이 본문뿐 아니라 천사가 등장하는 성경의 모든 부분에서, 천사는 하나님께서 그 백성을 돌보고 지키신다는 것을 상징적으로 보여주는 존재입니다. 중요한 것은 천사의 존재를 믿느냐 믿지 못하느냐가 아니라 하나님께서 히브리 노예처럼 가난하고 힘겨운 삶을 살아가는 우리를 도우시고 지키신다는 것을 믿느냐 하는 것입니다.

26 ○ 주님께서 모세에게 이르셨다. "너는 바다 위로 너의 팔을 내밀어라. 그러면 바닷물이 이집트 사람과 그 병거와 기병 쪽으로 다시 흐를 것이다." 27 모세가 바다 위로 팔을 내미니, 새벽녘에 바닷물이 본래의 상태로 되돌아왔다. 이집트 사람들이 되돌아오는 물결에서 벗어나려고 하였으나, 주님께서 이집트 사람들을 바다 한가운데 빠뜨리셨다. 28 이렇게 물이 다시 돌아와서 병거와 기병을 뒤덮어버렸다. 그래서 이스라엘 백성의 뒤를 따라 바다로 들어간 바로의 모든 군대는 하나도 살아남지 못하였다. 29 이스라엘 자손은 바다 한가운데로 마른 땅을 밟으며 지나갔는데, 바닷물이 좌우에서 그들을 가리는 벽이 되어주었던 것이다.

30 ○ 바로 그날, 주님께서 이스라엘을 이집트 사람들의 손아귀에서 구원하셨고, 이스라엘은 바닷가에 널려 있는 이집트 사람들의 주검을 보게 되었다. 31 이스라엘은 이집트를 치신 주님의 크신 권능을 보고 주님을 두려워하고, 주님과 주님의 종 모세를 믿었다.

21-29절은 과학적으로는 설명할 수 없는 이야기입니다. 성경의 이런 대목들을 어떻게 받아들여야 할까요? 역사적 사실인가요, 아니면 신화인가요? 역사적 사실과 신화라는 구분은 오늘 우리에게 타당하겠지만, 과연 고대 사람에게도 그런 인식이 있었을까요? 지금으로부터 2천 년 전, 3천 년 전 사람들에게 우리의 '단군신화'는 신화였을까요, 역사적 사실이었을까요? 출애굽기는 과학을 전달하는 책이 아니라, 이집트에서 고통받으며 신음하던 히브리 노예를 하나님께서 어떻게 건지셨는가를 증언하는 책입니다. 그들은 무엇인가 하나님의 놀라운 일을 경험했고, 그것을 고대 사람의 시각으로 표현했습니다. 홍해가 갈라지는 것이 과학적으로 가능한가가 관심이 아니라, 그토록 강한 이집트 군대는 멸하시되 노예였던 이들은 무사히 건너게 하신 하나님의 성품과 뜻을 드러내는 것이 본문의 핵심입니다.

{ 제15장 }

모세의 노래

1 그때에 모세와 이스라엘 자손이 이 노래를 불러서 주님을 찬양하였다. "내가 주님을 찬송하련다. 그지없이 높으신 분, 말과 기병을 바다에 처넣으셨다. 2 주님은 나의 힘, 나의 노래, 나의 구원. 주님이 나의 하나님이시니, 내가 그를 찬송하고, 주님이 내 아버지의 하나님이시니, 내가 그를 높이련다. 3 주님은 용사이시니, 그 이름 주님이시다. 4 바로의 병거와 그 군대를 바다에 던지시니, 빼어난 장교들이 홍해에 잠겼다. 5 깊은 물이 그들을 덮치니, 깊은 바다로 돌처럼 잠겼다. 6 주님, 오른손이 권능으로 영광을 드러내셨습니다. 주님, 주님의 오른손이 원수를 쳐부수셨습니다. 7 주님께서 큰 위엄으로 주님을 대적하는 사람들을 내던지셨습니다. 주님께서 분노를 일으키셔서, 그들을 검불처럼 살라버리셨습니다. 8 주님의 콧

모세의 노래라면 모세가 이 노래를 지어서 백성과 함께 불렀다는 뜻인가요? 1절과 21절(미리암의 노래)은 서로 대응되며 거의 동일한 내용을 담고 있습니다. 모세와 이스라엘 자손이 1절을 부르면 미리암으로 대표되는 여성이 21절을 화답해 불렀으리라 생각할 수 있습니다. 짐작해보면, 홍해 사건과 연관해 1절과 21절에서 보는 가장 간단한 형태의 찬양이 불렸을 것입니다. 아울러 14–15절에는 가나안 땅에 들어가는 이스라엘에 대한 주변 민족의 반응을 다루고, 13절과 17절에는 이스라엘이 약속의 땅에 정착하는 내용과 성전에 대한 언급까지 나옵니다. 아마도 이 노래는 출애굽 사건과 연관해 일부가 지어져 불리다가, 후대로 가면서 더 많은 내용이 결합되며 확장되었을 것이라 짐작할 수 있습니다. 이를 생각하면, 오늘날과 같은 저자 개념으로 수천 년 전의 고대 문헌을 평가하는 것은 그리 좋은 방법이 아닐 겁니다.

김으로 물이 쌓이고, 파도는 언덕처럼 일어서며, 깊은 물은 바다 한가운데서 엉깁니다. 9 원수는 말하기를 '내가 그들을 뒤쫓아 따라잡고, 약탈물을 나누며, 나의 욕망을 채우겠다. 내가 칼을 뽑아 그들을 멸망시키겠다' 합니다. 10 그러나 주님께서 바람을 일으키시니, 바다가 그들을 덮었고, 그들은 거센 물속에 납덩이처럼 잠겨버렸습니다. 11 주님, 신들 가운데서 주님과 같은 분이 어디에 있겠습니까? 주님과 같이 거룩하시며, 영광스러우시며, 찬양받을 만한 위엄이 있으시며, 놀라운 기적을 일으키시는, 그런 분이 어디에 있겠습니까? 12 주님께서 오른팔을 내어 미시니, 땅이 대적을 삼켜버렸습니다. 13 주님께서 한결같은 사랑으로, 손수 구원하신 이 백성을 이끌어주시고, 주님의 힘으로 그들을 주님의 거룩한 처소로 인도하여주십니다. 14 이 이야기를 듣고, 여러 민족이 두려워서 떱니다. 블레셋 주민이 겁에 질려 있습니다. 15 에돔의 지도자들이 놀라고, 모압의 권력자들도 무서워서 떨며, 가나안의 모든 주민도 낙담합니다. 16 그들이 모두 공포와 두려움에 사로잡혀 있습니다. 주님, 주님의 권능의 팔 때문에, 주님의 백

이집트를 물리친 하나님을 찬양하는 노래에 난데없이 에돔과 모압(15절)이 등장하는 이유는 무엇입니까? 14–15절에는 이스라엘의 진격을 둘러싸고 여러 민족이 듣고 떨 것이라 전하는데, 그러한 여러 민족으로 블레셋, 에돔, 모압, 가나안 주민을 들고 있습니다. 장차 이스라엘이 가나안으로 가는 길에 에돔과 모압 영토를 통과할 것이며, 가나안 주민과 맞닥뜨릴 것이고, 블레셋과 계속 대결하게 될 것입니다. 이스라엘의 진격을 두고 여러 나라가 떨었다는 내용은 다른 곳에서도 볼 수 있습니다(민 22:2–4; 수 2:8–11). 이러한 표현은 하나님께서 그 백성에게 베푸신 은혜의 지극히 크심과 그분의 능력을 알리는 문학적이고 수사적인 표현 방식이라 할 수 있습니다. 이를 두고 "정말 그 나라들이 그렇게 놀랐습니까?"라고 물을 필요는 없겠지요.

성이 다 지나갈 때까지, 주님께서 속량하신 이 백성이 다 지나갈 때까지, 그들은 돌처럼 잠잠하였습니다. 17 주님께서 그들을 데려다가 주님의 소유인 주님의 산에 심으실 것입니다. 주님, 이곳이 바로 주님께서 계시려고 만드신 곳입니다. 주님, 주님께서 손수 세우신 성소입니다. 18 주님께서 영원무궁토록 다스리실 것입니다."

미리암의 노래

19 ○ 바로의 군마가 그의 병거와 기병과 함께 갈라진 바다로 들어갔을 때에, 주님께서 바닷물을 돌이키셔서 그들을 덮으셨다. 그러나 이스라엘 자손은 바다 한가운데로 마른 땅을 밟고 건넜다.

20 ○ 그때에, 아론의 누이요 예언자인 미리암이 손에 소구를 드니, 여인들이 모두 그를 따라 나와, 소구를 들고 춤을 추었다. 21 미리암이 노래를 메겼다. "주님을 찬송하여라. 그지없이 높으신 분, 말과 기병을 바다에 던져 넣으셨다."

'예언자'(20절)는 어떤 이를 가리킵니까? 일종의 점성술사입니까? 예언자는 흔히 앞일을 말하는 사람으로 여겨지지만, 엄밀히 말해 이는 정확한 표현이 아닙니다. 성경 속 예언자 직무의 핵심은 '하나님을 대신해서 말하는 사람'입니다. 백성의 죄악이 클 때 예언자는 하나님을 대신해 그들의 죄악을 고발하고 장차 임할 심판을 알렸으며, 백성에게 어려운 현실이 있을 때는 믿음으로 굳게 서도록 권면하기도 했습니다. 15장에서 미리암은 백성에게 하나님을 굳게 신뢰하며 찬양하라고 촉구합니다. 이 부분에서 미리암이 예언자라는 사실을 언급한다는 점에서, 미리암이 이끈 찬송은 이스라엘에게 두려워하지 말고 하나님을 신뢰하며 찬양하도록 권면하는 노래라고 볼 수 있습니다.

단물로 변한 마라의 쓴 물

22 ○ 모세는 이스라엘을 홍해에서 인도하여내어, 수르 광야로 들어갔다. 그들은 사흘 동안 걸어서 광야로 들어갔으나, 물을 찾지 못하였다. 23 마침내 그들이 마라에 이르렀는데, 그곳의 물이 써서 마실 수 없었으므로, 그곳의 이름을 마라라고 하였다. 24 이스라엘 백성은 모세에게 "우리가 무엇을 마신단 말입니까?" 하고 불평하였다. 25 모세가 주님께 부르짖으니, 주님께서 그에게 나무 한 그루를 보여주셨다. 그가 그 나뭇가지를 꺾어서 물에 던지니, 그 물이 단물로 변하였다. 주님께서 그들에게 법도와 율례를 정하여주시고, 그들을 시험하신 곳이 바로 이곳이다. 26 주님께서 말씀하셨다. "너희가, 주 너희 하나님인 나의 말을 잘 듣고, 내가 보기에 옳은 일을 하며, 나의 명령에 순종하고, 나의 규례를 모두 지키면, 내가 이집트 사람에게 내린 어떤 질병도 너희에게는 내리지 않을 것이다. 나는 주 곧 너희를 치료하는 하나님이다."
27 ○ 그들이 엘림에 이르렀다. 거기에는 샘이 열두 곳이나 있고, 종려나무가 일흔 그루나 있었다. 그들은 그곳 물가에 진을 쳤다.

'찬양'이 '불평'으로 변하기까지 고작 사흘이 걸렸습니다(22-24절). 히브리인은 유난히 감사할 줄 모르는 민족인가요? 이것은 인종이나 민족의 문제가 아니라 사람의 문제겠지요. 사흘은 고사하고 하루에도 몇 번씩 감사와 원망, 기쁨과 미움이 교차하는 것이 우리네 모습이지 않습니까? 더구나 사흘을 걸었는데 물 한 모금 얻지 못했다는 현실은 결코 쉬운 상황은 아닐 겁니다. "지금 우리에게 마실 물이 없습니다"라는 말은 우리의 현재 형편을 이야기한다는 점에서 그 자체로 문제는 아닙니다. 모세 역시 책망하기보다는 앞으로 이러한 상황을 만날 때마다 하나님의 규례와 명령에 순종하며 걸어가자고 권면합니다. 이러한 경험이 쌓여가면서 우리는 하나님에 대해, 그리고 그분과 동행하는 삶에 대해 배웁니다.

{ 제16장 }

만나와 메추라기

1 이스라엘 자손의 온 회중이 엘림에서 떠나, 엘림과 시내산 사이에 있는 신 광야에 이르렀다. 이집트 땅에서 나온 뒤, 둘째 달 보름이 되던 날이다. 2 이스라엘 자손의 온 회중이 그 광야에서 모세와 아론을 원망하였다. 3 이스라엘 자손이 그들에게 항의하였다. "차라리 우리가 이집트 땅 거기 고기 가마 곁에 앉아 배불리 음식을 먹던 그때에, 누가 우리를 주님의 손에 넘겨주어서 죽게 했더라면 더 좋을 뻔하였습니다. 그런데 당신들은 지금 우리를 이 광야로 끌고 나와서, 이 모든 회중을 다 굶어 죽게 하고 있습니다."

4 ○ 주님께서 모세에게 말씀하셨다. "너희가 먹을 것을 하늘에서 비처럼 내려줄 터이니, 백성이 날마다 나가서, 그날그날 먹을 만큼 거두어들이게 하여라. 이렇게 하여, 그들이 나의 지시를 따르는지, 따르지 않는지 시험하여보겠다. 5 매주 엿샛날

'배불리' 먹을 수 있었다면(3절), 이집트 생활도 생각만큼 고단하지는 않았던 모양입니다. 이미 출애굽기는 이스라엘 백성의 신음과 고통을 반복해서 증언했습니다(1:11-22; 2:11, 23-25; 3:9, 16; 4:31; 5:6-23; 6:5-6, 9). 이제 이 백성이 노예살이에서 벗어나 자유인으로 새로운 땅을 향해 걸어가다 보면 당연히 쉽지 않은 여정을 거치기 마련입니다. 그들이 이집트에서 무엇인가를 먹었다면, 그것은 노예로 하루 종일 일하고 이집트인이 지급한 음식을 먹는 것이었겠지요. 생각하거나 고민할 것 없이 주면 주는 대로 먹는 노예 생활과 이제 하나님의 규례를 따라 걸어가는 새로운 길의 대조 속에서, 백성들의 이런 불평은 노예근성이라고 말하는 것이 맞지 않을까요? 먹을 것만 해결되면 자유고 뭐고 필요 없다는 생각을 여기에서 엿볼 수 있기도 합니다.

에는, 거두어들인 것으로 먹거리를 준비하다 보면, 날마다 거두던 것의 두 배가 될 것이다."

6 ○ 모세와 아론이 모든 이스라엘 자손에게 말하였다. "저녁이 되면, 당신들은 이집트 땅에서 당신들을 이끌어내신 분이 주님이시라는 것을 알게 될 것입니다. 7 당신들이 우리를 보고 원망한 것이 아니라, 주님을 원망하였습니다. 주님께서 당신들이 주님을 원망하는 소리를 들으셨습니다. 이제 아침이 되면, 당신들이 주님의 영광을 보게 될 것입니다. 우리가 무엇이라고, 당신들이 우리를 보고 원망하십니까?" 8 또 모세가 말하였다. "주님께서 저녁에는 당신들에게 먹을 고기를 주시고, 아침에는 배불리 먹을 빵을 주실 것입니다. 주님께서는, 당신들이 주님을 원망하는 소리를 들으셨습니다. 당신들이 하는 원망은 우리에게 하는 것이 아니라, 주님께 하는 것입니다."

9 ○ 모세가 아론에게 말하였다. "주님께서 이스라엘 자손이 원망하는 소리를 들으셨으니, 이스라엘 자손의 온 회중에게 주님 앞으로 가까이 나아오라고 일러주십시오." 10 아론이 이스라엘 자손의 온 회중에게 말할 때에, 그들이 광야를 바라보

모세는 어째서 군중들에게 "당신들은 주님을 원망하였다"(7절)고 거듭 강조했을까요? 백성들은 하나님이 아니라 자신들을 여기로 이끈 모세와 아론을 원망합니다. 그들을 이끌고 인도하시는 분은 하나님임에도 백성들의 시선은 그리로 향하지 못하고 있습니다. 처음에 바로가 그들의 노역을 더욱 강화시켰을 때도, 백성들은 바로를 노하게 만든 모세와 아론을 하나님께서 벌주시기를 구하기도 했습니다(5:21). 하나님께서 바로보다 더 크신 하나님임을 생각하지 못했던 것입니다. 그리고 이제 광야 길을 시작하면서도 하나님께서 이끄시는 새로운 자유의 길을 걸어간다는 점을 생각하지 못한 채 지도자만 탓하고 있습니다. 모세는 지도자에게 의지하거나 불평할 것이 아니라, 하나님을 알고 신뢰하며 걸어갈 것을 촉구합니다.

니, 주님의 영광이 구름 속에 나타났다. 11 주님께서 모세에게 말씀하셨다. 12 "나는 이스라엘 자손이 원망하는 소리를 들었다. 너는 그들에게 '너희가 저녁이 되면 고기를 먹고, 아침에는 빵을 배불리 먹을 것이다. 그렇게 될 때에 너희는 나 주가 너희의 하나님임을 알게 될 것이다' 하고 말하여라."

13 ○ 그날 저녁에 메추라기가 날아와서 진 친 곳을 뒤덮었고, 다음 날 아침에는 진 친 곳 둘레에 안개가 자욱하였다. 14 안개가 걷히고 나니, 이럴 수가, 광야 지면에, 마치 땅 위의 서리처럼 보이는, 가는 싸라기 같은 것이 덮여 있는 것이 아닌가! 15 이스라엘 자손이 그것을 보고, 그것이 무엇인지 몰라서, 서로 "이게 무엇이냐?" 하고 물었다. 모세가 그들에게 말하였다. "이것은 주님께서 당신들에게 먹으라고 주신 양식입니다. 16 주님께서 당신들에게 명하시기를, 당신들은 각자 먹을 만큼씩만 거두라고 하셨습니다. 당신들 각 사람은, 자기 장막 안에 있는 식구 수대로, 식구 한 명에 한 오멜씩 거두라고 하셨습니다."

17 ○ 이스라엘 자손이 그대로 하니, 많이 거두는 사람도 있고,

'주님'이 아니라 '주님의 영광'(10절)이 나타났다는 건 어떤 상황을 말합니까? 구약 성경에 나타난 고대 이스라엘은 사람이 하나님을 눈으로 볼 수 없고, 만일 보게 되면 곧바로 죽게 된다고 여겼습니다. 너무 뜨거운 불 곁에 다가가면 모두 타 죽게 되듯이, 영원하신 하나님, 영광의 하나님을 직접 보면 사람이 견뎌낼 수 없을 것입니다. 그렇기에 하나님께서 사람에게 나타나실 때는 그분의 모습을 직접 드러내기보다 어떤 다른 상징적인 현상으로 보이십니다. 광야 내내 이스라엘을 이끌었던 구름 기둥과 불기둥도 그 한 모습입니다(13:21-22). 홍해에서 나타났던 하나님의 천사 역시 이와 연관됩니다(14:19-20). 아마도 구름 가운데 어떤 찬란한 빛과 같은 것이 보였을 것이고, 모세와 백성은 이를 주님의 영광이라고 깨달았습니다.

적게 거두는 사람도 있었으나, 18 오멜로 되어보면, 많이 거둔 사람도 남지 않고, 적게 거둔 사람도 모자라지 않았다. 그들은 제각기 먹을 만큼씩 거두어들인 것이다. 19 모세가 그들에게 아무도 아침까지 그것을 남겨두지 말라고 하였다. 20 그런데 어떤 사람들은 모세의 말을 듣지 않고, 아침까지 그것을 남겨 두었다. 그랬더니, 남겨둔 것에서는 벌레가 생기고 악취가 풍겼다. 모세가 그들에게 몹시 화를 내었다. 21 그래서 그들은 아침마다 자기들이 먹을 만큼씩만 거두었다. 해가 뜨겁게 쪼이면, 그것은 다 녹아버렸다.

22 ○ 매주 엿샛날에는, 각자가 먹거리를 두 배 곧 한 사람에 두 오멜씩 거두었다. 회중의 모든 지도자가 모세에게 와서 그 일을 알리니, 23 모세가 그들에게 말하였다. "주님께서 하신 말씀입니다. 내일은 쉬는 날로서, 주님의 거룩한 안식일이니, 당신들이 구울 것은 굽고, 삶을 것은 삶으십시오. 그리고 그 나머지는 모두 당신들이 다음 날 먹을 수 있도록 아침까지 간수하십시오." 24 그들은 모세가 명령한 대로 그것을 다음 날

수고롭고 번거롭게 하루치씩만 만나를 거두게 한 까닭은 무엇입니까?(19~21절) 훗날 가나안 땅에 들어가서 농사를 짓거나 목축을 하면 당연히 음식을 저장하고 간직해야 할 것입니다. 그 점에서 하루치 만나를 거두는 것은 저장이나 보관이 어려운 광야라는 특수한 상황에서 비롯되었을 것입니다. 그렇지만 여기에서 상징적이며 신앙적인 교훈도 생겨났을 것입니다. 미래를 위해 엄청난 것을 저축해둬서 안전한 것이 아닙니다. '그날의 양식'을 먹으며 살아가면서 내일의 양식을 주실 하나님을 신뢰하며 걸어가는 길이 신앙의 길입니다. 훗날 예수님께서 가르치신 기도에 나오는 '일용할 양식' 역시 이 만나에서 가져온 표현입니다. 그래서 기독교 신앙을 가진다는 것은 끝없는 재물을 얻는 삶이 아니라 '일용할 양식'으로 기뻐하고 만족하며 살아간다는 것을 의미합니다. 만나를 특별하게 간직하라는 명령 역시, 그와 같은 삶의 원칙을 잊지 말 것을 가르칩니다.

아침까지 간수하였지만, 그것에서는 악취가 나지 않고, 구더기도 생기지 않았다. 25 모세가 말하였다. "오늘은 이것을 먹도록 하십시오. 오늘은 주님의 안식일이니, 오늘만은 들에서 그것을 얻지 못할 것입니다. 26 당신들이 엿새 동안은 그것을 거둘 것이나, 이렛날은 안식일이니, 그날에는 거두어들일 것이 없을 것입니다."

27 ○ 모세가 이렇게 말하였는데도, 백성 가운데서 어떤 사람은 이렛날에도 그것을 거두러 나갔다. 그러나 아무것도 얻지 못하였다. 28 그때에 주님께서 모세에게 말씀하셨다. "너희가 언제까지 나의 명령과 나의 지시를 지키지 않으려느냐? 29 내가 너희에게 안식일을 주었으니, 엿샛날에는 내가 너희에게 양식 이틀 치를 준다. 그러니 이렛날에는 아무도 집을 떠나 밖으로 나가서는 안 된다. 너희는 이것을 명심하여야 한다." 30 그리하여 백성이 이렛날에는 안식하였다.

31 ○ 이스라엘 사람은 그것을 만나라고 하였다. 그것은 고수씨처럼 하얗고, 그 맛은 꿀 섞은 과자와 같다. 32 모세가 말하였다. "주님께서 명하신 말씀입니다. '너희는 이것을 한 오멜씩 가득 담아 간수하여, 내가 너희를 이집트 땅에서 인도하여

'오멜'이란 단위가 생소합니다. 얼마나 많은 양을 가리킵니까? 기본적으로 오늘 우리는 구약 시대, 지금으로부터 수천 년 전에 사용되었던 도량형에 대해 정확히 말하기는 어렵습니다. 여기에서 에바와 오멜은 만나와 같은 고체의 부피를 재는 단위입니다. 한 에바는 대략 22L에서 45L까지 다양하게 평가됩니다. 22L가 한 에바라면 한 오멜은 그 십분의 일인 2.2L 정도가 됩니다. 요즘으로 치면 쌀 한 되 정도의 양이라고 합니다.

낼 때에, 광야에서 너희에게 주어 먹게 한 이 먹거리를 너희의 자손 대대로 볼 수 있게 하여라.'" 33 모세가 아론에게 말하였다. "항아리 하나를 가져와서, 거기에 만나 한 오멜을 담아 가지고 주님 앞에 두어서, 대대로 간수하게 하여주십시오." 34 그래서 아론은, 주님께서 모세에게 명하신 대로, 그것을 증거판 앞에 두고서, 늘 거기에 있게 하였다. 35 이스라엘 자손은 정착지에 이를 때까지 사십 년 동안 만나를 먹었다. 가나안 땅 접경에 이를 때까지 만나를 먹었다. 36 (한 오멜은 십분의 일 에바이다.)

{ 제17장 }

바위에서 물이 솟다(민 20:1–13)

1 이스라엘 자손의 온 회중은 신 광야를 떠나서, 주님의 명령
대로 진을 옮겨가면서 이동하였다. 그들은 르비딤에 진을 쳤
는데, 거기에는 백성이 마실 물이 없었다. 2 백성이 모세에게
마실 물을 달라고 대들었다. 이에 모세가 "당신들은 어찌하여
나에게 대드십니까? 어찌하여 주님을 시험하십니까?" 하고 책
망하였다. 3 그러나 거기에 있는 백성은 몹시 목이 말라서, 모
세를 원망하며, 모세가 왜 그들을 이집트에서 데려왔느냐고,
그들과 그들의 자식들과 그들이 먹이는 집짐승들을 목말라 죽
게 할 작정이냐고 하면서 대들었다.

4 ○ 모세가 주님께 부르짖었다. "이 백성을 제가 어떻게 해야
합니까? 그들은 지금이라도 곧 저를 돌로 쳐서 죽이려고 합니
다." 5 주님께서 모세에게 말씀하셨다. "너는 이스라엘 장로들
을 데리고, 이 백성보다 앞서서 가거라. 그리고 나일강을 친

모세는 왜 백성들의 거친 반응을 일컬어 하나님을 '시험한다'(2절)고 말한 걸까요?
이제까지 모세가 주 하나님의 뜻을 따라 이집트에서, 홍해 앞에서 기적을 보이며 그
들을 이끌었으니, 백성들은 모세를 하나님의 뜻을 대행하는 사람이라 여겼습니다. 그
렇기에 모세를 향해 물을 내놓으라는 요구는 실제로는 하나님을 향해 지금 당장 마
실 물을 내놓으라는 요구라고 할 수 있습니다. 16장에서는 모세가 자신을 원망하는 백
성에게 그들의 원망은 주님을 원망하는 것이라 이르기도 했습니다. 여기서 '시험'이라
표현한 건 백성들의 요구 안에 하나님에 대한 불신이 놓여 있다는 판단 때문일 것입
니다. 광야 길을 거치면서 백성들은 그들을 인도하신 하나님을 신뢰하기보다 끊임없
이 불신하며 시험합니다.

그 지팡이를 손에 들고 가거라. 6 이제 내가 저기 호렙산 바위 위에서 너의 앞에 서겠으니, 너는 그 바위를 쳐라. 그러면 거기에서 이 백성이 마실 물이 터져 나올 것이다." 모세가, 이스라엘 장로들이 보는 앞에서, 하나님이 시키신 대로 하였다. 7 이스라엘 자손이 거기에서 주님께 대들었다고 해서, 사람들은 그곳의 이름을 므리바라고도 하고, 또 거기에서 "주님께서 우리 가운데 계시는가, 안 계시는가?" 하면서 주님을 시험하였다고 해서, 그곳의 이름을 맛사라고도 한다.

아말렉 사람들과 싸우다

8 ○ 그때에 아말렉 사람들이 몰려와서, 르비딤에 있는 이스라엘 사람을 공격하였다. 9 모세가 여호수아에게 말하였다. "장정들을 뽑아서 아말렉과 싸우러 나가시오. 내일 내가 하나님의 지팡이를 손에 들고, 산꼭대기에 서 있겠소." 10 여호수아는 모세가 그에게 말한 대로 아말렉과 싸우러 나가고, 모세와 아론과 훌은 언덕 위로 올라갔다. 11 모세가 그의 팔을 들면 이스라엘이 더욱 우세하고, 그가 팔을 내리면 아말렉이 더욱 우

'므리바'와 '맛사'(7절)는 각각 어떤 뜻을 가진 말입니까? '므리바'는 '다투다, 소송하다'라는 뜻을 지닌 동사에서 파생된 명사이며, 그 의미는 '다툼'입니다. 이스라엘은 하나님을 신뢰하기보다 그분에게 덤벼들며 다투었고, 이러한 의미를 담아 장소 이름을 므리바라 불렀습니다. 한편 '맛사'는 '시험하다'를 뜻하는 동사에서 파생된 명사이며, '시험'이라는 뜻을 지닙니다. 이 역시 하나님을 불신하며 시험한 백성들의 행동과 연관해 그 장소에 부여된 이름입니다. 특정한 장소에 이와 같은 의미 있는 이름을 붙여서 이스라엘이 했던 행동을 돌아보고 오늘 우리는 어떻게 살아야 할지 가르칩니다.

세하였다. 12 모세가 피곤하여 팔을 들고 있을 수 없게 되니, 아론과 훌이 돌을 가져와서 모세를 앉게 하고, 그들이 각각 그 양쪽에 서서 그의 팔을 붙들어 올렸다. 해가 질 때까지 그가 팔을 내리지 않았다. 13 이렇게 해서, 여호수아는 아말렉과 그 백성을 칼로 무찔렀다.

14 ○ 그때에 주님께서 모세에게 말씀하셨다. "너는 오늘의 승리를 책에 기록하여 사람들이 잊지 않도록 하고, 여호수아에게는, '내가 아말렉을 이 세상에서 완전히 없애서 아무도 아말렉을 기억하지 못하게 하겠다'고 한 나의 결심을 일러주어라." 15 모세는 거기에 제단을 쌓고 그곳 이름을 '여호와닛시'라 하고, 16 "주님의 깃발을 높이 들어라. 주님께서 대대로 아말렉과 싸우실 것이다" 하고 외쳤다.

팔의 자세에 따라 승패가 갈리다니(9–13절), 모세의 팔에 무슨 마법적인 힘이 있었나요? 출애굽기에 줄기차게 되풀이되는 사상이지만, 모세의 팔은 승리가 사람에게 있는 것이 아니라 하나님께 있음을 보여주는 수단입니다. 대개 팔을 들어 올리는 것은 기도하는 자세라는 점에서 모세가 팔을 들어 올린 것은 하나님의 도우심과 함께하심을 구하는 기도를 상징한다고 볼 수 있습니다. 그런데 그렇게 오래도록 팔을 드는 것은 당연히 힘에 부치는 일이니, 아론과 훌이 곁에서 모세의 팔을 붙잡았습니다. 그리고 여호수아는 나가서 싸웁니다. 승리는 하나님께로부터 오되, 그러한 승리를 위해 여호수아, 아론, 훌, 그리고 모세가 함께합니다. 하나님을 신뢰하며, 한 사람한 사람이 스스로를 작다 여기지 않고 서로 힘을 모으는 것이 중요함을 보여줍니다.

{ 제18장 }

이드로가 모세를 방문하다

1 미디안의 제사장이며 모세의 장인인 이드로는, 하나님이 모세와 그의 백성 이스라엘에게 하신 일, 곧 주님께서 어떻게 이스라엘을 이집트에서 인도하여내셨는가 하는 것을 들었다. 2 모세의 장인 이드로는 친정에 돌아와 있는 모세의 아내 십보라와 3 십보라의 두 아들을 데리고 나섰다. 한 아들의 이름은 게르솜인데, 이 이름은 "내가 타국 땅에서 나그네가 되었구나" 하면서 모세가 지은 것이고, 4 또 한 아들의 이름은 엘리에셀인데, 이 이름은 그가 "내 아버지의 하나님이 나를 도우셔서, 바로의 칼에서 나를 건져주셨다"고 하면서 지은 이름이다. 5 ○ 모세의 장인 이드로는 모세의 두 아들과 아내를 데리고 모세가 진을 치고 있는 광야로 갔는데, 그곳은 바로 하나님의 산이 있는 곳이다. 6 그는 거기에서 모세에게 전갈을 보냈다. "자네의 장인인 나 이드로가 자네의 처와 두 아들을 데리고 왔네."

'하나님의 산'(5절)은 어디를 가리킵니까? 왜 그렇게 부릅니까? 이 표현은 이미 3장 1절과 4장 27절에도 쓰였는데, 모세가 장인 이드로와 함께 머물렀던 시기에 그가 하나님을 만나고 부르심을 경험했던 호렙산을 가리킵니다. 또 이 표현은 24장 13절에도 등장하는데, 여기서는 시내 광야에 있는 산이기에 시내산임을 알 수 있습니다. 호렙산과 시내산은 같은 곳을 가리키는 다른 이름입니다. 이곳에서 모세가 하나님을 경험했기에 그와 같은 특별한 이름으로 그 장소를 불렀으리라 짐작할 수 있습니다. 18장 5절에서 보듯 모세와 이스라엘은 마침내 이곳에 이르렀고, 19장에 가면 이 산에서 하나님께서 모세와 말씀하십니다. 시내산에 머문 이스라엘에 대한 내용은 여기부터 시작해 출애굽기 마지막, 레위기 전체를 거쳐 민수기 10장 10절까지 이어집니다.

7 모세가 그의 장인을 만나러 나와서, 그에게 절을 하고, 입을 맞추었다. 그들은 서로 안부를 묻고, 함께 장막으로 들어갔다.

8 ○ 모세는 장인에게, 주님께서 이스라엘을 도우신 일, 곧 바로와 이집트 사람에게 하신 모든 일과, 그들이 오는 도중에 겪은 모든 고난과, 주님께서 어떻게 그들을 건져주셨는가 하는 것을 자세히 말하였다. 9 그러자 이드로는, 주님께서 이스라엘을 이집트 사람의 손아귀에서 건져주시려고 베푸신 온갖 고마운 일을 전하여 듣고서, 기뻐하였다.

10 ○ 이드로가 말하였다. "주님께서 이집트 사람의 손아귀와 바로의 손아귀에서 자네와 자네의 백성을 건져주시고, 이 백성을 이집트 사람의 억압으로부터 건져주셨으니, 주님은 마땅히 찬양을 받으실 분일세. 11 이스라엘에게 그토록 교만히 행한 그들에게 벌을 내리시고 치신 것을 보니, 주님이 그 어떤 신보다도 위대하시다는 것을 이제 나는 똑똑히 알겠네." 12 그러고 나서, 모세의 장인 이드로는 하나님께 번제물과 희생제물을 바쳤다. 아론과 이스라엘 장로들이 모두 와서, 하나님 앞에서 모세의 장인과 함께 제사 음식을 먹었다.

히브리인도 아닌 이드로가 어떻게 히브리인의 하나님에게 제사를 드리고 제물을 먹을 수 있습니까? 고대 시대에는 다른 종교를 부정하는 배타적인 태도가 전혀 흔하지 않았습니다. 이드로의 신앙이 무엇인지는 명확히 알 수 없지만, 모세의 설명을 통해(8절) 이드로는 모세와 이스라엘의 하나님께서 행하신 일을 알게 됩니다. 이드로에게 주 하나님은 단순히 특정 민족의 하나님이 아니라 고통당하는 노예 이스라엘을 이집트와 바로의 손, 즉 그들의 권세와 영향력에서 건져내신 하나님입니다. 그 하나님을 깨달은 이드로는 노예인 히브리인에게 그토록 가혹했던 이집트를 벌하신 주 하나님이야말로 그 어떤 신보다 위대하다 고백하며 제사를 드립니다. 하나님의 위대하심은 이처럼 고통받는 이들을 악한 권세로부터 건지시는 것으로 드러납니다.

13 ○ 그 이튿날, 모세는 백성의 송사를 다루려고 자리에 앉고, 백성은 아침부터 저녁까지 모세 곁에 서 있었다. 14 모세의 장인은 모세가 백성을 다스리는 이 일을 모두 보고, 이렇게 말하였다. "자네는 백성의 일을 어찌하여 이렇게 처리하는가? 어찌하여 아침부터 저녁까지 백성을 모두 자네 곁에 세워두고, 자네 혼자만 앉아서 일을 처리하는가?" 15 모세가 그의 장인에게 대답하였다. "백성은 하나님의 뜻을 알려고 저를 찾아옵니다. 16 그들은 무슨 일이든지 생기면 저에게로 옵니다. 그러면 저는 이웃 간의 문제를 재판하여주고, 하나님의 규례와 율법을 알려주어야 합니다."

17 ○ 모세의 장인이 그에게 말하였다. "자네가 하는 일이 그리 좋지는 않네. 18 이렇게 하다가는, 자네뿐만 아니라 자네와 함께 있는 이 백성도 아주 지치고 말 걸세. 이 일이 자네에게는 너무 힘겨운 일이어서, 자네 혼자서는 할 수 없네. 19 이제 내가 충고하는 말을 듣게. 하나님이 자네와 함께 계시기를 바라

'하나님의 규례와 율법'(16절)이란 정확히 무얼 가리킵니까? 본문의 배경은 모세를 찾아온 백성을 위해 모세가 수행하는 재판입니다. 이 재판에서 내려진 판결을 두고 본문은 '하나님의 규례와 율법'이라고 표현합니다. 어느 사회에서건 사람의 이해관계는 종종 충돌합니다. 그럴 때 그저 좋게 넘어갈 수 없고 억울하고 부당하다 싶으면, 이처럼 재판에 호소합니다. 특히 이스라엘은 이집트에서 그토록 부당하고 고통스러운 압제를 겪었으니 이러한 시비는 사소한 문제가 아닙니다. 하나님께서는 우리의 모든 사정을 아시는 분, 우리의 모든 억울함과 괴로움을 아시는 분이니, 그분이야말로 참된 재판장이십니다. 그러므로 백성의 억울한 사정을 듣고 재판하는 것은 가장 중요한 제도이며, 재판의 판결은 하나님의 규례와 율법처럼 신중하게 내려져야 합니다.

네. 자네는 백성의 문제를 하나님께 가지고 가서, 하나님 앞에서 백성의 일을 아뢰게. 20 그리고 자네는 그들에게 규례와 율법을 가르쳐주어서, 그들이 마땅히 가야 할 길과 그들이 마땅히 하여야 할 일을 알려주게. 21 또 자네는 백성 가운데서 능력과 덕을 함께 갖춘 사람, 곧 하나님을 두려워하며 참되어서 거짓이 없으며 부정직한 소득을 싫어하는 사람을 뽑아서, 백성 위에 세우게. 그리고 그들을 천부장과 백부장과 오십부장과 십부장으로 세워서, 22 그들이 사건이 생길 때마다 백성을 재판하도록 하게. 큰 사건은 모두 자네에게 가져오게 하고, 작은 사건은 모두 그들이 스스로 재판하도록 하게. 이렇게 그들이 자네와 짐을 나누어 지면, 자네의 일이 훨씬 가벼워질 걸세. 23 하나님이 명하신 대로, 자네가 이와 같이 하면, 자네도 일을 쉽게 처리할 수 있을 것이고, 백성도 모두 흐뭇하게 자기 집으로 돌아갈 걸세."

24 ○ 그래서 모세는 장인의 말을 듣고, 그가 말한 대로 다 하였다. 25 모세는 온 이스라엘 사람 가운데서 유능한 사람들을 뽑고, 그들을 백성의 지도자로 삼아, 천부장과 백부장과 오십

직위 이름에 붙은 천, 백, 오십, 십(25절)은 각각 무얼 헤아리는 숫자입니까? 그 직위를 맡은 자가 돕고 관할할 사람의 숫자를 말합니다. 십부장은 열 명, 천부장은 천 명의 사람을 맡은 자입니다. 문제가 생기면 가장 작은 단위에서 자체적으로 올바르게 재판하도록 해결하되, 해결되지 않는 문제는 그 윗단계로 올라가는 방식으로 마침내 모세까지 이르는 제도입니다. 재판이 얼마나 중요했던지, 재판을 나누어 맡을 사람을 많이 세우는 것으로 당시 상황을 처리한 것입니다. 재판장으로 세워지는 사람에게 필요한 자질은 개인의 능력이 아닙니다. 오직 하나님을 두려워하고, 참되어 거짓이 없으며, 부정직한 소득을 멀리하는 것입니다. 그래야 그들이 각 사람의 사정과 억울함을 듣고 돈과 권력에 좌우되지 않는 판결을 내릴 것이기 때문입니다.

부장과 십부장으로 세웠다. 26 그들은 언제나 백성을 재판하
였다. 어려운 사건은 모세에게 가져오고, 작은 사건들은 모두
그들이 재판하였다.

27 ○ 얼마 있다가, 모세의 장인은 사위의 배웅을 받으며 살던
고장으로 돌아갔다.

{ 제19장 }

이스라엘 사람들 시내산에 이르다

1 이스라엘 자손이 이집트 땅에서 나온 뒤 셋째 달 초하룻날,
바로 그날 그들은 시내 광야에 이르렀다. 2 그들은 르비딤을 떠
나서, 시내 광야에 이르러, 광야에다 장막을 쳤다. 이스라엘이
그곳 산 아래에 장막을 친 다음에, 3 모세가 산으로 올라가 하
나님께로 가니, 주님께서 산에서 그를 불러서 말씀하셨다. "너
는 야곱 가문에게 이렇게 말하여라. 이스라엘 자손에게 이렇

'내가 세워준 언약'(5절)은 구체적으로 어떤 약속을 말합니까? 모세가 모든 이스라
엘을 대표해 시내산에 올라 하나님께로부터 듣게 될 언약의 말씀을 가리키는데, 그
자세한 내용은 20장부터 제시됩니다. 20장 1–17절에서는 열 가지의 말씀, 즉 십계명
을 다루며, 십계명을 근간으로 한 세부적이고 구체적인 규례로 20장 22절부터 23장
33절까지 주어집니다. 흔히 여기에 있는 말씀을 두고 '언약의 책'(24:7)이라고 부릅니
다. 하나님께서는 하나님의 언약을 따르겠다는 사람을 이집트에서 건져내신 것이 아
니라, 먼저 그들을 이집트에서 건져내 자유를 주시고, 그 후에야 그들에게 하나님께
서 세우신 언약을 제시하십니다. 언약을 지키면 구원하는 것이 아니라, 먼저 구원하
시고 이후 그에 합당한 삶을 명하신 것입니다.

게 일러주어라. 4 '너희는 내가 이집트 사람에게 한 일을 보았고, 또 어미 독수리가 그 날개로 새끼를 업어 나르듯이, 내가 너희를 인도하여 나에게로 데려온 것도 보았다. 5 이제 너희가 정말로 나의 말을 듣고, 내가 세워준 언약을 지키면, 너희는 모든 민족 가운데서 나의 보물이 될 것이다. 온 세상이 다 나의 것이다. 그러므로 너희는 내가 선택한 백성이 되고, 6 너희의 나라는 나를 섬기는 제사장 나라가 되고, 너희는 거룩한 민족이 될 것이다.' 너는 이 말을 이스라엘 자손에게 일러주어라."

7 ○ 모세가 돌아와서 백성의 장로들을 불러 모으고, 주님께서 자기에게 하신 이 모든 말씀을 그들에게 선포하였다. 8 모든 백성이 다 함께 "주님께서 말씀하신 모든 것을 우리가 실천하겠습니다" 하고 응답하였다. 모세는, 백성이 한 말을 주님께 그대로 말씀드렸다.

9 ○ 주님께서 모세에게 말씀하셨다. "내가 짙은 구름 속에서 너에게 나타날 것이니, 내가 이렇게 하는 까닭은 내가 너와 말하는 것을 백성이 듣고서, 그들이 영원히 너를 믿게 하려는 것이다."

'제사장 나라'(6절)는 온 국민이 종교적인 일에 종사하는 나라인가요? 시내산에 모세 홀로 올라가지만, 그렇다고 하나님께서 모세만 선택하거나 그 백성으로 삼으신 것은 아닙니다. 여기서 모세는 하나님과 백성 사이를 연결하는 중재자 역할을 합니다. 마찬가지로 백성의 제물을 받아 하나님께 제사드리는 일을 맡은 제사장은 하나님과 백성 사이를 연결하는 중재자입니다. 하나님과 언약을 맺은 이스라엘이 제사장 나라라는 의미는 이스라엘만이 하나님께 모든 복을 다 받아 누리는 백성이 된다는 뜻이 아니라, 이스라엘이 온 세상에 사는 모든 사람과 하나님 사이를 연결하는 중재자로 세워졌다는 의미입니다. 그리스도인 역시 자신이 하나님의 좋은 것을 다 받아 누리는 존재가 아니라, 세상과 하나님을 연결하도록 부름받았습니다.

○ 모세가, 백성이 한 말을 주님께 다시 아뢰었을 때에, 10 주님께서 모세에게 말씀하셨다. "너는 백성에게로 가서, 오늘과 내일 이틀 동안 그들을 성결하게 하여라. 그들이 옷을 빨아 입고서, 11 셋째 날을 맞이할 준비를 하게 하여라. 바로 이 셋째 날에, 나 주가, 온 백성이 보는 가운데서 시내산에 내려가겠다. 12 그러므로 너는 산 주위로 경계선을 정해주어 백성이 접근하지 못하게 하고, 백성에게는 산에 오르지도 말고 가까이 오지도 말라고 경고하여라. 산에 들어서면, 누구든지 죽음을 면하지 못할 것이다. 13 그러한 사람은 아무도 손을 대지 말고, 반드시 돌로 치거나 활을 쏘아서 죽여야 한다. 짐승이든지 사람이든지, 아무도 살아남지 못할 것이라고 일러라. 그러나 산양 뿔나팔 소리가 길게 울릴 때에는 백성이 산으로 올라오게 하여라." 14 모세는 산에서 백성에게로 내려갔다. 그는 백성을 성결하게 하고, 백성은 자기들의 옷을 빨아 입었다. 15 그는 백성에게 '셋째 날을 맞을 준비를 하고, 남자들은 여자를 가까이 하지 말라'고 당부하였다.

16 ○ 마침내 셋째 날 아침이 되었다. 번개가 치고, 천둥소리가 나며, 짙은 구름이 산을 덮은 가운데, 산양 뿔나팔 소리가 우

백성을 '성결하게'(14절) 한다는 건 어떤 절차 또는 의식을 의미하나요? '성결하게 한다'는 것은 달리 '구별시킨다'로 표현할 수 있습니다. 사람이 다른 사람을 어떻게 성결하게 할 수 있겠습니까? 여기서 '성결하게 한다'는 것은 상징적인 행동을 통해 자신들의 몸과 마음을 정갈히 하는 것, 마음 자세를 평소와는 달리 가지는 것을 가리킵니다. 그래서 입고 있던 옷을 빨고, 3일간은 부부관계도 하지 않습니다. 이런 행동을 한다고 무조건 성결해지는 것이 아니라, 이와 같은 특정한 행동이 '성결하게 됨'을 뜻하는 상징적인 행동이라는 것입니다. 중요한 것은 겉이 아니라 마음을 가다듬고 정갈히 간직하는 것이라고 볼 수 있습니다.

렁차게 울려 퍼지자, 진에 있는 모든 백성이 두려워서 떨었다. 17 모세는 백성이 하나님을 만날 수 있도록 진으로부터 그들을 데리고 나와서, 산기슭에 세웠다. 18 그때에 시내산에는, 주님 께서 불 가운데서 그곳으로 내려오셨으므로 온통 연기가 자욱 했는데, 마치 가마에서 나오는 것처럼 연기가 솟아오르고, 온 산이 크게 진동하였다. 19 나팔 소리가 점점 더 크게 울려 퍼지 는 가운데, 모세가 하나님께 말씀을 아뢰니, 하나님이 음성으 로 그에게 대답하셨다. 20 주님께서 시내산 곧 그 산 꼭대기로 내려오셔서, 모세를 그 산 꼭대기로 부르시니, 모세가 올라갔 다. 21 주님께서 모세에게 말씀하셨다. "너는 내려가서 백성에 게, 나 주를 보려고 경계선을 넘어 들어오다가 많은 사람이 죽 는 일이 없도록 하라고, 단단히 일러두어라. 22 나 주에게 가 까이 오는 제사장도 자신을 성결하게 하여야 한다. 그렇게 하 지 않으면, 나 주가 그들도 쳐서 죽일 것이다."

23 ○ 모세가 주님께 대답하였다. "주님께서 우리들에게, 산에 경계선을 정하여 그것을 거룩하게 구별하라고 경고하시는 명 을 내리셨으므로, 이 백성은 시내산으로 올라올 수 없습니다."

24절에서 말하는 제사장은 어떤 인물들인가요? 제사 제도는 십계명 이후에 생기지 않았나요? 출애굽기는 모세와 출애굽 시대를 배경으로 하지만, 이러한 책이 현재 와 같은 형태로 완성된 것은 그로부터 한참의 세월이 지난 뒤입니다. 예를 들어 이 순신을 다루는 영화의 배경은 조선 중기이되 그와 같은 영화가 제작된 건 한참 후 대인 오늘날이듯이 말입니다. 그래서 출애굽기 안에는 이후 이스라엘의 변화가 곳 곳에 반영되어 있습니다. 24절에 있는 제사장에 대한 언급 역시 제사장 제도가 완 비된 이후의 시기를 반영하고 있습니다. 모세 시대의 시내산을 다루지만, 출애굽기 라는 책이 완성되었을 때 제사장을 향한 지침도 될 수 있도록 출애굽기의 최종 저 자 혹은 편집자는 제사장에 대한 언급을 모세 시대 배경에 같이 놓았습니다.

24 주님께서 그에게 말씀하셨다. "너는 어서 내려가서, 아론을 데리고 올라오너라. 그러나 제사장들과 백성은 나에게 올라오려고 경계선을 넘어서는 안 된다. 그들이 경계선을 넘으면, 나 주가 그들을 쳐서 죽일 것이다." 25 모세가 백성에게 내려가서 그대로 전하였다.

{ 제20장 }

십계명(신 5:1-21)

1 이 모든 말씀은 하나님이 하신 말씀이다. 2 "나는 너희를 이집트 땅 종살이하던 집에서 이끌어낸 주 너희의 하나님이다. 3 ○ 너희는 내 앞에서 다른 신들을 섬기지 못한다. 4 ○ 너희는 너희가 섬기려고 위로 하늘에 있는 것이나, 아래로 땅에 있는 것이나, 땅 아래 물속에 있는 어떤 것이든지, 그

5-6절은 조상의 공이나 죄로 후손의 복과 화가 갈린다는 말씀인가요? 그렇다면 너무 가혹한 연좌제가 아닐까요? 연좌제는 당사자가 선택할 수 없고 바꿀 수 없는 상황에 대한 처벌이라는 점에서 지극히 부당하고 잘못된 처벌 방식입니다. 독재 정권이나 전제군주일수록 '삼족을 멸하는' 식의 처벌을 강행하곤 했습니다. 사람 사는 세상에서도 타당하지 않은 제도임을 생각한다면, 당연히 선하고 의로우신 하나님께서는 그러지 않으실 것임을 염두에 두고 성경을 읽어야 합니다. 우상숭배는 나뿐 아니라 가족 전체에 영향을 끼칠 수 있습니다. 나만의 잘못이 아니라 우리 자녀 역시 계속 같은 잘못을 반복할 수 있고, 그로 인해 자손 세대까지 처벌받을 것입니다. 그러므로 얼핏 연좌제로 여겨지는 이 구절은 우리가 현재 저지르는 죄악이 자손 세대까지 이어질 수 있는 영향력 큰 죄악임을 유념하라는 강력한 경고로 이해할 수 있습니다.

모양을 본떠서 우상을 만들지 못한다. 5 너희는 그것들에게 절하거나, 그것들을 섬기지 못한다. 나, 주 너희의 하나님은 질투하는 하나님이다. 나를 미워하는 사람에게는, 그 죄값으로, 본인뿐만 아니라 삼사 대 자손에게까지 벌을 내린다. 6 그러나 나를 사랑하고 나의 계명을 지키는 사람에게는, 수천 대 자손에 이르기까지 한결같은 사랑을 베푼다.

7 ○ 너희는 주 너희 하나님의 이름을 함부로 부르지 못한다. 주는 자기의 이름을 함부로 부르는 자를 죄 없다고 하지 않는다.

8 ○ 안식일을 기억하여 그날을 거룩하게 지켜라. 9 너희는 엿새 동안 모든 일을 힘써 하여라. 10 그러나 이렛날은 주 너희 하나님의 안식일이니, 너희는 어떤 일도 해서는 안 된다. 너희나, 너희의 아들이나 딸이나, 너희의 남종이나 여종만이 아니라, 너희 집짐승이나, 너희의 집에 머무르는 나그네라도, 일을 해서는 안 된다. 11 내가 엿새 동안 하늘과 땅과 바다와 그 안에 있는 모든 것을 만들고 이렛날에는 쉬었기 때문이다. 그러므로 나 주가 안식일을 복 주고, 그날을 거룩하게 하였다.

하나님의 이름을 '함부로'(7절) 부른다는 건 무슨 뜻입니까? 하나님의 이름은 하나님 그분 자신을 상징합니다. 여기서 '함부로'라고 옮겨진 히브리어는 다르게 표현하면 '허황되게'로 옮길 수 있습니다. 허황된 일에 하나님의 이름을 부른다는 것은 아무 쓸모도, 내용도 없는 일에 하나님께서 임하고 이루시길 구하는 것입니다. 대개 그런 허황된 일은 자신의 끝없는 욕망과 탐욕일 경우가 많다는 점에서, 하나님의 이름을 함부로 부른다는 것은 자신의 욕망을 위해 자신의 신앙을 이용하며 하나님 이름을 들먹이는 것이기도 합니다. 상업적인 이윤 추구가 목적이었으면서 하나님의 영광을 운운했던 중세 십자군 전쟁이 대표적인 예라고 볼 수 있습니다. 또 하나님의 이름을 내세우며 자신과 생각이 다른 이를 처벌하고 혐오하며 배제하는 것도 이에 해당될 것입니다.

12 ○ 너희 부모를 공경하여라. 그래야 너희는 주 너희 하나님이 너희에게 준 땅에서 오래도록 살 것이다.

13 ○ 살인하지 못한다.

14 ○ 간음하지 못한다.

15 ○ 도둑질하지 못한다.

16 ○ 너희 이웃에게 불리한 거짓 증언을 하지 못한다.

17 ○ 너희 이웃의 집을 탐내지 못한다. 너희 이웃의 아내나 남종이나 여종이나 소나 나귀나 할 것 없이, 너희 이웃의 소유는 어떤 것도 탐내지 못한다."

백성이 두려움에 사로잡히다(신 5:22–33)

18 ○ 온 백성이 천둥소리와 번개와 나팔 소리를 듣고 산의 연기를 보았다. 백성은 그것을 보고 두려워 떨며, 멀찍이 물러섰다. 19 그들은 모세에게 말하였다. "어른께서 우리에게 말씀하십시오. 우리가 듣겠습니다. 하나님이 직접 우리에게 말씀하시면, 우리는 죽습니다." 20 모세가 백성에게 말하였다. "두려워하지 마십시오. 하나님이 당신들을 시험하시려고 나타나신

히브리 백성들이 두려워했던 것처럼(19절) 하나님의 말씀을 직접 들으면 정말 죽게 되나요? 인간관계에서도 무척 순수하고 정직하고 옳고 한결같은 이를 대할 때, 나도 모르게 옷깃을 여미고 태도를 조심하게 되는 경험이 있지 않습니까? 이 경험을 확장해보면, 가장 순수하고 순전하며 참되고 옳으신 하나님 앞에 서게 될 때 죄 많고 지저분한 마음을 지닌 이들이 견디기 어려울 것이라는 점은 능히 상상할 수 있습니다. 하나님을 직접 대면하면 죽는다는 것을 구약성경은 일관되게 증언합니다. 이것은 단지 교리가 아니라, 하나님의 참되고 순전하심과 인간의 거짓됨의 대조라는 차원에서 매우 실질적인 가르침이라고 여겨집니다.

것이며, 당신들이 주님을 두려워하여 죄를 짓지 못하게 하시려고 나타나신 것입니다." 21 백성은 멀리 떨어져 서 있고, 모세는 하나님이 계시는 먹구름이 있는 곳으로 가까이 갔다.

제단에 관한 법

22 ○ 주님께서 모세에게 말씀하셨다. "너는 이스라엘 자손에게 이렇게 말하여라. '내가 하늘에서부터 너희에게 말하는 것을 너희는 다 보았다. 23 너희는, 나 밖에 다른 신들을 섬기려고, 은이나 금으로 신들의 상을 만들지 못한다. 24 나에게 제물을 바치려거든, 너희는 흙으로 제단을 쌓고, 그 위에다 번제물과 화목제물로 너희의 양과 소를 바쳐라. 너희가 나의 이름을 기억하고 예배하도록 내가 정하여준 곳이면 어디든지, 내가 가서 너희에게 복을 주겠다. 25 너희가 나에게 제물 바칠 제단을 돌로 쌓고자 할 때에는 다듬은 돌을 써서는 안 된다. 너희가 돌에 정을 대면, 그 돌이 부정을 타게 된다. 26 너희는 제단에 층계를 놓아서는 안 된다. 그것을 밟고 올라설 때에, 너희의 알몸이 드러나서는 안 되기 때문이다.'"

하나님은 왜 다듬은 돌로 제단을 쌓지 못하게 하셨을까요?(25절) 본문 자체는 그에 대해 아무런 설명을 하지 않습니다. 그래서 왜 그렇게 하라 명하셨는지는 이 규례를 읽는 독자 스스로 이리저리 궁리해봐야 합니다. 가령, 유월절과 무교절을 지킬 때는 누룩을 넣지 않은 빵을 먹습니다. 하나님께 나올 때는 누룩을 넣은 빵처럼 부풀리거나 현재의 상태를 왜곡하지 말고, 있는 그대로 나와야 한다는 것을 의미합니다. 이를 생각해보면, 하나님께 제물을 드릴 때도 곱게 다듬어서 매끄럽게 만든 제단이 아니라 흙으로 만든 제단 혹은 원래 모양 그대로의 돌로 만든 제단에서 제물을 드리라는 명령 역시 우리의 있는 모습 그대로 하나님께 나오라는 초대로 이해할 수 있습니다.

{ 제21장 }

종에 관한 법(신 15:12-18)

1 "네가 백성 앞에서 공포하여야 할 법규는 다음과 같다.

2 ○ 너희가 히브리 종을 사면, 그는 여섯 해 동안 종살이를 해야 하고, 일곱 해가 되면, 아무런 몸값을 내지 않고서도 자유의 몸이 된다. 3 그가, 혼자 종이 되어 들어왔으면 혼자 나가고, 아내를 데리고 종으로 들어왔으면 아내를 데리고 나간다. 4 그러나 그의 주인이 그에게 아내를 주어서, 그 아내가 아들이나 딸을 낳았으면, 그 아내와 아이들은 주인의 것이므로, 그는 혼자 나간다. 5 그러나 그 종이 '나는 나의 주인과 나의 처자를 사랑하므로, 혼자 자유를 얻어 나가지 않겠다' 하고 선언하면, 6 주인은 그를 하나님 앞으로 데리고 가서, 그의 귀를 문이나 문설주에 대고 송곳으로 뚫는다. 그러면 그는 영원히 주인의 종이 된다.

7 ○ 남의 딸을 종으로 샀을 경우에는, 남종을 내보내듯이 그

1-11절을 보면 하나님은 노예제도와 남성의 혼외 관계를 용납하는 듯합니다. 사실인가요? 혼외 관계보다는 여러 아내를 두는 것이 용인되었던 당대의 관습 안에서 만들어진 법이라고 말할 수 있습니다. 노예제도도 마찬가지입니다. 오늘날에는 일부일처제가 당연한 것으로 여겨지지만, 창세기에서 야곱은 4명의 아내가 있었습니다. 노예제도는 19세기와 20세기에 이르러 거의 모든 국가에서 폐지되었지만, 조선 시대만 해도 노예제도가 분명 존재했습니다. 구약성경의 배경은 지금으로부터 최소 2500년 이전의 시대이니, 그 시대의 문화와 사회 속에서 어떻게 살아야 하는지를 다룹니다. 그러므로 구약성경을 읽을 때 글자 그대로 오늘날에 적용해서는 안 된다는 것을 알 수 있습니다. 고대 배경에서 이와 같은 법이 있다면, 오늘 우리는 그 법의 정신을 어떻게 지켜가야 할지 고민과 논의가 필요합니다.

렇게 내보내지는 못한다. 8 주인이 아내로 삼으려고 그 여자를 샀으나, 그 여자가 마음에 들지 않으면, 그는 그 여자에게 몸값을 얹어서 그 여자의 아버지에게 되돌려보내야 한다. 그가 그 여자를 속인 것이므로, 그 여자를 외국 사람에게 팔아서는 안 된다. 9 그가 그 여종을 자기의 아들에게 주려고 샀으면, 그는 그 여자를 딸처럼 대접하여야 한다. 10 한 남자가 아내를 두고 또 다른 아내를 맞아들였을 때에, 그는 그의 첫 아내에게 먹을 것과 입을 것을 줄여서 주거나 그 아내와 부부 관계를 끊어서는 안 된다. 11 그가 그의 첫 여자에게 이 세 가지 의무를 다하지 않으려거든, 그 여자를 자유롭게 풀어주고, 아무런 몸값도 받지 않아야 한다."

폭력에 관한 법

12 ○ "사람을 때려서 죽인 자는 반드시 사형에 처하여야 한다. 13 그가 일부러 죽인 것이 아니라 실수로 죽였으면, 내가 너희에게 정하여주는 곳으로 피신할 수 있다. 14 그러나 홧김에 일

부모에게 어떠한 반대 의사도 밝힐 수 없다면(17절), 자식은 부모에게 소유물 같은 존재 아닌가요? 부모를 때리거나(15절) 저주하는 자(17절)에 대한 규정 앞뒤에는 사람을 쳐 죽이거나 납치하고 폭행한 경우가 놓여 있습니다. 이로 보건대 여기서 부모를 때리거나 저주한 사람은 힘이 있는 장성한 자식일 것입니다. 한창 반항기인 10대의 자녀가 30대에서 50대의 부모를 때리거나 저주한 경우가 쟁점이라기보다는, 20-50대의 자녀가 나이 들어 늙은 부모를 때리거나 저주한 경우를 여기서 다루고 있다고 볼 수 있습니다. 출애굽기를 비롯한 구약성경은 약자 보호에 대해 매우 철저합니다. 이제는 나이 들어 약해진 부모에게 함부로 행하는 이를 반드시 처벌하라는 규정은 이런 맥락으로 이해할 수 있습니다.

부러 이웃을 죽인 자는, 나의 제단으로 피하여 오더라도 끌어내서 죽여야 한다.

15 ○ 자기 부모를 때린 자는 반드시 사형에 처하여야 한다.

16 ○ 사람을 유괴한 자는, 그 사람을 팔았든지 자기가 데리고 있든지, 반드시 사형에 처하여야 한다.

17 ○ 자기 부모를 저주하는 자는 반드시 사형에 처하여야 한다.

18 ○ 사람이 서로 싸우다가, 어느 한 사람이 상대방을 돌이나 주먹으로 때려서, 그가 죽지는 않았으나 자리에 눕게 되었는데, 19 그가 일어나서 지팡이를 짚고서라도 길을 다닐 수 있게 되면, 때린 사람은 형벌을 받지는 않으나, 그동안에 입은 손해를 갚아주고, 다 나을 때까지 치료비를 대주어야 한다.

20 ○ 어떤 사람이 자기의 남종이나 여종을 몽둥이로 때렸는데, 그 종이 그 자리에서 죽으면, 그는 반드시 형벌을 받아야 한다. 21 그러나 그들이 하루나 이틀을 더 살면, 주인은 형벌을 받지 않는다. 종은 주인의 재산이기 때문이다.

22 ○ 사람이 서로 싸우다가, 임신한 여자를 다치게 하였는데, 낙태만 하고 달리 더 다친 데가 없으면, 가해자는 그 여자의

"목숨은 목숨으로, 눈은 눈으로, 이는 이로…"(23-25절). 이 법은 너무 미개하면서도 복수를 조장하는 법이 아닌가요? '눈은 눈으로' 법은 내가 받은 그대로 대갚음하라는 의미가 결코 아닙니다. 현실적으로 내가 당한 만큼을 정확하게 계량해 대갚음하는 것은 불가능합니다. 복수를 주제로 한 영화를 보면 통쾌할 수는 있지만, 실제 현실에서 그렇게 대갚음하다가는 결국 힘없고 가난한 이들은 더 힘이 센 사람에 의해 모두 완전히 끝장나고 말 것입니다. 이 규정은 복수에 대한 규정이 아니라 다른 사람의 눈이 나의 눈과 같은 무게임을 일러주는 말씀입니다. 그 나라에서 가장 높다는 임금의 눈이나 가장 가난한 사람의 눈이나 하나님의 저울로는 똑같은 무게입니다. 그래서 이 규정을 달리 말하면 "네 이웃을 네 몸과 같이 사랑하라"입니다.

남편이 요구하는 대로 반드시 배상금을 내되, 배상금액은 재판관의 판결을 따른다. 23 그러나 그 여자가 다쳤으면, 가해자에게는, 목숨은 목숨으로, 24 눈은 눈으로, 이는 이로, 손은 손으로, 발은 발로, 25 화상은 화상으로, 상처는 상처로, 멍은 멍으로 갚아야 한다.

26 ○ 어떤 사람이 자기 남종의 눈이나 여종의 눈을 때려서 멀게 하면, 그 눈을 멀게 한 값으로, 그 종에게 자유를 주어서 내보내야 한다. 27 그가 자기 남종의 이나 여종의 이를 부러뜨리면, 그 이를 부러뜨린 값으로, 그 종에게 자유를 주어서 내보내야 한다."

소유자의 책임

28 ○ "소가 어떤 남자나 여자를 받아서 죽이면, 그 소는 반드시 돌로 쳐서 죽여야 한다. 처형된 소는 먹어서는 안 된다. 이 경우에 소의 임자는 형벌을 받지 않는다. 29 그러나 그 소에게 받는 버릇이 있는데, 그 임자가 남에게 경고를 받고도 단속

30-32절에서 일반인에 대한 배상금은 재판관의 재량에 맡긴 반면, 종의 경우는 일정액을 정해둔 까닭은 무엇입니까? 소 주인의 부주의함으로 인해 생명이 죽었을 경우, 원칙적으로는 그 소도 죽여야 하고 소를 잘못 간수한 주인 역시 죽여야 합니다. 그런데 이때 죽임당한 대상이 종일 경우에는 소 주인을 죽이기보다 죽은 종의 몸값으로 은 30세겔을 받도록 했습니다. 고대 문화에서는 종을 주인의 재산으로 여겼기에 이처럼 배상금으로 해결하도록 규정했을 것입니다. 창세기에서 요셉의 형들이 요셉을 노예 상인에게 팔 때 그의 몸값이 은 20냥이었습니다(창 37:28). 양 떼를 치는 목자를 고용했을 때 그에게 지불하는 품삯은 은 30개였습니다(슥 11:12). 아마도 당시 남자 종의 몸값은 은 30이었을 것입니다.

하지 않아서 어떤 남자나 여자를 죽게 하였으면, 그 소만 돌로 쳐서 죽일 것이 아니라, 그 임자도 함께 죽여야 한다. 30 그러나 피해자 가족이 원하면, 소 임자를 처형하는 대신에, 그에게 배상금을 물릴 수 있다. 그때에 그 배상금 액수는 재판관이 정한다. 31 또 소가 나이 어린 소년이나 소녀를 받아 죽게 하였을 경우에도, 그 소 임자에게 같은 법을 적용한다. 32 소가 남종이나 여종을 받아 죽게 하였으면, 소 임자는 그 종의 주인에게 은 삼십 세겔을 주고, 그 소는 돌로 쳐서 죽여야 한다.

33 ○ 어떤 사람이 구덩이를 열어놓거나, 구덩이를 파고 그것을 덮지 않아서, 소나 나귀가 거기에 빠졌을 경우에는, 34 그 구덩이의 임자는 짐승의 임자에게 그것을 돈으로 배상하여야 한다. 그러나 죽은 짐승은 구덩이 임자의 것이 된다.

35 ○ 어떤 사람의 소가 그 이웃의 소를 받아서 죽게 하였을 경우에는, 살아 있는 소는 팔아서 그 돈을 나누어 가지고, 죽은 소는 고기를 나누어 가진다. 36 그 소에게 받는 버릇이 있다는 것을 알면서도 그 임자가 단속하지 않았으면, 그는 반드시 살아 있는 소로 배상하고, 자기는 죽은 소를 가져야 한다."

{ 제22장 }

배상에 관한 법

1 "어떤 사람이 소나 양을 도둑질하여 그것을 잡거나 팔면, 그는 소 한 마리에는 소 다섯 마리로, 양 한 마리에는 양 네 마리로 갚아야 한다.

2 ○ 밤에 도둑이 몰래 들어온 것을 알고서, 그를 때려서 죽였을 경우에는, 죽인 사람에게 살인죄가 없다. 3 그러나 해가 뜬 다음에 이런 일이 생기면, 그에게 살인죄가 있다. (훔친 것은 반드시 물어내야 한다. 그가 가진 것이 아무것도 없으면, 자기 몸을 종으로 팔아서라도, 훔친 것은 물어내야 한다. 4 그가 도둑질한 짐승이 소든지 나귀든지 양이든지, 아직 산 채로 그의 손에 있으면, 그는 그것을 두 갑절로 물어주어야 한다.)

5 ○ 어떤 사람이 밭이나 포도원에서 집짐승을 풀어놓아서 풀을 뜯게 하다가, 이 집짐승이 남의 밭의 농작물을 모두 뜯어먹었으면, 그는 자기 밭의 가장 좋은 소출과 자기 포도원의 가장 좋은 소출로 그것을 물어주어야 한다.

어째서 3-4절은 괄호로 묶여 있습니까? 구약성경은 히브리어로 전해진 것을 각 나라의 말로 번역한 것입니다. 원래 히브리어 본문에는 장과 절을 알리는 기호도 없고, 당연히 마침표나 쉼표, 괄호 같은 것도 전혀 없습니다. 그런데 주후 4-6세기경 유대인들이 장과 절을 표기하는 기호를 부착했고, 중세 이후 등장한 번역 성경에서는 이를 숫자로 표시했습니다. 또 각 나라의 번역 성경마다 번역자의 판단에 따라 이런저런 문장부호가 들어갔습니다. 새번역 성경 역시 번역자들에 의해 이처럼 괄호 같은 것이 표기되었습니다. 번역자들은 이 부분이 도둑에 대한 부연 규례라고 여겨서 이렇게 괄호로 묶었다고 볼 수 있습니다.

6 ○ 불이 나서 가시덤불로 옮겨붙어서, 남의 낟가리나 거두지 않은 곡식이나 밭을 태웠으면, 불을 놓은 사람은 그것을 반드시 물어주어야 한다.

7 ○ 어떤 사람이 그 이웃에게 돈이나 물품을 보관하여달라고 맡겼는데, 그 맡은 집에 도둑이 들었을 때에, 그 도둑이 잡히면, 도둑이 그것을 갑절로 물어내야 한다. 8 그러나 도둑이 잡히지 않으면, 그 집 주인이 하나님 앞으로 나가서, 그 이웃의 물건에 손을 댔는지 안 댔는지를 판결받아야 한다.

9 ○ 소든지 나귀든지 양이든지 의복이든지, 그 밖의 어떤 분실물이든지, 그것을 서로 자기 것이라고 주장하는 사건이 생기면, 양쪽 다 하나님 앞으로 나아가야 하며, 하나님께 유죄판결을 받은 사람은 그 상대방에게 갑절로 물어주어야 한다.

10 ○ 어떤 사람이 그 이웃에게, 나귀든지 소든지 양이든지, 그밖의 어떤 집짐승이든지, 무엇이든지 지켜달라고 맡겼는데, 그것이 죽거나 다치거나 아무도 모르게 없어졌으면, 11 그것을 맡은 사람이 이웃의 짐승을 가로채지 않았음을 주 앞에서 맹세함으로써, 둘의 옳고 그름을 가려야 한다. 이 경우에 그 임자가 맹세를 받아들이면, 그는 물어내지 않아도 된다. 12 그러나

배상에 관한 법인데, 내용을 살펴보면 온통 가축에 관련된 규정들뿐입니다. 다른 재산에 관한 다툼은 어떻게 처리하죠? 고대 세계에서 재산은 땅과 가축, 사람이 전부일 것입니다. 사람과 관련된 규정은 이전 장에서 종에 대한 규례를 통해 다루었고, 땅과 농사에 대해서도 지금의 22장과 이전 장, 다음 장에서 군데군데 다루어집니다. 오늘날 우리가 사는 세상에서 가축은 대부분의 도시 사람과는 거리가 무척 멀어졌지만, 고대 세계에서는 그야말로 가족처럼 삶의 한 부분이었을 것입니다. 가축에 대한 규례의 원칙과 의도를 곰곰이 생각해보면 다른 재산에 대해서도 그에 따라 적용할 수 있었을 것입니다.

도둑맞은 것이 확실하면, 그는 그 임자에게 도둑맞은 것을 물어주어야 한다. 13 그것이 맹수에게 찢겨서 죽었으면, 그 증거물을 가져다주어야 하는데, 이 경우에 그는 그 찢겨서 죽은 것을 물어주지 않아도 된다.

14 ○ 어떤 사람이 그 이웃에게서 짐승을 빌려왔는데, 그것이 다치거나 죽을 때에, 그 임자가 그 자리에 함께 있지 않았으면, 그는 반드시 물어주어야 한다. 15 그러나 그 임자가 그 자리에 함께 있었으면, 그는 그 짐승을 물어주지 않아도 된다. 그 짐승이 세를 낸 것이면, 그 셋돈을 계산해서 주어야 한다."

도덕과 종교에 관한 법

16 ○ "어떤 사람이 아직 약혼하지 않은 처녀를 꾀어서 건드리면, 그는 반드시 신부의 몸값을 내고, 그 여자를 아내로 맞아들여야 한다. 17 그 여자의 아버지가 자기 딸을 그에게 절대로 주지 않겠다고 하면, 그는 처녀를 신부로 데려올 때에 내는 값에 해당하는 금액을 치러야 한다.

'맹세'가 면책의 근거가 되는 게(10-11절) 신기합니다. 맹세를 어떻게 신뢰하죠? 이러한 맹세는 '하나님 앞'(8-9절)에서 이루어집니다. 성전이나 성막에서 맹세가 이루어졌을 수도 있고, 지금 그 자리에서 이루어졌을 수도 있지만, 어디에서건 모든 맹세는 하나님 앞에서 행합니다. 그래서 이러한 사고는 나와 상대방 둘밖에 없는 것 같아 보여도 모든 순간, 모든 대화에 하나님께서 함께하신다는 믿음에 기반을 둡니다. 아무도 모른다고 해서 상대를 속이는 것은 단지 사람을 속이는 것이 아니라, 모든 대화에 말 없는 참여자이신 하나님을 속이는 것입니다. 욕심 때문에 거짓말을 하는 이도 있었겠지만, 구약의 신앙인들은 이렇게 속이는 자에게 하나님께서 친히 행하실 것이라 여겼습니다. 사람을 속일 수는 있지만, 하나님을 속일 수는 없습니다.

18 ○ 마술을 부리는 여자는 살려두어서는 안 된다.

19 ○ 짐승과 교접하는 자는 반드시 사형에 처하여야 한다.

20 ○ 주 밖의 다른 신에게 제사를 드리는 자는 반드시 없애야 한다.

21 ○ 너희는 너희에게 몸 붙여 사는 나그네를 학대하거나 억압해서는 안 된다. 너희도 이집트 땅에서 몸 붙여 살던 나그네였다. 22 너희는 과부나 고아를 괴롭히면 안 된다. 23 너희가 그들을 괴롭혀서, 그들이 나에게 부르짖으면, 나는 반드시 그들의 부르짖음을 들어주겠다. 24 나는 분노를 터뜨려서, 너희를 칼로 죽이겠다. 그렇게 되면, 너희 아내는 과부가 될 것이며, 너희 자식들은 고아가 될 것이다.

25 ○ 너희가 너희 가운데서 가난하게 사는 나의 백성에게 돈을 꾸어주었으면, 너희는 그에게 빚쟁이처럼 재촉해서도 안 되고, 이자를 받아도 안 된다. 26 너희가 정녕 너희 이웃에게서 겉옷을 담보로 잡거든, 해가 지기 전에 그에게 돌려주어야 한다. 27 그가 덮을 것이라고는 오직 그것뿐이다. 몸을 가릴 것이라고는 그것밖에 없는데, 그가 무엇을 덮고 자겠느냐? 그

'나그네'(21절)는 어떤 신분과 처지의 사람들을 가리킵니까? 나그네는 자신의 부모 형제가 살고 있는 고향이나 조국 땅을 떠나 남의 땅에서 사는 이들을 가리킵니다. 이집트와 메소포타미아의 양대 강국 사이에 끼여 있는 팔레스타인의 작은 나라들은 열강의 전쟁 통에 나라가 망해서 유민이나 나그네 신세가 되는 경우가 많았습니다. 기근과 같은 천재지변 역시 나그네를 대량으로 만들어내곤 했습니다. 이스라엘 또한 그들의 조상 아브라함이 갈대아 지방을 떠난 나그네였고, 이집트에서 나그네로 긴 세월을 살기도 했습니다. 그래서 하나님께서는 나그네가 억울한 일을 당하지 않도록 돌아보고 보살피는 것을 무척 강력하게 명령하십니다. 자신이 나그네였기에 나그네를 돌보고 안전하게 살도록 돕는 이들이 하나님의 백성입니다.

가 나에게 부르짖으면 자애로운 나는 들어주지 않을 수 없다.

28 ○ 너희는 하나님께 욕되는 말을 하거나, 너희 백성의 지도 자를 저주하지 못한다.

29 ○ 너희는 곡식을 거두거나 포도주를 빚거나 올리브기름을 짠 다음에는, 거기에서 얼마를 나에게 제물로 바쳐야 한다.

○ 너희는 맏아들들을 나에게 바쳐야 한다. 30 너희 소나 양도 처음 난 것은 나에게 바쳐야 한다. 처음 난 것들은, 이레 동안 은 어미와 함께 있게 하고, 여드렛날에는 나에게 바쳐야 한다.

31 ○ 너희는 나를 섬기는 거룩한 백성이다. 그러므로 너희는 들에서 맹수에게 찢겨서 죽은 짐승의 고기를 먹어서는 안 된 다. 그런 것은 개에게나 던져주어라."

겉옷에 무슨 담보 가치가 있을까요? 또 굳이 해가 지기 전에 돌려주어야 할 이유는 무얼까요?(26절) 여기서 다루어지는 겉옷은 외투이면서 밤에 덮고 자는 이불 역할 을 하기도 했습니다. 그런 점에서 겉옷은 생활필수품이라고 할 수 있습니다. 그렇기 에 빌린 돈을 꼭 갚게 만드는 담보로 제 역할을 할 수 있는 물건이지만, 이 구절에서 보듯 하나님께서는 밤이 되면 돈을 빌린 가난한 자에게 외투를 돌려주라고 명하십니 다. 가난한 자가 밤에 덮고 잘 수 있도록 말이지요. 돈을 빌려주었으니 갚을 때까지 차압하는 것이 당연하지만, 하나님께서는 가난한 자의 곤경을 그냥 보시는 분이 절 대 아닙니다. 가난한 자의 기본적인 생존을 위협하면서까지 사유재산의 권리를 내세 우는 것은 허용하지 않으십니다.

제23장

정의와 복지에 관한 법

1 "너희는 근거 없는 말을 해서는 안 된다. 거짓 증언을 하여 죄인의 편을 들어서는 안 된다. 2 다수의 사람들이 잘못을 저지를 때에도 그들을 따라가서는 안 되며, 다수의 사람들이 정의를 굽게 하는 증언을 할 때에도 그들을 따라가서는 안 된다. 3 너희는 또한 가난한 사람의 송사라고 해서 치우쳐서 두둔해서도 안 된다.

4 ○ 너희는 원수의 소나 나귀가 길을 잃고 헤매는 것을 보거든, 반드시 그것을 임자에게 돌려주어야 한다. 5 너희가 너희를 미워하는 사람의 나귀가 짐에 눌려서 쓰러진 것을 보거든, 그것을 그대로 내버려두지 말고, 반드시 임자가 나귀를 일으켜 세우는 것을 도와주어야 한다.

6 ○ 너희는 가난한 사람의 송사라고 해서 그에게 불리한 판결을 내려서는 안 된다. 7 거짓 고발을 물리쳐라. 죄 없는 사람과

1-9절은 강제할 방법이 없는 선언적인 규정에 지나지 않는다는 생각이 듭니다. 실제 현실에서는 훨씬 더 세부적이고 구체적인 법령이나 규칙이 필요할 것입니다. 지금 우리가 보고 있는 이 '언약의 책'은 꽤 세부적인 내용도 포함하고 있지만, 대체로는 하나님 백성으로 살아가는 삶의 기본 정신과 원칙을 서술합니다. 오늘 우리로 치면 헌법과 비슷한 기능을 하는 셈이지요. 그런데 이 규례에 가난한 자와 나그네를 억울하게 만들거나 그들의 곤경을 이용해 이익을 추구해서는 안 된다는 내용이 빈번하게 있다는 점에 주목할 필요가 있습니다. 즉 하나님과 언약을 맺은 공동체는 철저하게 약자 중심의 세상, 가난한 자와 함께 살아가는 세상을 추구하는 것임을 보여줍니다. 사실 우리 사는 세상을 지키는 것도 세밀하게 만들어진 법과 처벌 규정이 아니라, 어떤 세상과 어떤 가치를 추구하는지 공감대가 확산되는 것이 더 중요하지 않습니까?

의로운 사람을 죽여서는 안 된다. 나는 악인을 의롭다고 하지 않기 때문이다. 8 너희는 뇌물을 받아서는 안 된다. 뇌물은 사람의 눈을 멀게 하고, 의로운 사람의 말을 왜곡시킨다.

9 ○ 너희는 너희에게 몸 붙여 사는 나그네를 억압해서는 안 된다. 너희도 이집트 땅에서 나그네로 몸 붙여 살았으니, 나그네의 서러움을 잘 알 것이다."

안식년과 안식일에 관한 법

10 ○ "너희는 여섯 해 동안은 밭에 씨를 뿌려서, 그 소출을 거두어들이고, 11 일곱째 해에는 땅을 놀리고 묵혀서, 거기서 자라는 것은 무엇이나 가난한 사람들이 먹게 하고, 그렇게 하고도 남은 것은 들짐승이 먹게 해야 한다. 너희의 포도밭과 올리브밭도 그렇게 해야 한다.

12 ○ 너희는 엿새 동안 일을 하고, 이렛날에는 쉬어야 한다. 그래야 너희의 소와 나귀도 쉴 수 있을 것이며, 너희 여종의 아들과 몸 붙여 사는 나그네도 숨을 돌릴 수 있을 것이다. 13 너희는 내가 너희에게 말한 모든 것을 지켜야 한다. 그리고 너

일곱째 해에 통째로 생산 활동을 멈추면(10-11절), 당장 생계는 어떻게 이어가나요? 만나를 날마다 그날 먹을 만큼만 주되 안식일 전날에는 이틀치를 모으게 하셨듯이, 하나님께서 여섯째 해에는 더 많은 수확을 주실 것입니다(레 25:20-21). 무엇보다도 사람에게 양식이 필요하다는 것을 아시는 하나님이라면, 이스라엘을 약속의 땅으로 인도하시는 하나님이라면 당연한 우리의 필요를 꼭 채우실 것입니다. 사람을 살게 하는 것은 그저 양식이 아니라 하나님이십니다. 이러한 하나님을 신뢰할 때, 일곱째 해에는 농사를 쉬고 그 땅에서 저절로 자라난 것은 가난한 이들이 먹게 할 수 있습니다. 하나님을 신뢰하면 가난한 자와 함께 나누는 것이 가능해집니다.

희는 다른 신들의 이름을 기억해서는 안 되며, 입 밖에 내서도
안 된다."

세 가지 큰 절기에 관한 법(출 34:18-26; 신 16:1-17)

14 ○ "너희는 한 해에 세 차례 나의 절기를 지켜야 한다. 15 너
희는 무교절을 지켜야 한다. 내가 너희에게 명한 대로, 아빕월
의 정해진 때에, 이레 동안 누룩을 넣지 않은 빵을 먹어야 한
다. 너희가 그때에 이집트에서 나왔기 때문이다.

○ 너희는 빈손으로 내 앞에 나와서는 안 된다.

16 ○ 너희는 너희가 애써서 밭에 씨를 뿌려서 거둔 곡식의 첫
열매로 맥추절을 지켜야 한다. 또한 너희는 밭에서 애써 가꾼
것을 거두어들이는 한 해의 끝 무렵에 수장절을 지켜야 한다.

17 너희 가운데 남자들은 모두 한 해에 세 번 주 하나님 앞에
나와야 한다.

18 ○ 너희는 나에게 바치는 희생제물의 피를 누룩 넣은 빵과
함께 바쳐서는 안 된다. 그리고 절기 때에 나에게 바친 기름을

세상만물이 하나님의 것이라면, 굳이 예물을 들고 오라(15절)고 하는 까닭은 무엇입
니까? 내게 있는 것 가운데 일부를 하나님께 드리는 것은 내게 있는 것이 다 내 것
이 아님을 기억하는 행동이며, 하나님께서 주셨음을 기억하고 감사하는 행동입니다.
하나님의 것임을 기억할 때 이웃과 함께 나눌 수도 있습니다. 그리고 이렇게 바친 예
물은 하나님께서 그날 밤에 내려와 모두 가져가시는 것이 아니라, 제사 업무를 주관
하며 돕는 제사장과 레위 사람의 몫이 됩니다. 나중에 모든 이스라엘 가족에게 땅을
나눠주는데, 제사장과 레위 사람은 제외됩니다. 그 대신 사람들이 하나님께 드린 예
물이 제사장의 몫이 됩니다. 그러므로 예물은 내 것에 집착하지 않기, 이웃과 함께
살기, 감사하며 살기를 연습하고 훈련하며 실천하는 행동입니다.

다음 날 아침까지 남겨두어서도 안 된다.

19 ○ 너희는 너희 땅에서 난 첫 열매 가운데서 제일 좋은 것을 주 너희 하나님의 집으로 가져와야 한다.

○ 너희는 새끼 염소를 그 어미의 젖으로 삶아서는 안 된다."

약속과 지시

20 ○ "이제 내가 너희 앞에 한 천사를 보내어 길에서 너희를 지켜주며, 내가 예비하여둔 곳으로 너희를 데려가겠다. 21 너희는 삼가 그 말에 순종하며, 그를 거역하지 말아라. 나의 이름이 그와 함께 있으므로, 그가 너희의 반역을 용서하지 않을 것이다.

22 ○ 너희가 그의 말에 절대 순종하여, 내가 명하는 모든 것을 따르면, 내가 너희의 원수를 나의 원수로 여기고, 너희의 대적을 나의 대적으로 여기겠다.

23 ○ 나의 천사가 너희 앞에서 너희를 아모리 사람과 헷 사람과 브리스 사람과 가나안 사람과 히위 사람과 여부스 사람이

하나님은 왜 다른 민족을 전멸시키겠다고 약속하고(23절) 그들과 언약을 맺지 말라고(32절) 요구할까요? 평화보다 전쟁을 좋아하나요? 구약성경의 배경은 지금으로부터 수천 년 전 시대라는 점, 그리고 소수의 전쟁광을 제외한 대부분의 사람은 전쟁보다 평화를 원한다는 점을 유념하고, 본문과 같은 구약성경에 나오는 하나님의 전쟁에 대해 곰곰이 생각해볼 필요가 있습니다. 강제 노동으로 신음하는 노예를 건져낼 때 그들을 보내지 않으려는 이집트를 치신 하나님을 기억한다면, 이제 하나님께서 어떤 민족을 멸하시는 것은 그들의 죄와 악에 대한 심판이라 보는 것이 타당하겠지요. 그들과 언약을 맺지 말라는 명령 역시 그렇게 하늘 무서운 줄 모르고 악을 행하는 관습과 관행에 물들지 말 것에 대한 강력한 경고로 이해할 수 있습니다.

있는 곳으로 인도할 것이다. 내가 그들을 전멸시키겠다. 24 너희는 그들의 신들에게 엎드려서 절을 하여 섬기지 말 것이며, 그들의 종교적인 관습을 본받지 말아라. 신상들을 다 부수고, 그들이 신성하게 여기던 돌기둥들을 깨뜨려버려라. 25 너희는 주 너희 하나님 나만을 섬겨야 한다. 그러면 내가 너희에게 복을 내려, 빵과 물을 주겠고, 너희 가운데서 질병을 없애겠다. 26 너희 땅에 낙태하거나 임신하지 못하는 여자가 없을 것이며, 내가 너희를 너희 수명대로 다 살게 하겠다.

27 ○ 내가 나의 위엄을 너희보다 앞에 보내어, 너희가 만날 모든 백성을 혼란에 빠뜨리고, 너희 모든 원수가 돌아서서 달아나게 하겠다. 28 내가 말벌을 너희보다 앞질러 보내어, 히위 사람과 가나안 사람과 헷 사람을 너희 앞에서 쫓아내겠다.

29 ○ 그러나 나는, 땅이 황폐하여지고 들짐승이 많아질까 염려되므로, 한 해 안에 그들을 너희 앞에서 다 쫓아내지는 않겠다. 30 나는 너희가 번성하여 그 땅을 너희의 소유로 차지할 때까지, 그들을 너희 앞에서 조금씩 쫓아내겠다. 31 내가 너희 땅 경계를 홍해에서 블레셋 바다까지, 광야에서 유프라테스강까지로 정하고, 그 땅에 사는 사람들을 너희 손에 넘겨줄 터이니, 너희

하나님의 위엄을 먼저 보낸다(27절)는 건 무슨 뜻인가요? '위엄'에 해당하는 히브리어는 다르게 표현하면 놀라움, 두려움 같은 말로도 옮길 수 있습니다. 하나님께서 '놀라움' 혹은 '두려움'을 먼저 그 땅 백성에게 보내신다는 말은 이스라엘이 약속의 땅에 다다르기도 전에 이미 그 땅 백성들이 이스라엘을 두려워하도록 만드시겠다는 의미입니다. 20절부터 살펴보면 하나님께서 이스라엘보다 먼저 보내시는 존재로 천사(20절), 위엄(27절), 말벌(28절)을 언급합니다. 이와 같은 언급은 하나님께서 이스라엘이 걷는 모든 길을 미리 살피고 지키며 보호하실 것을 강조한 문학적인 표현이라 볼 수 있습니다.

가 그들을 쫓아내어라. 32 너희는 그들과 언약을 맺지 말아라. 그들의 신들과도 언약을 맺지 말아라. 33 너희는 그들을 너희 땅에서 살지 못하게 하여라. 그렇게 하지 않으면, 그들이 너희를 유혹하여 나에게 죄를 짓게 할까 염려가 된다. 너희가 그들의 신들을 섬기면, 그것이 너희를 잡는 덫이 될 것이다."

{ 제24장 }

시내산에서 언약을 맺다

1 주님께서 모세에게 말씀하셨다. "너는 아론과 나답과 아비후와 이스라엘의 장로 일흔 명과 함께 나 주에게로 올라와, 멀찍이 엎드려서 나를 경배하여라. 2 모세 너 혼자서만 나 주에게로 가까이 나아오고, 그들이 나에게 가까이 와서는 안 된다. 백성은 너와 함께 올라오지 않게 하여라."
3 ○ 모세가 내려와서 백성에게 주님의 말씀과 법규를 모두 전

하나님이 '언약의 책'(7절)을 주셨다는 건 약속을 문서로 만들어 전달해주었다는 말인가요? 4절을 보면 모세는 주님께서 이르신 모든 말씀을 기록했다고 되어 있습니다. 이에 따르면, 20장부터 23장까지의 내용을 모세가 하나님께서 이르시는 대로 기록한 것이 언약의 책이겠지요. 물론 모세의 시대에는 오늘날과 같은 형태의 '책'은 존재하지 않았습니다. 아마도 모세는 흙을 얇게 펴서 구운 토판이나 돌 같은 것에 기록했을 것입니다. 구약성경에서 책에 관한 언급이나 무엇을 기록했다는 언급이 나오면 그것은 지금 다루는 주제가 지금 한 순간의 것이나 곧 사라질 것이 아니라 오래도록 변치 않고 견고하게 존재할 것임을 말하려는 의도에서 비롯됩니다. 하나님과 그분의 백성 사이의 언약은 이처럼 변치 않고 견고합니다.

하니, 온 백성이 한목소리로 주님께서 명하신 모든 말씀을 지키겠다고 대답하였다.

4 ○ 모세는 주님의 모든 말씀을 기록하고, 아침 일찍 일어나서, 산기슭에 제단을 쌓고, 이스라엘의 열두 지파를 따라 기둥 열두 개를 세웠다. 5 그는 이스라엘 자손들 가운데서 젊은이들을 보내어, 수송아지들을 잡아 주님께 번제를 올리게 하고, 화목제물을 드리게 하였다. 6 모세는 그 피의 절반은 그릇에 담아놓고, 나머지 절반은 제단에 뿌렸다. 7 그리고 그가 '언약의 책'을 들고 백성에게 낭독하니, 그들은 "주님께서 명하신 모든 말씀을 받들어 지키겠다"고 말하였다. 8 모세는 피를 가져다가 백성에게 뿌리며 말하였다. "보십시오, 이것은 주님께서 이 모든 말씀을 따라, 당신들에게 세우신 언약의 피입니다."

9 ○ 모세는 아론과 나답과 아비후와 이스라엘의 장로 일흔 명과 함께 올라갔다. 10 거기에서, 그들이 이스라엘의 하나님을 보니, 그 발아래에는 청옥을 깔아놓은 것 같으며, 그 맑기가 하늘과 꼭 같았다. 11 주님께서는 이스라엘의 지도자들을 손으

언약을 세우는 대목에도 유월절처럼 피가 등장합니다(8절). 피를 뿌리는 데는 어떤 의미가 있습니까? 피는 생명을 상징합니다. 제물로 잡은 가축에서 피의 절반은 제단에 뿌렸고, 나머지 절반은 백성에게 뿌렸습니다. 제단은 하나님께 제물을 바치는 곳이니 하나님을 상징합니다. 그러므로 피를 제단에 뿌리고 백성에게 뿌렸다는 것은 언약에 참여하는 양쪽 당사자에게 피를 뿌렸음을 나타냅니다. 하나님과 그 백성이 이처럼 생명을 상징하는 피를 뿌리며 언약에 참여합니다. 그러므로 언약을 지키지 않을 경우 생명이 위태로워질 것입니다. 하나님과의 언약은 이처럼 우리 삶의 전부를 내어놓는 것입니다. 그리고 하나님 역시 그분의 능력을 따라 그 백성을 반드시 지키고 보호하실 것입니다.

로 치지 않으셨으므로, 그들이 하나님을 뵈며 먹고 마셨다.

시내산에서 사십 일을 보내다

12 ○ 주님께서 모세에게 말씀하셨다. "너는 내가 있는 산으로 올라와서, 여기에서 기다려라. 그러면 내가 백성을 가르치려고 몸소 돌판에 기록한 율법과 계명을 너에게 주겠다." 13 모세가 일어나서, 자기의 부관 여호수아와 함께 하나님의 산으로 올라갔다. 14 올라가기에 앞서, 모세는 장로들에게 일러두었다. "우리가 여러분에게 돌아올 때까지 여기에서 우리를 기다리고 있으십시오. 아론과 훌이 여러분과 함께 있을 것이니, 문제가 있는 사람은 누구든지 그들에게로 가게 하십시오."

15 ○ 모세가 산에 오르니, 구름이 산을 덮었다. 16 주님의 영광이 시내산 위에 머무르고, 엿새 동안 구름이 산을 뒤덮었다. 이렛날 주님께서 구름 가운데서 모세를 부르셨다. 17 이스라엘 자손의 눈에는 주님의 영광이 마치 산꼭대기에서 타오르는 불처럼 보였다. 18 모세는 구름 가운데를 지나, 산 위로 올라가서, 밤낮 사십 일을 그 산에 머물렀다.

돌판 이야기는 여기서 뚝 끊어지고 다음 장에는 예물 이야기가 나옵니다. 돌판에 적힌 '율법과 계명'의 내용은 비밀인가요? 12절에 하나님께서 모세에게 율법과 계명을 기록한 돌판을 주겠다고 말씀하셨고, 31장 18절에 그러한 판을 주셨다고 나옵니다. 그리고 모세는 그 돌판을 들고 산 아래 백성들에게 내려옵니다. 돌판에 기록된 율법과 계명은 하나님께서 그 백성들에게 주신 그분의 말씀을 상징합니다. 이제 25장부터 31장까지는 성막 건설에 대한 내용이 이어집니다. 성막은 이스라엘 가운데 거하시는 하나님을 상징합니다. 돌판으로 상징되는 하나님의 말씀, 그리고 성막으로 상징되는 하나님의 임재와 동행이 출애굽기 절반의 중심 주제입니다.

{ 제25장 }

성소를 지을 예물

1 주님께서 모세에게 말씀하셨다. 2 "너는 이스라엘 자손에게 말하여, 나에게 예물을 바치게 하여라. 누가 바치든지, 마음에서 우러나와 나에게 바치는 예물이면 받아라. 3 그들에게서 받을 예물은 이러하니, 곧 금과 은과 동과 4 청색 실과 자주색 실과 홍색 실과 가는 모시실과 염소 털과 5 붉게 물들인 숫양 가죽과 돌고래 가죽과 아카시아나무와 6 등잔용 기름과 예식용 기름에 넣는 향품과 분향할 향에 넣는 향품과 7 에봇과 가슴받이에 박을 홍옥수와 그 밖의 보석들이다.

8 ○ 내가 그들 가운데 머물 수 있도록, 그들에게 내가 머물 성소를 지으라고 하여라. 9 내가 너에게 보여주는 모양과 똑같은 모양으로 성막과 거기에서 쓸 모든 기구를 만들어라."

하나님은 어디나 있는 분인데, 굳이 '성소'를 지으라 한 까닭은 무엇입니까? 하나님께서 어디에나 계신다는 지극히 당연한 사실은 종종 내가 너무 어렵고 힘들 때는 정작 내 곁에는 계시지 않더라는 쓰라린 이야기로 이어지기도 합니다. 어디에나 계신다의 핵심은 바로 지금을 포함해 언제나 나와 동행하며 함께 걸으시는 하나님입니다. 성소는 하나님께서 거하시는 처소입니다. 동물 가죽을 사용한 '천막'으로 덮어서, 이 성소는 '성막'이라고도 불립니다. 그런데 이 성막의 중요한 부분은 모두 고리가 달려 있습니다(14-15, 26-27절). 이것은 성막이 애초부터 이동식으로 만들어졌다는 의미입니다. 하나님의 처소는 한곳에 고정되지 않고 백성들이 걸어가는 길 어디든 함께 이동합니다. 그래서 성막은 그 자체가 특별한 것이 아니라, 백성과 동행하시는 하나님을 보여주는 시각 자료라고 할 수 있습니다.

언약궤 모형(출 37:1–9)

10 ○ "아카시아나무로, 길이가 두 자 반, 너비가 한 자 반, 높이가 한 자 반 나가는 궤를 만들어라. 11 순금으로 그 안팎을 입히고, 그 둘레에는 금테를 둘러라. 12 금고리 네 개를 만들어서 그 밑의 네 모퉁이에 달되, 한쪽에 고리 두 개, 다른 한쪽에 고리 두 개를 달아라. 13 그리고 아카시아나무로 채를 만들어서 금을 입혀라. 14 그 채를 궤의 양쪽 고리에 끼워서 궤를 멜 수 있게 하고, 15 그 채들을 궤의 고리에 그대로 두고, 거기에서 빼내지 말아라. 16 내가 너에게 줄 증거판을 그 궤 속에 넣어두어라.

17 ○ 순금으로, 길이가 두 자 반, 너비가 한 자 반인 속죄판을 만들어라. 18 금을 두들겨서 그룹 두 개를 만들고, 그것들을 속죄판의 양쪽 끝에 각각 자리 잡게 하여라. 19 그룹 하나는 이쪽 끝에 또 다른 하나는 그 맞은쪽 끝에 자리 잡게 하되, 속죄판과 그 양끝에 있는 그룹이 한 덩이가 되도록 하여라. 20 그룹들은 날개를 위로 펴서 그 날개로 속죄판을 덮게 하고, 그룹의 얼굴들은 속죄판 쪽으로 서로 마주 보게 하여라. 21 너는 그 속죄판을 궤 위에 얹고, 궤 안에는 내가 너에게 줄 증거판을

속죄판(17절)의 쓰임새가 궁금합니다. 순금 판이 어떻게 죄를 씻어줄 수 있습니까? '속죄판'은 궤의 윗부분에 놓고 궤를 덮는 일종의 덮개라고 할 수 있습니다. 이스라엘 전체를 위해 정결을 구하며 드리는 속죄제에서 바친 제물의 피를 이곳 속죄판에 뿌립니다. 속죄제사의 제물의 피가 뿌려진다는 점에서 이 판을 속죄판이라 불렀을 것으로 여겨집니다. 순금 판이 죄를 씻는 것이 아니라 하나님의 명령대로 드리는 제사와 제물의 피를 통해 하나님께서 죄 사함을 선언하십니다. 이 역시 제물의 피로 인해 죄 사함이 이루어지는 것처럼 보이지만, 피를 뿌리는 것은 어디까지나 상징일 뿐 죄 사함의 진정한 주체는 오직 하나님이십니다.

넣어두어라. 22 내가 거기에서 너를 만나겠다. 내가 속죄판 위 곧 증거궤 위에 있는 두 그룹 사이에서, 이스라엘 자손에게 명할 모든 말을 너에게 일러주겠다."

하나님께 차리는 상(출 37:10-16)

23 ○ "아카시아나무로, 길이가 두 자, 너비가 한 자, 높이가 한 자 반인 상을 만들어서, 24 순금으로 입히고, 둘레에는 금테를 둘러라. 25 그리고 손바닥 너비만 한 턱을 만들어 상 둘레에 붙이고, 그 턱의 둘레에도 금테를 둘러라. 26 금고리 넷을 만들어서, 이 고리를 상다리가 붙어 있는 네 모퉁이에 각각 하나씩 붙여라. 27 그 고리들을 턱 곁에 달아서, 상을 운반하는 데 쓰는 채를 끼워 넣을 수 있게 하여라. 28 그 채는 아카시아나무로 만들고, 거기에 금을 입혀서, 그것으로 상을 운반하게 하여라. 29 상에 올려놓을 대접과 종지와 부어 드리는 제물을 담을 병과 잔을 만들어라. 이것들은 순금으로 만들어야 한다. 30 그 상은 언약궤 앞에 놓고, 상 위에는 나에게 바치는 거

22절에 나오는 '증거궤'란 무엇입니까? 나무상자 같은 건가요? 어디에 쓰는 물건인가요? '궤'라는 말에서 짐작할 수 있듯이, 증거궤는 상자입니다. 증거궤 안에는 이제 하나님께서 모세에게 주실 율법과 계명을 기록한 돌판을 보관할 겁니다(16절). 그리고 광야에서 이스라엘에게 내렸던 양식인 만나 한 오멜도 기념으로 넣어두었습니다(16:33-34). 만나와 증거판은 하나님께서 그 백성에게 주시는 육의 양식과 영의 양식 모두를 상징합니다. 속죄판 위에는 두 그룹 조각이 새겨져 있습니다(25:18). 속죄판 위 두 그룹 사이에 하나님께서 내려오셔서 거기에서 이스라엘 백성에게 말씀하실 것이라고 되어 있습니다(22절). 그래서 증거궤는 그 백성과 함께하시는 하나님의 동행, 그분이 주시는 생명의 양식을 상징합니다.

룩한 빵을 항상 놓아두도록 하여라."

등잔대 모형(출 37:17-24)

31 ○ "순금을 두들겨서 등잔대를 만들어라. 등잔대의 밑받침
과 줄기와 등잔과 꽃받침과 꽃을 하나로 이어놓아라. 32 등잔
대의 줄기 양쪽에서 곁가지 여섯 개가 나오게 하였는데, 등잔
대 한쪽에서 곁가지 세 개, 또 다른 한쪽에서도 곁가지 세 개
를 나오게 하여라. 33 등잔대의 각 곁가지는 꽃받침과 꽃잎을
갖춘 감복숭아꽃 모양 잔 세 개를 연결하여 만들고, 그 맞은쪽
곁가지도 꽃받침과 꽃잎을 갖춘 감복숭아꽃 모양 잔 세 개를
연결하여 만들어라. 등잔대의 줄기에서 나온 곁가지 여섯 개
를 모두 이와 같이 만들어라. 34 등잔대 줄기는 꽃받침과 꽃잎
을 갖춘 감복숭아꽃 모양 잔 네 개를 쌓아놓은 모양으로 만들
어라. 35 그리고 등잔대의 맨 위에 있는 좌우 두 곁가지가 줄
기에서 뻗어날 때에는, 밑에서 세 번째에 놓인 꽃받침에서 뻗
어나게 하고, 그 아래에 있는 좌우 두 곁가지가 줄기에서 뻗어
날 때에는, 밑에서 두 번째에 놓인 꽃받침에서 뻗어나게 하고,

'순금 한 달란트'(39절)는 어느 정도의 양입니까? 고대 이스라엘에서 가장 작은 무
게 단위는 '게라'이며, 20게라가 한 세겔, 60세겔은 한 마네입니다(겔 45:12). 그리
고 60마네가 한 달란트인 것으로 여겨집니다. 각각의 단위가 모두 지금으로부터
아주 오래된 시절에 쓰이던 것이라 오늘날에 그 정확한 무게를 알기는 어렵습니
다. 이를 추정한 무게도 사람들마다 다소 차이가 있어서 확정할 수는 없지만, 한 달
란트의 무게가 적게는 30kg에서 많게는 58.9kg 정도였을 것이라는 견해도 있습니
다. 편의상 대략 30-40kg 정도였다고 생각할 수 있습니다.

그리고 맨 아래에 있는 좌우 두 곁가지가 줄기에서 뻗어날 때에는, 맨 아래에 놓인 꽃받침에서 뻗어나게 하여, 여섯 곁가지를 줄기와 연결시켜서 한 덩이를 만들어라. 이렇게 등잔대의 줄기에서 좌우로 곁가지가 나오게 하여라. 36 등잔대 줄기의 꽃받침에 연결된 곁가지들은 모두 순금을 두들겨 만들되, 전체를 하나로 이어놓아라. 37 등잔 일곱 개를 만들어서, 그것을 등잔대 위에 올려놓아, 앞을 밝게 비추도록 하여라. 38 등잔불 집게와 불똥 그릇도 순금으로 만들어라. 39 등잔대와 이 모든 기구를 순금 한 달란트로 만들어라. 40 이 모든 것을, 내가 이 산에서 너에게 보여준 모양 그대로 만들도록 하여라."

{ 제26장 }

성막(출 36:8-38)

1 "열 폭으로 성막을 만들어라. 그 천은, 가늘게 꼰 모시실과 청색 실과 자주색 실과 홍색 실로, 그룹을 정교하게 수놓아 짠 것이라야 한다. 2 각 폭의 길이는 스물여덟 자로 하고, 너비는 넉 자로 하되, 폭마다 그 치수를 모두 같게 하여야 한다. 3 먼저 다섯 폭을 옆으로 나란히 이어 한 벌을 만들고, 또 다른 다섯 폭도 옆으로 나란히 이어 한 벌을 만들어야 한다. 4 그러고 나서, 나란히 이은 천의 한쪽 가장자리의 폭에 청색 실로 고를 만들고, 나란히 이은 다른 한쪽 가장자리의 폭에도 이와 같이 하여, 서로 맞물릴 수 있게 하여야 한다. 5 서로 맞물릴 두 벌 끝 폭 가장자리에 만들 고의 수는 각각 쉰 개이다. 그 고들을 서로 마주보게 하여라. 6 그리고 금으로 갈고리 쉰 개를 만들어야 한다. 이 갈고리로 두 벌 천을 서로 이어, 한 성막을 이루게 하여라.

7 ○ 성막 위에 덮을 천막은 염소 털로 짠 열한 폭 천으로 만들

'그룹'(1절)은 무얼 가리키는 말입니까? 그룹은 하나님께서 동원하시는 천상의 존재를 가리킵니다. 흔히 천사라고 뭉뚱그려 말하지만, 천사 가운데는 그룹도 있고, 스랍(사 6:2)도 있습니다. 특히 하나님께서 그룹으로 이루어진 수레를 타고 이동하신다는 언급이 구약성경에 있습니다(삼하 22:11; 시 18:10). 또 에스겔서에서는 하나님의 영광이 그룹 위에 머물러 이동하시는 모습을 여러 번 언급합니다(겔 10:4, 16, 18-19; 11:22). 성막 안에 있는 증거궤에 얹어놓은 속죄판 위에 그룹을 조각해둔 것 또한 이와 연관될 것입니다. 그래서 하나님께서는 그룹 위에 앉으신다고 빈번히 표현됩니다(왕하 19:15; 시 80:1; 99:1; 사 37:16). 성막을 덮는 천막에 그룹이 수놓아진 것 역시 하나님께서 머무시는 곳이라는 생각에서 비롯되었을 것입니다.

어야 한다. 8 각 폭의 길이는 서른 자로 하고, 너비는 넉 자로 하되, 열한 폭의 치수를 모두 같게 하여야 한다. 9 다섯 폭을 따로 잇고, 나머지 여섯 폭도 따로 이어야 한다. 그리고 여섯 번째 폭은 천막 앞쪽으로 반을 접어서 올려야 한다. 10 다섯 폭으로 이은 천의 가장자리에 고 쉰 개를 만들고, 여섯 폭을 이은 천의 가장자리에도 고 쉰 개를 만들어라. 11 또 놋쇠 갈고리 쉰 개를 만들고, 그 갈고리를 양쪽 고에 마주 걸어서, 한 천막을 만들어라. 12 그리고 여분으로 남아 있는 천막 반 폭은 성막 뒤로 늘어뜨려라. 13 천막 폭 너비에서 양쪽으로 한 자씩 남아 있는 것은, 성막 양옆으로 늘어뜨려서 성막을 덮게 하여라.

14 ○ 천막 덮개를 두 개 더 만들어라. 하나는 붉게 물들인 숫양 가죽으로 만들고, 그 위에 덮을 또 다른 덮개는 돌고래 가죽으로 만들어라.

15 ○ 성막을 세울 널빤지는 아카시아나무로 만들어라. 16 각 널빤지는, 길이를 열 자, 너비를 한 자 반으로 하고, 17 널빤지 마다 거기에 촉꽂이 두 개를 만들어, 서로 잇대어 세워라. 너는 성막의 모든 널빤지를 이와 같이 만들어라. 18 성막의 남쪽 벽면에 세울 널빤지는 스무 개를 만들어라. 19 그 스무 개나 되

'자'라는 단위가 반복되는데, 미터법으로 환산하면 얼마나 될까요? 다른 우리말 번역 성경에서 '규빗'이라 옮긴 것을 새번역 성경은 모두 '자'라고 옮겼습니다. 고대 이스라엘의 길이 단위인 규빗은 팔꿈치에서부터 가운뎃손가락 끝까지의 길이를 가리키며, 대략 45cm로 추측됩니다. 그런데 고대에도 규빗의 길이가 조금씩 달랐던 것 같습니다. '보통 자'(신 3:11)라는 표현이나, '옛날에 쓰던 자'(대하 3:3) 같은 표현은 시간이 흐르면서 '자'나 '규빗'의 기준이 달라졌음을 보여줍니다. 에스겔서에서는 일반적인 규빗에 손바닥 하나만큼의 길이를 더한 것을 한 규빗으로 보기도 합니다(겔 43:13). 이 경우 대략 52cm 정도가 한 규빗이 됩니다.

는 널빤지 밑에 받칠 밑받침은 은으로 마흔 개를 만들어라. 널빤지마다 그 밑에 촉꽂이를 꽂을 밑받침을 두 개씩 만들어라. 20 그리고 그 반대쪽인 성막의 북쪽 벽면에 세울 널빤지는 스무 개를 만들어라. 21 밑받침 마흔 개를 은으로 만들되, 널빤지마다 그 밑에 받칠 밑받침을 두 개씩 만들어라. 22 성막 뒤쪽인 서쪽 벽면에 세울 널빤지는 여섯 개를 만들어라. 23 성막 뒤쪽의 두 모퉁이에 세울 널빤지는 두 개를 만들어라. 24 두 모퉁이에 세울 이 널빤지들은 밑에서부터 꼭대기까지 겹으로 세워서, 완전히 한 고리로 연결하여라. 그 두 모퉁이를 다 이와 같이 하여라. 25 그러면 그것은 여덟 개의 널빤지에, 널빤지마다 그 밑에 밑받침이 두 개씩이니, 은 밑받침은 모두 열여섯 개가 될 것이다.

26 ○ 아카시아나무로 가로다지를 만들어라. 성막 한쪽 옆벽의 널빤지에 다섯 개, 27 성막의 다른 한쪽 옆벽의 널빤지에 다섯 개, 서쪽에 해당하는 성막 뒷벽의 널빤지에 다섯 개를 만들어라. 28 널빤지들의 가운데에 끼울 중간 가로다지는 이쪽 끝에서 저쪽 끝까지 미치게 하여야 한다. 29 널빤지에는 금을 입히고, 가로다지를 꿸 고리를 금으로 만들어라. 또 가로다지

황량한 광야에서 널빤지를 만들 만큼 굵은 아카시아나무(15절)를 어떻게 구했을까요? 여기에 언급된 나무는 오늘날의 아카시아나무와 완전히 동일하지는 않지만, 아마 그와 비슷한 나무일 것입니다. 이 나무는 시내 반도와 같은 광야에서 잘 자라는 나무라고 추측할 수 있습니다. 그렇기에 성막의 중요한 물품들이 아카시아나무로 만들어졌을 것입니다. 만일 팔레스타인 땅에서 성막을 만들었다면 어쩌면 백향목 같은 것으로 만들었을 수도 있습니다. 관건은 구하기 쉽고 흔히 볼 수 있는 나무로 만들었다는 점입니다. 하나님께서 이스라엘 백성과 함께하심을 상징하는 것이 성막이므로, 가장 쉽게 구할 수 있는 나무로 만드는 것이 당연하겠지요.

에도 금을 입혀라. 30 성막은 내가 이 산에서 너에게 보여준 규격대로 세워라.

31 ○ 청색 실과 자주색 실과 홍색 실과 가늘게 꼰 모시실로 휘장을 짜고, 그 위에 그룹을 정교하게 수를 놓아라. 32 휘장을 아카시아나무로 만든 네 기둥 위에 드리워야 하는데, 기둥마다 거기에 모두 금을 입히고, 금 갈고리를 달아야 하며, 이 기둥들을 은으로 만든 네 밑받침 위에 세워야 한다. 33 너는 그 휘장을 갈고리에 걸어서 늘어뜨리고, 그 휘장 뒤에 증거궤를 들여놓아라. 그 휘장이 너희에게 성소와 지성소를 구별할 수 있게 할 것이다. 34 지성소에 있는 증거궤는 속죄판으로 덮어라. 35 휘장 앞으로는 북쪽에 상을 차려놓고, 그 상의 맞은쪽인 성막의 남쪽에는 등잔대를 놓아라.

36 ○ 청색 실과 자주색 실과 홍색 실과 가늘게 꼰 모시실로 수를 놓아, 장막 어귀를 가리는 막을 짜라. 37 아카시아나무 기둥 다섯을 만들어서, 거기에 금을 입히고, 금 갈고리를 만들어 붙여서, 이 막을 치는 데 쓰도록 하여라. 그리고 밑받침 다섯은 놋쇠를 부어 만들어라."

성소와 지성소는 각각 어떤 공간을 말합니까? 성막은 휘장을 경계로 지성소와 성소로 나뉩니다. 성막을 들어가면 바로 성소가 있고, 이 성소 내부 구조를 입구에서 바라볼 때 오른쪽에 떡을 늘어놓는 상이, 그 맞은편에는 일곱 개의 등잔이 올려진 등잔대가 있습니다. 그리고 정면의 휘장 앞에는 분향단이 놓입니다. 휘장 안쪽인 지성소에는 오직 증거궤만 놓여 있습니다. 지성소는 하나님께서 임하시는 장소를 상징하므로, 특별한 경우가 아니면 누구도 그 안에 들어갈 수 없습니다. 반면 성소에는 제사장이 매일 출입해서 향도 피우고, 정기적으로 상에 있는 떡을 교체하며, 등잔에 불을 피우기도 합니다.

{ 제27장 }

제단(출 38:1-7)

1 "아카시아나무로 제단을 만들어라. 그 제단은 길이가 다섯 자요 너비가 다섯 자인 네모난 모양으로 만들고, 그 높이는 석 자로 하여라. 2 제단의 네 모퉁이에 뿔을 하나씩 만들어 붙이되, 그 뿔과 제단을 하나로 이어놓고, 거기에 놋쇠를 입혀야 한다. 3 재를 담는 통과 부삽과 대야와 고기 갈고리와 불 옮기는 그릇을 만들어라. 이 모든 기구는 놋쇠로 만들어야 한다. 4 제단에 쓸 그물 모양의 석쇠는 놋쇠로 만들고, 그 놋 석쇠의 네 모퉁이에 놋쇠 고리 넷을 만들어 붙여라. 5 그리고 그 놋 석쇠를 제단 가장자리 밑에 달아서, 제단의 중간에까지 이르게 하여라. 6 제단을 옮기는 데 쓸 채를 만들되, 이것을 아카시아나무로 만들고 거기에 놋쇠를 입혀라. 7 이 채들을 제단 양옆의 고리에 끼워서, 그것을 운반할 수 있게 하여라. 8 제단은 널빤지로 속이 비게 만들되, 내가 이 산에서 너에게 보여준 그대로 만들어야 한다."

2절에 나오는 제단 뿔의 쓰임새는 무엇입니까? 29장 10-12절에 따르면 제사장이 제사를 드릴 때 제물의 피를 모아 제단의 뿔에 발랐습니다. 제단 위에서는 제물을 불 태웠기 때문에 피를 발라야 하는 경우에는 이렇게 뿔에 발랐던 것 같습니다. 그러다 보니 제단 뿔은 매우 특별하고 거룩한 곳이라 여겨졌을 것입니다. 게다가 이렇게 제단 뿔에 피를 바르는 제사는 죄를 깨닫고 뉘우치며 드리는 속죄제이기에, 제단 뿔은 특별한 의미를 지녔을 수 있습니다. 일례로 솔로몬에게 죽임당할 지경에 이른 요압이 성막으로 도망쳐서 제단 뿔을 잡습니다(왕상 2:28). 피를 발라 죄를 용서받듯이, 그것은 제단 뿔을 잡으며 목숨을 구해주기를 구하는 행동이라 볼 수 있습니다.

성막 뜰 울타리(출 38:9-20)

9 ○ "성막 뜰을 두르는 울타리를 만들어라. 가는 실로 짠 모시 휘장으로 울타리를 두르도록 하여라. 남쪽 휘장은 길이가 백 자가 되게 하여라. 10 휘장을 칠 기둥 스물과 그 밑받침 스물을 놋쇠로 만들고, 그 기둥의 갈고리와 고리를 은으로 만들어라. 11 북쪽에도 마찬가지로, 그 길이가 백 자가 되는 휘장을 치고, 기둥 스물과 밑받침 스물을 놋쇠로 만들고, 그 기둥의 갈고리와 고리를 은으로 만들어라. 12 해 지는 쪽인 서쪽 울타리에 칠 휘장의 길이는 쉰 자로 하고, 기둥 열 개와 밑받침 열 개를 만들어라. 13 해 뜨는 쪽인 동쪽 울타리도 그 길이를 쉰 자로 하여라. 14 동쪽의 정문 한쪽에 밑받침 셋을 놓고서, 그 위에 기둥 셋을 세운 다음에, 열다섯 자 되는 휘장을 쳐라. 15 다른 한쪽에도 밑받침 셋을 놓고서, 그 위에 기둥 셋을 세운 다음에, 열다섯 자 되는 휘장을 쳐라. 16 동쪽 울타리의 정문에 칠 막은, 청색 실과 자주색 실과 홍색 실과 가늘게 꼰 모시 실로 수를 놓아 짠 것으로, 그 길이가 스무 자가 되는 막을 만

쉴 새 없이 이동해야 하는 처지에 뜰에까지 울타리를 치게 한 까닭이 궁금합니다. 성막은 백성 가운데 거하며 동행하시는 하나님, 즉 우리 가까이에 계신 하나님을 상징합니다. 그렇다고 해서 그 하나님께 우리 멋대로 나갈 수 있다는 의미는 아닙니다. 출애굽기 26~28장의 세밀한 규례는 하나님께 나아간다고 해서 제멋대로 굴어서는 안 되고 반드시 지키고 따라야 할 것이 있음을 알려줍니다. 성막 전체를 두르는 울타리 역시 이 공간에 함부로 출입하지 않도록 주의하라는 의미입니다. 하나님께서 가까이 계신다고만 여기면 우리는 우리 욕심과 욕망을 채워주는 분 정도로 하나님을 악용할 수 있습니다. 성막에 대한 규례와 전체를 두른 울타리는 멀리 계신 하나님, 우리가 함부로 경거망동해서는 안 되는 하나님의 위엄을 강조합니다.

들어서 치되, 밑받침 넷을 놓고 그 위에 기둥 넷을 세운 다음에 그것을 쳐라.

17 ○ 울타리 사면의 기둥에는 모두 은고리와 은 갈고리를 달고, 그 밑받침은 놋쇠로 하여라. 18 울타리를 두른 뜰의 길이는 백 자, 너비는 쉰 자, 높이는 다섯 자로 하여라. 가는 실로 짠 모시를 둘러치되, 놋쇠로 된 밑받침을 받쳐야 한다. 19 성막에서 각종 제사에 쓰는 기구와 성막의 말뚝과 울타리의 말뚝은 모두 놋쇠로 만들어야 한다."

등불 관리(레 24:1-4)

20 ○ "너는 이스라엘 자손에게 명하여, 올리브를 찧어서 짜낸 깨끗한 기름을 가져다가 등불을 켜게 하되, 그 등불은 늘 켜두어라. 21 아론과 그 아들들은 그것을 회막 안의 증거궤 앞에 쳐놓은 휘장 밖에 켜두어서, 저녁부터 아침까지 주 앞에서 꺼지지 않도록 보살펴야 한다. 이것은 이스라엘 자손이 대대로 길이 지켜야 할 규례이다."

20-21절에서 등불을 늘 켜두고 꺼지지 않도록 지키게 한 하나님의 뜻은 무엇입니까? 올리브기름은 당시에 귀중한 기름이었습니다. 올리브기름을 사용한 등불은 성소 안에 있었고 '주 앞에서' 꺼지지 않게 보살펴야 했습니다. '주 앞에서'라는 표현에서 짐작할 수 있듯이, 이 등불은 그들과 함께하시는 하나님을 상징합니다. 그렇다면 제사장들은 하나님의 임재를 상징하는 이 등불을 마땅히 잘 살펴야 할 것입니다. 더 나아가 단순히 상징적인 물건인 등불이 꺼지지 않도록 보살필 뿐 아니라, 하나님께서 그 백성을 떠나시지 않도록 백성들을 살피고 하나님의 뜻을 살피는 것 또한 제사장의 사명일 것입니다.

{ 제28장 }

제사장의 예복(출 39:1-7)

1 "너는 이스라엘 자손 가운데서 너의 형 아론과 그의 아들, 나답과 아비후와 엘르아살과 이다말을 불러내서, 나를 섬기는 제사장 일을 맡겨라. 2 너는 너의 형 아론이 입을, 영화롭고 아름답게 보이는 거룩한 예복을 만들어라. 3 내가 슬기로운 생각으로 가득 채워준 모든 재주 있는 사람을 불러다가, 나를 섬길 아론이 제사장이 되어서 입을 예복을 만들라고 하여라. 4 그들이 만들어야 할 예복은 이러하니, 곧 가슴받이와 에봇과 겉옷과 줄무늬 속옷과 관과 띠이다. 이렇게 그들은 너의 형 아론과 그의 아들들에게 거룩한 예복을 만들어주어서, 나를 섬기는 제사장 일을 맡게 하여야 한다. 5 에봇을 만드는 이들은 금실과 청색 실과 자주색 실과 홍색 실과 가늘게 꼰 모시실을 써서 에봇을 만들어야 한다.

6 ○ 그들은 금실과 청색 실과 자주색 실과 홍색 실과 가늘게 꼰 모시실로 정교하게 감을 짜서 에봇을 만들어야 한다. 7 에봇의 양쪽에 각각 멜빵을 만들어서 달아라. 에봇을 입을 때에 멜

'제사장 일'(1절)이란 구체적으로 어떤 역할을 가리킵니까? 백성들이 하나님께 제물을 드릴 때 제물을 제단에 올려 태우고 제물의 피를 처리하는 것이 제사장이 하는 일 중에서 가장 기본적인 업무라고 할 수 있습니다. 특히 제단에 불이 항상 꺼지지 않도록 살피는 일도 중요합니다. 또 정한 시간이 되면 성소 안에 들어가서 상에 늘어놓는 그 떡을 교체하는 일, 등잔대에 불을 켜는 일과 같은 업무도 있습니다. 성소와 관련해 이와 같은 일이 있다면, 하나님의 뜻을 물으며 찾아오는 백성에게 응답하는 일이나 백성들 사이에 벌어진 시비를 가려주는 일도 제사장이 수행하는 직무에 포함됩니다.

빵을 조여서 조정하게 된다. 8 에봇 위에 띨 허리띠는 에봇을 짤 때와 같은 방법으로, 금실과 청색 실과 자주색 실과 홍색 실과 가늘게 꼰 모시실로 짜서, 에봇에 한데 이어 붙여라. 9 너는 홍옥수 두 개를 구해다가, 그 위에 이스라엘의 아들들의 이름을 새겨라. 10 태어난 순서를 따라서 한 보석에 여섯 명의 이름을 새기고, 또 다른 보석에 나머지 여섯 명의 이름을 새겨라. 11 보석을 세공하는 사람이 인장 반지를 새기듯이, 두 보석 위에 이스라엘 아들들의 이름을 새겨라. 그리고 그 보석들을 금테에 물려라. 12 그 두 보석은 이스라엘 지파들을 상징하는 기념 보석이니, 에봇의 양쪽 멜빵에 달아라. 아론이 이렇게 그들의 이름을 자기의 두 어깨에 짊어지고 다니면, 내가 나의 백성을 늘 기억하겠다. 13 또 고리들을 금으로 만들어라. 14 노끈처럼 꼰 두 사슬도 순금으로 만들고, 그 꼰 사슬을 금고리에 달아라."

가슴받이(출 39:8-21)

15 ○ "너는 에봇을 짤 때와 같은 방법으로 금실과 청색 실과 자주색 실과 홍색 실과 가늘게 꼰 모시실로 정교하게 짜서 판결

'에봇'(4절)이란 무엇입니까? 에봇은 제사장이 입는 겉옷의 일종이라고 볼 수 있습니다. 구약성경에서 에봇의 모양과 쓰임새가 다양하게 설명되어 있어서 확정적으로 말할 수 없지만, 제사장이 자신의 직무를 수행할 때 입어야 하는 상징적인 옷임은 분명합니다. 법관의 법복이나 요리사의 조리복이 옷 자체로 그 사람이 지금 무슨 일을 하고 있는지를 보여주는 것처럼, 에봇은 저 사람이 지금 제사장의 신분임을 보여주는 옷입니다. 에봇에는 이스라엘 열두 지파의 이름을 나누어 새긴 두 개의 보석을 달았습니다. 이것 역시 온 이스라엘을 위해 일하는 제사장을 상징할 것입니다.

가슴받이를 만들어야 한다. 16 이것은 두 겹으로 겹쳐서 네모나게 만들되, 그 길이가 한 뼘, 너비가 한 뼘이 되게 하여라. 17 그리고 거기에 네 줄 보석을 박아라. 첫째 줄에는 홍보석과 황옥과 취옥을 박고, 18 둘째 줄에는 녹주석과 청옥과 백수정을 박고, 19 셋째 줄에는 풍신자석과 마노와 자수정을 박고, 20 넷째 줄에는 녹주석과 얼룩 마노와 벽옥을 박되, 이 보석들을 모두 금테에 물려라. 21 이 보석들은 이스라엘의 아들의 수대로 열둘이 되게 하고, 인장 반지를 새기듯이 보석마다 각 사람의 이름을 새겨서, 이 보석들로 열두 지파를 나타내게 하여라.

22 ㅇ 가슴받이를 가슴에 매달 사슬은 순금으로 노끈처럼 꼬아서 만들어라. 23 그리고 가슴받이에 걸 금고리 두 개를 만들어서, 고리 두 개를 가슴받이의 양쪽 끝에 달아라. 24 금사슬 두 개를 꼬아서, 가슴받이 양쪽 끝에 있는 두 고리에 매어라. 25 그리고 꼰 사슬의 다른 두 끝을 에봇 앞쪽의 멜빵에 달린 두 금테에 매달아라. 26 금고리 두 개를 더 만들고, 그것을 가슴받이 아래의 양쪽 가장자리 안쪽에 에봇과 겹치는 곳에 달아라. 27 그리고 다른 금고리 두 개를 더 만들어서, 에봇의 양쪽 멜빵 앞자락 아래, 곧 정교하게 짠 에봇 띠를 매는 곳 조금

제사장의 가슴받이를 왜 '판결 가슴받이'(15절)라고 부릅니까? '가슴받이'는 양쪽 팔 부분은 없고 몸통만 있는 긴 조끼 형태로, 제사장은 에봇을 입고 그 위에 가슴받이를 머리 부분부터 뒤집어씁니다. 그리고 이 가슴받이가 에봇과 따로 놀지 않도록 고리로 연결합니다. 이 가슴받이의 왼쪽과 오른쪽에 각각 여섯 개의 보석을 매달았습니다. 모두 합해 열두 개의 이 보석은 이스라엘 열두 지파를 상징합니다. 또 30절에서 보듯이 이 가슴받이 안에는 우림과 둠밈을 넣었습니다. 이스라엘 백성 가운데 문제가 생겨 재판을 해야 할 때 제사장은 우림과 둠밈을 담은 가슴받이를 입고 재판에 임합니다. 그래서 아마 '판결의 가슴받이'라 불렸을 것입니다.

위에 달아라. 28 청색 실로 꼰 끈으로 가슴받이 고리를 에봇 고리에 매되, 정교하게 짠 에봇 띠 조금 위에다 매어서, 가슴 받이가 에봇에서 떨어지지 않도록 하여라.

29 ○ 아론이 성소로 들어갈 때에는, 이스라엘의 아들들의 이름이 새겨진 판결 가슴받이를 가슴에 달고 들어가게 하여, 이 것을 보고 나 주가 언제나 이스라엘을 기억하게 하여라. 30 판결 가슴받이 안에 우림과 둠밈을 넣어서, 아론이 주 앞으로 들어올 때에, 그것을 가슴에 지니고 들어오게 하여라. 아론은 주 앞에서 이스라엘 자손의 시비를 가릴 때에, 언제나 그것을 가슴에 지녀야 한다."

제사장의 또 다른 예복(출 39:22-31)

31 ○ "에봇에 딸린 겉옷을 만들되, 청색으로 만들어라. 32 그 겉옷 한가운데 머리를 넣을 구멍을 내고, 그 구멍의 둘레를 갑옷의 깃처럼 단단히 홈쳐서 찢어지지 않도록 하여라. 33 그리고 겉옷 자락 둘레에는 청색 실과 자주색 실과 홍색 실로 석류 모양의 술을 만들어 달고, 석류 술 사이사이에 금방울을 만들

'우림'과 '둠밈'(30절)은 무엇입니까? 제비뽑기에 쓰는 제비와 같은 물건인가요? '우림'은 빛이라는 뜻을, '둠밈'은 완전이라는 뜻을 지닌 단어입니다. 본문에서 보듯 재판할 때 제사장이 반드시 우림과 둠밈을 휴대해야 한다는 가르침이 있기에, 우림과 둠밈은 재판에서 하나님의 뜻을 묻고 판단하는 데 쓰인 물건임을 짐작할 수 있습니다. 이에 관련된 내용이 구약성경에 상세하게 나오지 않는지라, 여전히 이 물건의 쓰임새에 대해서는 정확히 알 수가 없습니다. 아마도 오늘날의 주사위와 비슷해서, 문제 상황에서 특정한 선택을 해야 할지 말아야 할지와 같은 'Yes' 또는 'No'를 이 우림과 둠밈을 던져서 결정했을 것이라 짐작됩니다.

어 달아라. 34 겉옷 자락을 돌아가며, 금방울 하나 석류 하나, 또 금방울 하나 석류 하나를 달아라. 35 그리하여 아론이 제사를 드릴 때에, 이것을 입게 하여라. 주의 앞 성소를 드나들 때에, 방울 소리가 나면, 그가 죽지 않을 것이다.

36 ○ 너는 순금으로 패를 만들어서, 그 위에, 인장 반지를 새기듯이 '주님의 성직자'라고 새겨라. 37 이것을 청색 실로 꼰 끈에 매어서 제사장이 쓰는 관에 달되, 그것이 관 앞쪽으로 오게 하여라. 38 이것을 아론의 이마에 달게 하여, 이스라엘 자손이 거룩한 예물을 드릴 때에, 그 거룩한 봉헌물을 잘못 드려서 지은 죄를 그가 담당하도록 하여라. 그는 그것을 늘 이마에 달고 있어야 한다. 그러면 그가 바치는 예물을, 나 주가 기꺼이 받아줄 것이다.

39 ○ 너는 가는 모시실로 줄무늬 속옷을 지어라. 가는 모시실로 제사장이 쓰는 관을 만들고, 수를 놓아 예복의 허리띠를 만들어라.

40 ○ 아론의 아들들에게 입힐 속옷을 만들어라. 그들이 띨 허리띠도 만들고, 그들이 쓸 관도 만들어서, 그들이 영화롭고 아

제사장의 예복에 단 방울의 쓰임은 무엇입니까? 제사장이 제사를 드리다 죽을 수도 있었습니까? 제사장의 의복에 대해 이 장에서 다루는 내용은 매우 시각적인 상징으로 가득합니다. 거기에 제사장의 의복에 달아야 하는 방울은 청각적인 상징이라 할 수 있습니다. 의복에 방울을 달면 움직일 때마다 소리가 날 것입니다. 제사장이 성소에 출입할 때 방울을 달아야 한다는 것은 제사장의 출입을 알리는 방울 소리가 나야 한다는 의미입니다. 하나님께 나아가는 일이 사람들이 마음 내키는 대로 할 일이 아니라, 조심스럽고 신중하게 이루어져야 함을 이와 같은 명령으로 가르친다고 볼 수 있습니다. 아무 소리 없이 몰래 다니는 이는 주로 나쁜 의도를 가졌다는 점에서도, 제사장의 출입 때마다 소리를 내라는 명령과 연관될 것입니다.

름답게 보이도록 하여라. 41 너의 형 아론과 그의 아들들에게 그것을 입히고, 그들에게 기름을 부어서 제사장으로 세우고, 그들을 거룩히 구별하여, 나를 섬기게 하여라. 42 그들에게 허리에서 넓적다리까지 덮이는 속바지를 모시실로 만들어 입히고, 그들의 몸 아래를 가리게 하여라. 43 아론과 그의 아들들은 회막에 들어갈 때에나 성소에서 제사를 드리려고 제단으로 나아갈 때에, 그것을 입어서 몸 아래를 가려야 한다. 몸 아래를 노출하는 죄를 지으면 죽는다. 이것은 그와 그의 자손이 지켜야 할 영원한 규례이다."

{ 제29장 }

제사장 위임식 준비(레 8:1-36)

1 "나를 섬기는 제사장을 거룩히 구별하여 세우는 절차는 이러하다. 수송아지 한 마리와 숫양 두 마리를 흠 없는 것으로 골라라. 2 그리고 누룩을 넣지 않은 빵과 누룩 없이 기름만 섞어 만든 과자와, 누룩 없이 기름만 바른 속 빈 과자를, 고운 밀가루를 가지고 만들어라. 3 너는 그것을 모두 한 광주리에 넣어서, 수송아지와 두 마리의 숫양과 함께 광주리째 바쳐라.
4 ○ 너는 아론과 그의 아들들을 회막 어귀로 데리고 와서 목욕을 하게 하고 5 의복을 가져다가, 속옷과 에봇 밑에 입는 겉옷과 에봇과 가슴받이를 아론에게 입게 하고, 정교하게 짠 에봇 띠를 띠게 하여라. 6 너는 그의 머리에 관을 씌우고, 그 관 위에 성직패를 붙여라. 7 그리고 거룩하게 구별하는 데 쓰는 기름을 가져다가, 그의 머리 위에 부어, 그를 거룩하게 구별하여라.

백성들이 직접 제사를 드리지 못하게 하고, 반드시 제사장을 통하게 한 하나님의 의중은 무엇입니까? 하나님께 나아가는 일이 제사장이라는 전문가의 도움이 반드시 필요한 일이라면 오늘날에도 이러한 제사장 역할이 있어야 하겠지요. 그러나 오늘날 우리에게는 그런 역할이 따로 없고, 모든 신앙인이 마치 제사장처럼 하나님 앞에 직접 나아갑니다. 그렇다면 구약 시대의 제사장이 전문가로서의 특징 때문에 존재한 것은 아니라고 할 수 있습니다. 제사장은 자신의 죄악 때문이 아니라 다른 사람의 죄악으로 인해 하나님께 나아가는 이라는 점, 그리고 제사장이 땅을 상속받지 않아 그 몫을 나머지 지파에 더 분배하되 나머지 지파의 십일조가 제사장에게 돌아간다는 점을 고려해볼 필요가 있습니다. 결국 제사장을 따로 세우는 까닭의 초점은 서로가 서로에게 신세를 지며 서로 돌아보고 세우며 살아가라는 뜻이라고 볼 수 있습니다.

8 또 너는 그의 아들들을 데려다가 속옷을 입게 하고, 9 띠를 띠게 하고, 머리에 두건을 감게 하여서, 그들에게 제사장의 직분을 맡겨라. 그리하여 이것이 영원한 규례가 되게 하여라. 너는 이러한 방식으로 아론과 그의 아들들에게 일을 맡겨라.

10 ○ 수소를 회막 앞으로 끌어다가, 아론과 그의 아들들이 그 수소의 머리에 두 손을 얹게 한 다음에, 11 회막 어귀 주 앞에서 그 수소를 잡아라. 12 그리고 그 수소의 피를 받아다가 너의 손가락으로 제단의 뿔에 바르고, 나머지 피는 모두 제단 밑에 부어라. 13 내장을 덮은 모든 기름기와 간에 붙은 기름 덩어리와 두 콩팥과 거기에 붙은 기름기를 떼어내서 제단 위에서 살라 바쳐라. 14 수소의 고기와 가죽과 똥은 진 바깥에서 불에 태워라. 이것이 바로 속죄의 제사이다.

15 ○ 아론과 그의 아들들에게 숫양 한 마리를 끌어다 주고, 그 숫양의 머리 위에 그들의 손을 얹게 한 다음에, 16 그 숫양을 잡고, 피를 받아서, 제단 둘레에 뿌려라. 17 그 숫양의 각을 뜬 다음에, 내장과 다리는 씻어서 각을 뜬 고기와 머리 위에 얹어 놓아라. 18 이렇게 하여, 그 숫양 전체를 제단 위에서 통째로 살라 바쳐라. 이것이 바로 나 주에게 드리는 번제이며, 이것이

수소를 잡기 전에 모두 손을 얹는 절차(10절)에는 어떤 의미가 있습니까? 끌고 온 제물은 이렇게 제물을 드리는 사람을 상징합니다. 그리고 우리말로는 비교적 단순하게 '손을 얹다'라고 옮겼지만, 여기에 쓰인 동사는 원래 '기대다, 의지하다'라는 뜻을 지닙니다. 그런 점에서 제사장은 손을 그저 살짝 대는 것이 아니라 체중을 실어서 누르다시피 했을 것입니다. 이를 생각하면, 제물의 머리에 손을 얹어 누르는 행동은 "이 제물이 소가 아니라 바로 나 자신입니다"를 상징하는 행동이라 볼 수 있습니다. 즉 제물의 머리에 안수하는 이 행동을 통해 제물이 예배자를 대체하게 된다고 볼 수 있습니다.

바로 향기로 나 주를 기쁘게 하는 살라 바치는 제물이다.

19 ○ 너는 다시 다른 숫양 한 마리를 끌어다 놓고, 아론과 그의 아들들이 그 숫양의 머리 위에 손을 얹게 한 다음에, 20 그 숫양을 잡고, 피를 받아서, 아론의 오른쪽 귓불과 그의 아들들의 오른쪽 귓불에 바르고, 그 오른손 엄지와 오른발 엄지에도 발라라. 그리고 남은 피를 제단 둘레에 뿌려라. 21 너는 제단 위에 있는 피와 거룩하게 구별하는 기름을 가져다가 아론과 그의 옷 위에 뿌리고, 아론의 아들들과 그들의 옷 위에 뿌려라. 그렇게 하면, 아론과 그의 옷과 그의 아들들과 그들의 옷이 거룩하게 된다.

22 ○ 이 숫양에서 기름기와 기름진 꼬리와 내장을 덮은 기름기와 간에 붙은 기름 덩어리와 두 콩팥과 그것을 덮은 기름기를 떼어내고, 오른쪽 넓적다리를 잘라내어라. 제사장을 위임하는 의식에서 쓸 것이니, 23 너는, 주 앞에 있는 누룩을 넣지 않은 빵을 둔 광주리에서 빵 한 덩이와 기름을 섞어서 만든 과자 한 개와 속 빈 과자 한 개를 가져다가, 24 그 전부를 아론의 손과 그의 아들들의 손에 얹어주어, 그것으로 주 앞에 흔들어 바치는 제물로 드리게 하여라. 25 너는 그들의 손에서 그것을 받아다가, 제단의 번제물 위에 놓고 불살라라. 이것이 바로 향

여기 본문에서는 제물의 기름과 피를 유난히 중요하게 여깁니다. 특별한 이유가 있나요? 제사에 대해서는 레위기 1~7장에서 좀 더 자세하게 본격적으로 다룹니다. 본문 2절에 언급된 기름은 음식을 만들기 위해 사용되는 기름이고, 21절의 기름은 제사장의 몸에 구별의 상징으로 뿌리기 위해 별도로 만든 기름입니다. 반면 13절의 기름은 소와 같은 가축의 몸속에 있는 지방 부위를 가리킵니다. 번제가 제물 전부를 다 태우는 제사라면, 속죄제와 같은 제사는 제물 가운데 지방이 있는 기름 부위만을 떼서 태우는 제사입니다. 기름을 태워 바치는 까닭은 그 부분이 가장 귀한 것이라 생각했기 때문입니다. 피를 따로 다루는 까닭은 피가 생명을 상징하기 때문입니다.

기로 나 주를 기쁘게 하는, 나 주에게 살라 바치는 제물이다.

26 ○ 아론의 제사장 위임식에 쓸 숫양에서 가슴을 떼어, 나 주에 게 흔들어 바치는 예식을 하고 나서, 그것을 너의 몫으로 가져라.

27 ○ 너는 아론과 그의 아들들의 제사장 위임식에 쓴 숫양 고기 가운데서 흔들어 바친 것과 들어 올려 바친 것 곧 흔들어 바친 가슴과 들어 올려 바친 넓적다리를 거룩하게 구별하여놓아라.

28 이것은 들어 올려 바친 제물이므로, 아론과 그의 아들들이 이 스라엘 자손에게서 받을 영원한 분깃이다. 이 제물은 이스라엘 자손이 그들의 화목제물로 나 주에게 들어 올려 바친 제물이다.

29 ○ 아론의 거룩한 옷은 그의 자손들에게 물려주어서, 그들 이 제사장 위임식 때에 그것을 입고 기름 부음을 받게 하여라.

30 아론의 아들 가운데서, 그의 제사장직을 이어받고 회막에 들어가서 성소에서 예배를 드릴 사람은, 이레 동안 이 옷을 입 어야 한다.

31 ○ 너는 제사장 위임식 때에 드린 숫양의 살코기를 가져다 가, 거룩한 곳에서 삶아라. 32 아론과 그의 아들들은 회막 어귀

바치는 제물마다 '살라'(18절), '흔들어'(24절), '올려'(27절) 등의 설명이 붙어 있습니다. 그렇게 다양한 모습으로 제물을 바치게 한 까닭은 무엇입니까? 가축으로 제사를 드리지만, 당연히 하나님께서 직접 내려와 그것들을 드시지는 않습니다. 제사는 눈으로 볼 수 있는 상징체계입니다. 모든 제사는 불로 사르는 과정을 포함합니다. 제물로 상징된 나 자신을 하나님께 모두 바친다는 것을 의미하겠지요. 어떤 경우에는 제물의 일부를 '흔들어' 바치고, 어떤 경우에는 제물 일부를 '들어 올려' 바치기도 합니다. 고대에는 그 두 경우가 엄밀한 구분되었겠지만, 현재로서는 출애굽기나 레위기 본문을 면밀히 살펴도 그 차이를 명확하게 가르기는 어렵습니다. 두 경우 모두 "이것을 하나님께 바칩니다"라는 공통된 의미를 지닌 것은 분명합니다. 이렇게 흔들거나 들어 올려진 제물은 제사 이후에 제사장의 몫이 됩니다.

에서 바로 이 숫양의 살코기와 광주리에 든 **빵**을 먹는다. 33 이것은 그들을 거룩히 구별하여 제사장으로 세우고 속죄의 제물로 바친 것이므로, 그들만이 먹을 수 있다. 이것은 거룩한 것이므로, 다른 사람은 먹을 수 없다. 34 제사장 위임식의 살코기나 **빵**이 이튿날 아침까지 남아 있거든, 너는 그 남은 것을 불에 태워라. 그것은 거룩한 것이므로, 먹어서는 안 된다.

35 ○ 너는 아론과 그의 아들들에게 내가 너에게 시킨 그대로 하여주되, 제사장 위임식은 이레 동안 하여라. 36 너는 날마다 수송아지 한 마리씩을 바쳐서, 죄를 속하는 속죄제를 드려라. 너는 제단 위에 속죄제물을 드려서, 그 제단을 깨끗하게 하고, 그것에 기름을 부어서 거룩하게 하여라.

37 ○ 너는 이레 동안 제단 위에 속죄제물을 드려서, 제단을 거룩하게 하여라. 그렇게 하면 그 제단은 가장 거룩하게 되고, 그 제단에 닿는 것도 모두 거룩하게 될 것이다."

매일 드리는 번제(민 28:1~8)

38 ○ "네가 제단 위에 바쳐야 할 것은 이러하다. 일 년 된 어

위임제사는 아론과 아들들에게만 해당됩니까? 아니면 제사장을 세울 때마다 번번이 드려야 합니까? 29절에 보면 아론의 거룩한 옷을 그의 자손들에게 물려주어 제사장 위임식 때 입도록 하라고 명령합니다. 이로 보건대 제사장 위임식은 아론의 뒤를 이어 그의 자손 가운데 새롭게 제사장을 세울 때마다 거행되었을 것으로 추측할 수 있습니다. 이러한 위임식은 제사장으로 위임된 이들에게 자신이 누구이고 무엇을 해야 하는 사람이며 어떻게 이 일을 수행해야 할지 돌아보고 주의하게 만드는 중요한 절차일 것입니다. 내가 원한다고 아무렇게나 할 수 있는 것이 아니라, 하나님 앞에서 두렵고 떨리는 마음으로 신중하게 맡겨진 직무를 수행해야 합니다.

린 숫양 두 마리를 날마다 바쳐야 한다. 39 숫양 한 마리는 아침에 바치고, 다른 한 마리 숫양은 저녁에 바쳐라. 40 첫 번째 숫양을 바칠 때에는 고운 밀가루 십분의 일 에바와 찧어 짠 기름 사분의 일 힌을 섞어서 바치고, 포도주 사분의 일 힌을 부어 드리는 제물로 바쳐라. 41 너는 저녁에 두 번째 숫양을 바칠 때에도 아침에 한 것처럼, 같은 양의 곡식제물과 부어 드리는 제물을 바쳐라. 이것이 향기로 주를 기쁘게 하는 살라 바치는 제사이다. 42 이것은 너희가 대대로 계속해서 주 앞 회막 어귀에서 바칠 번제이며, 내가 거기에서 너희를 만날 것이고, 거기에서 너에게 말하겠다. 43 내가 거기에서 이스라엘 자손을 만날 것이다. 거기에서 나의 영광을 나타내어 그곳이 거룩한 곳이 되게 하겠다. 44 내가 회막과 제단을 거룩하게 하고, 아론과 그의 아들들을 거룩하게 하여, 나를 섬기는 제사장으로 삼겠다. 45 내가 이스라엘 자손 가운데 머물면서 그들의 하나님이 되겠다. 46 그리고 그들은, 바로 내가, 그들 가운데 머물려고, 그들을 이집트 땅에서 이끌어낸 그들의 주 하나님임을 알게 될 것이다. 나는 그들의 주 하나님이다."

{ 제30장 }

분향단(출 37:25-28)

1 "너는 분향단을 만들되, 아카시아나무로 만들어라. 2 길이가
한 자요, 너비가 한 자인 네모난 모양으로 만들고, 높이는 두
자로 하고, 그 뿔과 단은 하나로 이어놓아라. 3 그리고 너는
그 단의 윗면과 네 옆면과 뿔을 순금으로 입히고, 그 가장자
리에 금테를 둘러라. 4 또 금고리 두 개를 만들어 그 금테 아
래 양쪽 옆에 붙여서, 그것을 들고 다닐 채를 끼울 수 있게 하
여라. 5 너는 아카시아나무로 채를 만들고, 거기에 금을 입혀
라. 6 너는 분향단을 증거궤 앞, 곧 증거판을 덮고 있는 속죄
판 앞, 휘장 정면에 놓아두어라. 거기 그 속죄판에서 내가 너
를 만날 것이다. 7 아론은 그 분향단 위에다가 향기로운 향을
피워야 하는데, 매일 아침 그가 등을 손질할 때마다 향을 피워
야 하고, 8 저녁때에 등불을 켤 때에도 향을 피워야 한다. 이
것이 너희가 대대로 계속하여 주 앞에서 피워야 하는 향이다.

작은 물건들까지 일일이 상세한 설계도를 제시하는 이유는 무엇입니까? 우리가 보
기에는 작은 물건과 큰 물건의 차이가 있겠지만, 그것이 분향단이든 아니면 증거궤든
함부로 다루지 않아야 한다는 점에서는 차이가 없습니다. 매우 세밀하고 번거로워 보
이기까지 하는 이 규정들은 하나님께 나아가는 일이 우리 마음 내키는 대로 하는 일
이 아님을 명확히 보여줍니다. 자발적으로 나아가되, 나아가는 이는 규정에 따라 주의
해야 합니다. 또 크고 작음을 사람들의 시선으로 쉽게 평가하지 말아야 한다는 것도
깨닫게 됩니다. 누가 작은 사람일까요? 만약 어떤 사람이 큰 사람이면 그 앞에서는 더
욱 주의해야 할까요? 출애굽기를 읽다 보면 그러한 판단이 부당하다는 것, 어떤 사람
이든 모두 소중하고 귀한 존재임을 새삼 깨닫게 됩니다.

9 그 위에다가 다른 이상한 향을 피워서도 안 되고, 번제물이나 곡식제물을 올려서도 안 되고, 그 위에다가 부어 드리는 제물을 부어서도 안 된다. 10 아론은 분향단 뿔에 한 해에 한 번씩 속죄예식을 하여야 하고, 한 해에 한 번씩 속죄의 피를 발라서 분향단을 속죄하여야 한다. 너희는 대대로 이와 같이 하여라. 이것은 주에게 가장 거룩한 것이다."

회막 세금

11 ○ 주님께서 모세에게 말씀하셨다. 12 "네가 이스라엘 자손의 수를 세어 인구를 조사할 때에, 그들은 각자 자기 목숨값으로 속전을 주에게 바쳐야 한다. 그래야만 인구를 조사할 때에, 그들에게 재앙이 미치지 않을 것이다. 13 인구조사를 받는 사람은 누구나 성소의 세겔로 반 세겔을 내야 한다. 한 세겔은 이십 게라이다. 이 반 세겔은 주에게 올리는 예물이다. 14 스무 살이 넘은 남자, 곧 인구조사를 받는 사람은 누구나 다 주에게 이 예물을 바쳐야 한다. 15 너희가 목숨값으로

분향단도 죄를 짓나요? 기물에 속죄의식(10절)이 왜 필요한 거죠? 한글로 옮기면서 '속죄'라는 표현이 쓰였지만, 좀 더 적절한 표현은 '깨끗하게 하다'일 것입니다. 일년에 한 번은 분향단만이 아니라 제단과 성막 전체를 깨끗하게 해야 했습니다(레 16장). 이와 같은 규정의 이면에는 죄를 짓거나 이런저런 이유로 부정해진 사람들이 이를 잘 알지 못한 채 성막을 출입하다 보면 성막 안의 물건까지 부정해진다는 고대인들의 생각이 반영돼 있습니다. 곰곰이 따져보면, 사람의 죄악과 잘못이 사람만 해치는 것이 아니라 우리 사는 세상 전체를 오염시킨다는 점에서 고대인들의 이런 생각이 타당하고 설득력 있다 싶습니다. 그래서 매년 한 번 성막 전체를 깨끗하게 하는 절차를 치렀습니다.

속전을 주에게 올리는 예물은 반 세겔이다. 부자라고 해서 이보다 더 많이 내거나, 가난한 사람이라고 해서 이보다 덜 내는 일이 없도록 하여라. 16 너는 이스라엘 자손에게서 속전을 받아 회막 비용으로 쓸 수 있게 내주어라. 나 주는 이것을 너희 목숨값의 속전으로 여기고, 너희 이스라엘 자손을 기억하여서 지켜줄 것이다."

놋 물두멍

17 ○ 주님께서 모세에게 말씀하셨다. 18 "너는 물두멍과 그 받침을 놋쇠로 만들어서, 씻는 데 쓰게 하여라. 너는 그것을 회막과 제단 사이에 놓고, 거기에 물을 담아라. 19 아론과 그의 아들들이 그 물로 그들의 손과 발을 씻을 것이다. 20 그들이 회막에 들어갈 때에는, 물로 씻어야 죽지 않는다. 그들이 나 주에게 제물을 살라 바치려고 제단으로 가까이 갈 때에도, 그렇게 해야 한다. 21 이와 같이 그들은 그들의 손과 발을 씻어야 죽지 않는다. 이것은 그와 그의 자손이 대대로 지켜야 할 영원한 규례이다."

부족한 게 없는 하나님이 '목숨값'을 요구하는(12-13절) 그 의중은 무엇입니까? 하나님께서는 사람으로부터 받는 돈이 전혀 필요하지 않습니다. 16절에 보면 이렇게 모인 속전은 회막 비용으로 쓰입니다. 회막과 그 안에서 이루어지는 일을 위해 이스라엘의 모든 이로부터 반 세겔씩 거둔 것입니다. 회막은 이스라엘을 위해 존재합니다. 이를 위해 모두가 일정한 분량으로 참여한 것입니다. 부자도 가난한 자도 차이가 없습니다. 부자의 목숨값이라고 더 비싸지 않고, 가난한 자의 목숨값이라고 더 싸구려도 아닙니다. 누구든 하나님 앞에 동등하게 나아간다는 것이 모두에게 부과된 반 세겔의 의미일 것입니다.

성별하는 향유

22 ○ 주님께서 모세에게 말씀하셨다. 23 "너는 제일 좋은 향품을 취하되, 순수한 몰약을 오백 세겔, 향기로운 육계를 그 절반인 이백오십 세겔, 향기로운 향초 줄기를 이백오십 세겔, 24 계피를 오백 세겔, 이렇게 성소 세겔로 취하고, 올리브기름 한 힌을 취하여라. 25 너는 향을 제조하는 법을 따라 이 모든 것을 잘 섞어서, 성별하는 기름을 만들어라. 이것이 성별하는 기름이 될 것이다. 26 너는 이것을 회막과 증거궤에 바르고, 27 상과 그 모든 기구와 등잔대와 그 기구와 분향단과 28 번제단과 그 모든 기구와 물두멍과 그 받침에 발라서, 29 이 모든 것을 거룩하게 하여라. 그러면 그것들이 가장 거룩한 것이 되며, 거기에 닿는 모든 것이 거룩하게 될 것이다.

30 ○ 너는 아론과 그의 아들들에게 그 기름을 발라서, 그들을 거룩하게 구별하고, 나를 섬기는 제사장으로 세워라. 31 너는 이스라엘 자손에게 이렇게 일러주어라. 이것은 너희가 대대로 성별하는 데만 써야 하는 기름이다. 32 너희는 이것을 아무의 몸에나 부어서는 안 되며, 또 그것을 만드는 방법으로 그와 똑

어째서 손발을 씻는 일을 목숨을 좌우할 만큼 중요한 행위로 여기는 걸까요?(21절) 제사 체계는 온몸으로 수행하는 상징체계임을 늘 기억할 필요가 있습니다. 손을 씻는다 한들 어느 정도 씻어야 제대로 정결하게 될 수 있습니까? 그러므로 이와 같은 행동은 상징적인 행동입니다. 손을 씻는다 해서 우리 스스로를 정결하다 말할 수는 없습니다. 다만 이러한 상징적 행동을 통해 스스로를 돌아보고 두렵고 떨리는 마음으로 하나님 앞에 나아갑니다. 놀랍게도 거룩하신 하나님께서는 이러한 행동을 보시고 제사장을 정결한 사람으로 여겨주십니다. 우리의 정결의 근원은 오직 하나님이시되, 다만 우리는 상징적인 행동으로 그분 앞에서 신중하게 행합니다.

같은 것을 만들어서도 안 된다. 이것은 거룩한 것이니, 너희가 거룩하게 다루어야 한다. 33 그렇게 섞어 그와 똑같은 것을 만들거나, 그것을 다른 아무에게나 발라주는 사람은, 누구든지 그 백성에게서 끊어질 것이다."

가루향

34 ○ 주님께서 모세에게 말씀하셨다. "너는 향품들 곧 소합향과 나감향과 풍자향을 구하여 그 향품들을 순수한 유향과 섞되, 저마다 같은 분량으로 하여라. 35 너는 향을 제조하는 법을 따라서 잘 섞은 다음에, 소금을 쳐서 깨끗하고 거룩하게 하여라. 36 너는 그 가운데서 일부를 곱게 빻아서, 내가 너와 만날 회막 안 증거궤 앞에 놓아라. 이것은 너희에게 가장 거룩한 것이다. 37 네가 만들 유향은 주의 것이며, 너에게는 거룩한 것이다. 너희가 사사로이 쓰려고 같은 방법으로 그것을 만들어서는 안 된다. 38 그 냄새를 즐기려고 이와 같은 것을 만드는 사람은 누구든지 그 백성에게서 끊어질 것이다."

백성에게서 끊어진다(33절)는 건 무슨 뜻입니까? 죄에 대한 처벌 가운데 가장 극단적인 것이 당사자를 사형시키는 것이었다면, 죽이지는 않지만 죽음과 마찬가지인 처벌에 해당하는 것이 '백성에게서 끊어지는' 처벌이었습니다. 동생을 죽인 가인은 그의 죄로 인해 에덴 동쪽 놋 땅으로 쫓겨납니다(창 4:14-16). 이처럼 백성에게서 끊어진다는 것은 함께 살아가던 공동체로부터 추방되는 것을 가리킨다고 여겨집니다. 오늘날에도 이러한 상황은 견디기 어려운 처벌이거니와, 대가족 여럿이 함께 모여 살던 고대 세계에서 공동체로부터의 추방은 더욱 강도 높은 처벌이었을 것입니다. 이러한 추방이 의로운 사람을 위협하는 수단이 되기도 했다(렘 11:19)는 점도 그것을 반영합니다.

{ 제31장 }

회막 기물을 만드는 기술자(출 35:30~36:1)

1 주님께서 모세에게 말씀하셨다. 2 "보아라, 내가, 유다 지파 사람 훌의 손자요 우리의 아들인 브살렐을 지명하여 불러서, 3 그에게 하나님의 영을 채워주어, 지혜와 총명과 지식과 온갖 기술을 갖추게 하겠다. 4 그가 여러 가지를 생각하여, 그 생각한 것을 금과 은과 놋으로 만들게 하고, 5 온갖 기술을 발휘하여, 보석을 깎아내는 일과 나무를 조각하는 일을 하게 하겠다.

6 ○ 분명히 나는 단 지파 사람 아히사막의 아들 오홀리압이 브살렐과 함께 일하게 하겠다. 그리고 기술 있는 모든 사람에게 지혜를 더하여, 그들이 내가 너에게 명한 모든 것을 만들게 하겠다. 7 회막과 증거궤와 그 위에 덮을 속죄판과 회막에 딸린 모든 기구와 8 상과 거기에 딸린 기구와 순금 등잔대와 거기에 딸린 모든 기구와 분향단과 9 번제단과 거기에 딸린

하나님은 늘 세밀한 설계도를 제시하고 그대로 만들게 합니다. 기계적으로 제품을 생산하면 되는 브살렐에게 무슨 지혜와 총명이 필요할까요?(3~5절) 어떤 부분에서는 세밀하게 내용이 주어지지만, 그것을 구체적인 물건으로 만들어내는 것은 별개일 것입니다. 제단에 뿔을 이어지게 만들라는 명령은 있지만, 그렇다면 어떻게 이을 것이며 어떤 모양으로 만들지는 별개입니다. 물두멍을 만들라고 했지만, 어떤 모양과 방식으로 만들 것인지는 별개입니다. 그러므로 지혜와 총명이 필요합니다. 나아가 늘 새롭고 독창적으로 만드는 데만 지혜가 필요할까요? 여기서는 하나님께서 모세에게 알리신 대로 차근차근 따라가며 만드는 것도 지혜라고 알려줍니다. 다른 생각이 있을 수도 있겠지만, 하나님께서 알리신 길을 순종하며 행하는 것도 지혜와 총명입니다.

모든 기구와 물두멍과 그 받침과 10 제사장 일을 할 때에 입는 잘 짠 옷 곧 제사장 아론의 거룩한 옷과 그 아들들의 옷과 11 성별하는 기름과 성소에서 쓸 향기로운 향을, 그들이 내가 너에게 명한 대로 만들 것이다."

안식일

12 ○ 주님께서 모세에게 말씀하셨다. 13 "너는 이스라엘 자손에게 일러라. 너희는 안식일을 지켜라. 이것이 너희 대대로 나와 너희 사이에 세워진 표징이 되어, 너희를 거룩하게 구별한 이가 나 주임을 알게 할 것이다. 14 안식일은 너희에게 거룩한 날이므로, 너희는 안식일을 지켜야 한다. 그날을 더럽히는 사람은 반드시 죽여야 한다. 그날에 일을 하는 사람은, 누구든지 자기의 겨레로부터 제거될 것이다. 15 엿새 동안은 일을 하고, 이렛날은 나 주에게 바친 거룩한 날이므로, 완전히 쉬어야 한다. 안식일에 일하는 사람은 반드시 죽여야 한다. 16 이스라엘

12-16절에 언급한 안식일은 대체 무엇입니까? 어째서 하나님은 이토록 엄한 표현을 써가며 안식일을 반드시 지키라고 명령하는 걸까요? 성막을 이렇게 만들라는 긴 설명의 마지막 부분이 이처럼 안식일에 관한 명령으로 마무리됩니다. 특이하게도 이러한 명령에 따라 성막을 만들었다는 내용이 35장부터 40장까지 이어지는데, 이 내용의 첫머리인 35장 1-3절에 다시금 안식일을 준수하라는 명령이 있습니다. 이와 같은 배열은 안식일의 중요성을 더욱 부각시킵니다. 성막이 이스라엘 가운데 임하시는 하나님을 상징한다면, 안식일은 그 하나님의 명령을 따라 살아가는 이스라엘을 상징합니다. 하나님께서 온 땅을 지으시고 하루를 쉬셨으니, 하나님의 백성은 모든 시간을 내 것처럼 미친 듯이 살아갈 것이 아니라 그 가운데 하루를 쉬어야 합니다. 구별된 백성의 삶은 열심히 쉬지 않고 부지런히 일하는 데서가 아니라, 이처럼 일상 가운데 하루는 하나님을 기억하며 쉬는 것에서 드러납니다.

자손은 이 안식일을 영원한 언약으로 삼아, 그들 대대로 지켜야 한다. 17 이것은 나와 이스라엘 자손 사이에 세워진 영원한 표징이니, 이는, 나 주가 엿새 동안 하늘과 땅을 만들고 이렛날에는 쉬면서 숨을 돌렸기 때문이다."

증거판

18 ○ 주님께서 시내산에서 모세에게 말씀을 마치시고, 하나님이 손수 돌판에 쓰신 증거판 두 개를 그에게 주셨다.

{ 제32장 }

금송아지(신 9:6-29)

1 백성은, 모세가 산에서 오랫동안 내려오지 않으니, 아론에게로 몰려가서 말하였다. "일어나서, 우리를 인도할 신을 만들어 주십시오. 우리를 이집트 땅에서 올라오게 한 모세라는 사람은 어떻게 되었는지 모르겠습니다." 2 아론이 그들에게 말하였다. "여러분의 아내와 아들딸들이 귀에 달고 있는 금고리들을 빼서, 나에게 가져오시오." 3 모든 백성이 저희 귀에 단 금고리들을 빼서, 아론에게 가져왔다. 4 아론이 그들에게서 그것들을 받아 녹여서, 그 녹인 금을 거푸집에 부어 송아지 상을 만드니, 그들이 외쳤다. "이스라엘아! 이 신이 너희를 이집트 땅에서 이끌어 낸 너희의 신이다." 5 아론은 이것을 보고서 그 신상 앞에 제단을 쌓고 "내일 주님의 절기를 지킵시다" 하고 선포하였다.

6 ○ 이튿날 그들은 일찍 일어나서, 번제를 올리고, 화목제를

여러 형상 가운데 '송아지' 상(像)을 만들어 신으로 삼은 까닭이 궁금합니다. 소는 이집트를 비롯해 고대 세계에서 종종 신의 형상으로 숭배되었습니다. 폭풍과 풍요의 신 바알 역시 황소로 표현됩니다. 그러나 이 본문에서 백성들이 금송아지를 만들어 자신들을 애굽에서 인도해낸 신이라 부르고, 아론이 '주님의 절기'를 지키자고 선언한 것을 볼 때, 지금 이스라엘은 바알이나 다른 신을 섬기는 것이 아니라 그들을 인도하신 주님을 금송아지 형상으로 표현한 것이라 여겨집니다. 하나님을 본뜬 그 어떤 것도 만들지 말라 하신 명령(20:4-6)을 정면으로 어긴 것입니다. 이렇게 눈에 보이는 동물 형상으로 만드는 것은 풍요와 안전에 대한 자신들의 욕망을 투사하는 행위입니다. 본문에서는 잘 드러나지 않지만, 개역개정 성경에서는 '자기를 위하여'라는 말이 이 장에 여러 번 쓰였습니다(1, 8, 23, 31절). 우상을 만드는 행위의 본질은 '자기를 위한 것', 자기 욕망의 충족을 위한 행동입니다.

드렸다. 그런 다음에, 백성은 앉아서 먹고 마시다가, 일어나서 흥청거리며 뛰놀았다.

7 ○ 주님께서 모세에게 말씀하셨다. "어서 내려가 보아라. 네가 이집트 땅에서 이끌어낸 너의 백성이 타락하였다. 8 그들은, 내가 그들에게 명한 길을 이렇게 빨리 벗어나서, 그들 스스로 수송아지 모양을 만들어놓고서 절하고, 제사를 드리며 '이스라엘아! 이 신이 너희를 이집트 땅에서 이끌어낸 너희의 신이다' 하고 외치고 있다." 9 주님께서 다시 말씀하셨다. "나는 이 백성을 살펴보았다. 이 얼마나 고집이 센 백성이냐? 10 이제 너는 나를 말리지 말아라. 내가 노하였다. 내가 그들을 쳐서 완전히 없애버리겠다. 그러나 너는, 내가 큰 민족으로 만들어주겠다."

11 ○ 모세는 주 하나님께 애원하였다. "주님, 어찌하여 주님께서 큰 권능과 강한 손으로 이집트 땅에서 이끌어내 주신 주님의 백성에게 이와 같이 노하십니까? 12 어찌하여 이집트 사람이 '그들의 주가 자기 백성에게 재앙을 내리려고, 그들을 이끌

직전까지 '나의 백성'(28:12)이라던 하나님이 여기선 '너의 백성'(7절)이라고 합니다. 이스라엘 백성을 버릴 뜻을 내보인 걸까요? '너의 백성'이라는 표현에 하나님의 진노가 담겨 있습니다. 이렇게 하나님의 분노의 말씀을 들은 모세는 하나님을 향해 "어찌하여 주님의 백성에게 노하십니까"(11절)라고 말합니다. 하나님이 '네 백성'이라고 하시자, 모세는 곧바로 '주님의 백성', 즉 '당신의 백성'이라고 표현한 것입니다. 이스라엘로 대표되는 우리 인간은 언제나 욕망을 따르며, 하나님과 무관하게 안전을 추구하며 허황된 것을 따릅니다. 당연히 하나님께서는 그에 대해 진노하십니다. 그러나 그것이 끝은 아닙니다. 모세는 하나님과 백성 사이를 중재하며 하나님께서 그 백성에게 하신 약속을 말합니다. 그러므로 하나님의 진노는 모든 상황의 끝이 아닙니다. 그에 대해 우리가 어떻게 반응하는지가 더 중요합니다.

어내어, 산에서 죽게 하고, 땅 위에서 완전히 없애버렸구나' 하고 말하게 하려 하십니까? 제발, 진노를 거두시고, 뜻을 돌이키시어, 주님의 백성에게서 이 재앙을 거두어주십시오. 13 주님의 종 아브라함과 이삭과 이스라엘을 기억하여주십시오. 주님께서 그들에게 맹세하시며 이르시기를 '내가 너희의 자손을 하늘의 별처럼 많게 하고, 내가 약속한 이 모든 땅을 너희 자손에게 주어서, 영원한 유산으로 삼게 하겠다'고 하셨습니다." 14 모세가 이렇게 간구하니, 주님께서는 뜻을 돌이키시고, 주님의 백성에게 내리시겠다던 재앙을 거두셨다.

15 ○ 모세는 돌아서서 증거판 둘을 손에 들고서 산에서 내려왔다. 이 두 판에는 글이 새겨 있는데, 앞뒤에 다 새겨 있었다. 16 그 판은 하나님이 손수 만드신 것이며, 그 글자는 하나님이 손수 판에 새기신 글자이다. 17 여호수아가 백성이 떠드는 소리를 듣고서, 모세에게 말하였다. "진에서 싸우는 소리가 들립니다." 18 모세가 대답하였다. "이것은 승전가도 아니고, 패전의 탄식도 아니다. 내가 듣기에는 노래하는 소리다." 19 모세가 진에 가까이 와서 보니, 사람들이 수송아지 주위를 돌면서

모세의 행동이 너무 과격합니다. '거룩한 돌판'을 깨뜨려버린 행위(19절)는 하나님에 대한 불경에 해당되지 않나요? 하나님께서 친히 새기신 돌판을 깨뜨려버리는 행동은 정말 과격하고 격렬한 행동입니다. 그렇지만 하나님께서 이를 책망하지 않으시고 다른 돌판을 다시 주신다는 점에서(34:28), 모세의 행동은 격렬하지만 타당하다고 이해할 수 있습니다. 하나님의 명령을 정면으로 거역하며 금송아지를 만드는 행위 앞에서 하나님의 명령이 기록된 돌판은 사실 없는 것이나 마찬가지가 되어버렸습니다. 모세가 돌판을 깨뜨린 행위는 하나님의 명령이 산산이 조각나버린 현실을 반영합니다. 하나님께서 친히 기록하신 돌판이 특별하거나 중요한 것이 아니라, 거기에 기록된 명령을 따라 한 걸음씩 살아가는 태도가 훨씬 더 중요합니다.

춤을 추고 있었다. 모세는 화가 나서, 그는 손에 들고 있는 돌 판 두 개를 산 아래로 내던져 깨뜨려버렸다. 20 그는, 그들이 만든 수송아지를 가져다가 불에 태우고, 가루가 될 때까지 빻아서, 그것을 물에 타서, 이스라엘 자손에게 마시게 하였다.

21 ○ 모세가 아론에게 말하였다. "이 백성이 형님에게 어떻게 하였기에, 형님은 그들이 이렇게 큰 죄를 짓도록 그냥 놓아두셨습니까?" 22 아론이 대답하였다. "아우님은 우리의 지도자입니다. 나에게 그렇게 화를 내지 마십시오. 이 백성이 악하게 된 까닭을 아시지 않습니까? 23 그들이 나에게 '우리 앞에 서서, 우리를 인도하여줄 신을 만들어주시오. 우리를 이집트 땅에서 이끌어낸 모세라는 사람이 어떻게 되었는지, 우리는 모르겠습니다' 하고 말하기에, 24 내가 그들에게, 금붙이를 가지고 있는 사람은 누구든지 그 금을 빼서 나에게 가져오라고 하였습니다. 그들이 금붙이를 가져왔기에, 내가 그것을 불에 넣었더니, 이 수송아지가 생겨난 것입니다."

25 ○ 모세는 백성이 제멋대로 날뛰는 것을 보았다. 아론이 그들을 제멋대로 날뛰게 하여, 적들의 조롱거리가 되게 한 것이

26절에 등장하는 레위 자손은 금송아지를 섬긴 죄에서 자유로운 이들입니까? 이 일로 인해 죽은 사람의 수가 3천 명가량이었다는 점은 금송아지 숭배가 그야말로 모든 사람이 하나도 남김없이 참여한 사건은 아니었음을 말해줍니다. 그런데도 '모든 백성'이 참여했다고 표현하는 것(예를 들면 3절)은 일부가 저지른 죄악임에도 모든 백성이 저지른 것으로 뭉뚱그리는 구약의 전형적인 표현 방식이라 볼 수 있습니다. 사회 한구석에서 벌어진 참혹한 현실은 그 사람들만의 문제가 아니라 사회 전체의 문제라는 것입니다. 이렇게 접근해야 우리는 현실을 반성하고 돌이킬 길을 찾게 됩니다. 그렇지 않으면 우리는 우리 모두의 잘못이 아니라 일부가 그런 것이라며 그와 같은 현실을 방치하게 됩니다.

다. 26 모세는 진 어귀에 서서 외쳤다. "누구든지 주님의 편에 설 사람은 나에게로 나아오십시오." 그러자 레위의 자손이 모두 그에게로 모였다. 27 그가 또 그들에게 말하였다. "이스라엘의 주 하나님이 이르시기를 '너희는 각기 허리에 칼을 차고, 진의 이 문에서 저 문을 오가며, 저마다 자기의 친족과 친구와 이웃을 닥치는 대로 찔러 죽여라' 하십니다." 28 레위 자손이 모세의 말대로 하니, 바로 그날, 백성 가운데서 어림잡아 삼천 명쯤 죽었다. 29 모세가 말하였다. "오늘 당신들이 저마다 자녀와 형제자매를 희생시켜 당신들 자신을 주님께 드렸으니, 주님께서 당신들에게 복을 내리실 것입니다."

30 ○ 이튿날 모세는 백성에게 말하였다. "당신들은 크나큰 죄를 지었습니다. 그러나 이제 내가 주님께 올라가서, 당신들을 용서하여달라고 빌겠습니다." 31 모세가 주님께로 돌아가서 아뢰었다. "슬픕니다. 이 백성이 금으로 신상을 만듦으로써 큰 죄를 지었습니다. 32 그러나 이제 주님께서 그들의 죄를 용서하여주십시오. 그렇게 하지 않으시려면, 주님께서 기록하신

형제자매까지 3천 명이나 도륙하게 하는 건 너무 잔인합니다. 그런데도 29절에서 모세가 이런 살육을 축복한 까닭은 무엇입니까? 광야에서 하나님을 거역한 이들을 죽여버리는 행동이 출애굽기뿐 아니라 이어지는 레위기, 민수기에도 빈번히 언급됩니다. 이렇게 처벌이 즉각적으로 과격하게 이루어지는 점은 오늘의 우리로서는 이해하기가 쉽지 않습니다. 출애굽기 같은 책은 하나님과 하나님의 백성에 대한 신앙에 기초한 책이기에, 이와 같은 진술을 글자 그대로의 사실로 이해하는 것은 그리 적절한 방법이 아님을 유념해야 합니다. 본문은 이러한 내용을 통해 하나님을 허황된 외적인 물건으로 표현하는 것이 얼마나 끔찍한 죄악인지 고발합니다. 그리고 죄악은 별것 아닌 사소한 것이 아니라 실제로 사람의 생명을 앗아가 버리는 무서운 것이라는 점도 환기시킵니다.

책에서 저의 이름을 지워주십시오." 33 주님께서 모세에게 말씀하셨다. "누구든지 나에게 죄를 지으면, 나는 오직 그 사람만을 나의 책에서 지운다. 34 이제 너는 가서, 내가 너에게 말한 곳으로 백성을 인도하여라. 보아라, 나의 천사가 너를 인도할 것이다. 그러나 기억하여라. 때가 되면, 내가 그들에게 반드시 죄를 묻겠다."

35 ○ 그 뒤에 주님께서는 아론이 수송아지를 만든 일로 이 백성에게 재앙을 내리셨다.

{ 제33장 }

시내산을 떠나라고 명하시다

1 주님께서 모세에게 말씀하셨다. "너는 가서, 네가 이집트 땅에서 데리고 올라온 이 백성을 이끌고 여기를 떠나서, 내가 아브라함과 이삭과 야곱에게 맹세하고 그들의 자손에게 주겠다고 약속한, 그 땅으로 올라가거라. 2 내가 한 천사를 보낼 터이니, 그가 너를 인도할 것이다. 나는 가나안 사람과 아모리 사람과 헷 사람과 브리스 사람과 히위 사람과 여부스 사람을 쫓아내겠다. 3 너희는 이제 곧 젖과 꿀이 흐르는 땅으로 들어간다. 그러나 나는 너희와 함께 올라가지 않겠다. 너희는 고집이 센 백성이므로, 내가 너희와 함께 가다가는 너희를 없애버릴지도 모르기 때문이다."

4 ○ 백성은 이렇듯 참담한 말씀을 전해 듣고 통곡하였다. 그리고 그들은 아무도 장식품을 몸에 걸치지 않았다. 5 주님께서 모세에게 말씀하셨다. "이스라엘 자손에게 전하여라. 너희는 고집이 센 백성이다. 내가 한순간이라도 너희와 함께 올라가

하나님이 이렇게까지 노여움을 풀지 않는(1-3절) 이유는 무엇입니까? 하나님의 진노가 이처럼 크다는 것은 이스라엘의 죄악이 그만큼 심각했음을 보여줍니다. 자신이 저지른 죄악의 심각성을 깨닫는 것에서 죄를 벗어나는 삶이 시작되기 마련입니다. 눈에 보이지 않는 하나님을 눈에 보이는 조각상으로 만드는 시도는 하나님을 제 뜻대로 주관하려는 것, 하나님을 사람의 욕망을 성취해주는 수단으로 삼으려는 것입니다. 사람이 만든 우상에 절하는 행위는 단지 다른 종교를 섬겨서 나쁜 것이 아니라, 탐욕과 욕망을 종교의 이름으로 정당화하는 시도이기 때문입니다. 금송아지 숭배 사건은 다른 종교에 대한 정죄가 아니라, 믿는다 하면서 사실은 욕심과 욕망을 위해 예수님을 이용하고 신앙을 이용하는 행태에 대한 강력한 정죄입니다.

다가는, 내가 너희를 아주 없애버릴지도 모른다. 그러니 이제 너희는 너희 몸에서 장식품을 떼어버려라. 내가 너희에게 어떻게 해야 할지를 이제 결정하겠다." 6 이스라엘 자손은 호렙산을 떠난 뒤로는 장식품을 달지 않았다.

회막

7 ○ 이스라엘 백성이 진을 칠 때마다, 모세는 장막을 거두어 가지고 진 바깥으로 나가, 진에서 멀리 떨어진 곳에 그것을 치곤 하였다. 모세는 그 장막을, 주님과 만나는 곳이라고 하여, 회막이라고 하였다. 주님을 찾을 일이 생기면, 누구든지 진 밖에 있는 이 회막으로 갔다. 8 모세가 그리로 나아갈 때면, 백성은 모두 일어나서 저마다 자기 장막 어귀에 서서, 모세가 장막으로 들어갈 때까지 그 뒤를 지켜보았다. 9 모세가 장막에 들어서면, 구름기둥이 내려와서 장막 어귀에 서고, 주님께서 모세와 말씀하신다. 10 백성은 장막 어귀에 서 있는 구름기둥을 보면, 모두 일어섰다. 그러고는 저마다 자기 장막 어귀에서 엎

장식품을 모두 몸에서 떼어버리는 건(4–5절) 어떤 마음가짐을 보여주는 행동입니까? 자신들의 행동이 그토록 심각한 잘못이었음을 깨달은 백성들의 뉘우침이 장식품을 모두 떼어버리는 외적인 행동으로 나타났습니다. 하나님 앞에서 자신들의 참담한 처지를 아뢰며 죄악을 고백하고 뉘우칠 때 이스라엘은 머리에 재를 뒤집어쓰고 베옷을 입었습니다(예, 단 9:3; 욘 3:6; 마 11:21). 장식품을 떼어버린 것도 이와 비슷한 뜻을 지닌 행동일 것입니다. 죄악이 이처럼 큰데 외적인 장식품을 몸에 달고 있다는 것은 앞뒤가 맞지 않는 모습이기도 합니다. 우리의 있는 모습 그대로를 드러내어 고백하며 오직 하나님의 은혜만을 구하는 백성의 마음을 이와 같은 행동에서 볼 수 있습니다.

드려 주님을 경배하였다. 11 주님께서는, 마치 사람이 자기 친구에게 말하듯이, 모세와 얼굴을 마주하고 말씀하셨다. 모세가 진으로 돌아가도, 눈의 아들이며 모세의 젊은 부관인 여호수아는 장막을 떠나지 않았다.

백성과 함께 계시겠다고 약속하시다

12 ○ 모세가 주님께 아뢰었다. "보십시오, 주님께서 저에게 이 백성을 저 땅으로 이끌고 올라가라고 말씀하셨습니다. 그러나 주님께서 누구를 저와 함께 보내실지는 저에게 일러주지 않으셨습니다. 주님께서는 저에게, 저를 이름으로 불러주실 만큼 저를 잘 아시며, 저에게 큰 은총을 베푸신다고 말씀하셨습니다. 13 그러시다면, 제가 주님을 섬기며, 계속하여 주님께 은총을 받을 수 있도록, 부디 저에게 주님의 계획을 가르쳐 주십시오. 주님께서 이 백성을 주님의 백성으로 선택하셨음을 기억하시기 바랍니다." 14 주님께서 대답하셨다. "내가 친히

하나님은 이미 '천사'를 보내 앞길을 인도하게 해주겠다고 약속했습니다(2절). 그런데도 모세가 한사코 하나님이 동행해주길 간청하는 까닭은 무엇입니까? 이제까지 하나님께서 천사를 보내신다는 것은 하나님께서 이 백성과 함께 가신다는 것을 상징했습니다. 그러나 여기서 천사를 보내신다는 것은 이제 더 이상 하나님께서는 그들과 함께하지 않되 처음 약속대로 그들을 약속의 땅에 들어가게 하시겠다는 뜻입니다(2-3절). 이제 상황이 분명해졌습니다. 이집트를 떠나 약속의 땅으로 가는 목적이 풍요로운 삶을 위해서인지, 아니면 하나님과 함께 살아가는 삶을 위해서인지가 관건입니다. 그리고 모세는 하나님께서 함께 가는 것이 아니면 약속한 땅으로 올려 보내지 말 것을 구합니다. 하나님이 없다면 그곳은 더 이상 약속의 땅이 아닐 것입니다. 본질은 비옥한 땅이 아니라, 하나님과 함께하는 삶입니다.

너와 함께 가겠다. 그리하여 네가 안전하게 하겠다." 15 모세가 주님께 아뢰었다. "주님께서 친히 우리와 함께 가지 않으시려면, 우리를 이곳에서 떠나 올려보내지 마십시오. 16 주님께서 우리와 함께 가지 않으시면, 주님께서 주님의 백성이나 저를 좋아하신다는 것을 사람들이 어떻게 알 수 있겠습니까? 주님께서 우리와 함께 계시므로, 저 자신과 주님의 백성이 땅 위에 있는 모든 백성과 구별되는 것이 아닙니까?"

17 ○ 주님께서 모세에게 말씀하셨다. "내가 너를 잘 알고, 또 너에게 은총을 베풀어서, 네가 요청한 이 모든 것을 다 들어주마." 18 그때에 모세가 "저에게 주님의 영광을 보여주십시오" 하고 간청하였다. 19 주님께서 대답하셨다. "내가 나의 모든 영광을 네 앞으로 지나가게 하고, 나의 거룩한 이름을 선포할 것이다. 나는 주다. 은혜를 베풀고 싶은 사람에게 은혜를 베풀고, 불쌍히 여기고 싶은 사람을 불쌍히 여긴다." 20 주님께서 다시 말씀하셨다. "그러나 내가 너에게 나의 얼굴은 보이지 않겠다. 나를 본 사람은 아무도 살 수 없기 때문이다." 21 주님께서 말

하나님의 얼굴(20절), 손바닥(22절), 등(23절) 같은 표현이 등장합니다. 기독교의 하나님은 인간과 비슷한 몸을 가진 분인가요? 구약성경은 지금으로부터 수천 년 전에 쓴 글임을 늘 기억할 필요가 있습니다. 오늘 우리에게 고대의 신화는 그저 지어낸, 말도 안 되는 이야기지만, 고대 사람들에게 신화는 오늘날의 과학만큼이나 설득력 있는 이야기였을 것입니다. 하나님의 손이나 얼굴, 팔, 등과 같은 표현은 하나님을 사람 모습으로 표현하는 고대의 방식입니다(그리스 로마 신화를 떠올려보십시오). 하나님의 손은 하나님의 능력을 표현하는 신화적인 비유 언어이되, 하나님께서 우리처럼 손을 가지셨다는 의미는 결코 아닙니다. 하나님은 사람도, 남자도 아니며, 손과 팔, 눈을 지닌 분이 아닙니다. 고대의 방식으로 표현된 언어를 보면서, 실제로 말하고자 하는 것이 무엇인지 곰곰이 따져가는 읽기가 중요합니다.

씀을 계속하셨다. "너는 나의 옆에 있는 한 곳, 그 바위 위에 서 있어라. 22 나의 영광이 지나갈 때에, 내가 너를 바위틈에 집어넣고, 내가 다 지나갈 때까지 너를 나의 손바닥으로 가리어주겠다. 23 그 뒤에 내가 나의 손바닥을 거두리니, 네가 나의 등을 보게 될 것이다. 그러나 나의 얼굴은 볼 수 없을 것이다."

{ 제34장 }

두 번째 돌판(신 10:1-5)

1 주님께서 모세에게 말씀하셨다. "너는 돌판 두 개를 처음 것과 같이 깎아라. 그러면, 네가 깨뜨려버린 처음 돌판 위에 쓴 그 말을, 내가 새 돌판에 다시 새겨주겠다. 2 너는 그것을 내일 아침까지 준비해서, 아침에 일찍 시내산으로 올라와서, 이 산 꼭대기에서 나를 기다리고 서 있거라. 3 그러나 아무도 너와 함께 올라와서는 안 된다. 이 산의 어디에도 사람이 보여서는

처음에는 '손수' 돌판을 새겨주더니(31:18), 이번엔 모세더러 깎으라고(1절) 시키는 연유는 무엇입니까? 32장 16절을 볼 때 처음 돌판은 하나님께서 마련하신 것 같고, 두 번째 돌판은 모세가 마련해서 가져갔다는 점에서 차이가 납니다. 아마도 모세가 이 돌판을 깨뜨렸으니 모세 스스로 돌판을 준비하도록 하신 것이라 볼 수 있습니다. 하나님께서 모세에게 다시 하나님의 계명을 얻을 기회를 주신 것입니다. 본문은 모세의 잘못이라고 말할 수는 없지만, 하나님께서는 언제나 우리에게 새로 시작할 기회를 주십니다. 처음 돌판은 하나님께서 주셨고, 두 번째 돌판은 모세가 마련했지만, 좀 더 중요한 사실은 처음 돌판이나 두 번째 돌판 모두 하나님께서 손수 그 위에 하나님의 명령을 새기셨다는 점입니다.

안 된다. 산기슭에서 양과 소에게 풀을 뜯기고 있어도 안 된 다." 4 모세는 주님께서 그에게 명하신 대로, 돌판 두 개를 처음 것과 같이 깎았다. 이튿날 아침에 일찍 일어나서, 그는 두 돌판을 손에 들고 시내산으로 올라갔다. 5 그때에 주님께서 구름에 싸여 내려오셔서, 그와 함께 거기에 서서, 거룩한 이름 '주'를 선포하셨다. 6 주님께서 모세의 앞으로 지나가시면서 선포하셨다. "주, 나 주는 자비롭고 은혜로우며, 노하기를 더디하고, 한결같은 사랑과 진실이 풍성한 하나님이다. 7 수천 대에 이르기까지, 한결같은 사랑을 베풀며, 악과 허물과 죄를 용서하는 하나님이다. 그러나 나는 죄를 벌하지 않은 채 그냥 넘기지는 아니한다. 아버지가 죄를 지으면, 본인에게뿐만 아니라 삼사 대 자손에게까지 벌을 내린다." 8 모세가 급히 땅에 엎드려서 경배하며 9 아뢰었다. "주님, 주님께서 저에게 은총을 베푸시는 것이 사실이면, 주님께서는 우리와 함께 가주시기 바랍니다. 이 백성이 고집이 센 백성인 것은 사실이나, 주님께서 우리의 악과 우리의 죄를 용서해주시고, 우리를 주님의 소

6절에 동의하기 어렵습니다. 오히려 하나님은 쉽게 노하며 잘못을 저지를 때마다 가혹하게 벌하는 엄한 신처럼 보입니다. 출애굽기에 백성들의 불평과 원망, 그에 대한 하나님의 처벌이 잇달아 기록되었기에 우리에게 하나님은 가혹하게 벌하시는 분으로 보일 수 있습니다. 그러나 정말 하나님께서 가혹하게 벌하시는 분이었다면 과연 이스라엘이, 아니 인류가 이제까지 존속할 수 있었을까요? 7절을 보면 수천 대까지 한결같은 사랑을 베푸시되 악에 대해서는 삼사 대까지 벌하신다 하셨습니다. 여기서 '수천'이나 '삼사 대'는 문학적이며 상징적인 표현입니다. 사랑이 훨씬 강하고 깁니다. 그리고 삼사 대까지 벌하신다는 것도 처벌보다는 악을 바로잡는 것에 초점이 있습니다. 부모의 징계가 자식에 대한 사랑이듯이, 하나님의 심판도 회복을 위한 사랑입니다. 그래서 6-7절은 한마디로 '하나님의 한결같은 사랑'으로 요약할 수 있습니다.

유로 삼아주시기를 바랍니다."

다시 언약을 맺으시다(출 23:14-19; 신 7:1-5; 16:1-7)

10 ○ 주님께서 말씀하셨다. "내가 이제 너희와 언약을 세운다. 내가 너희 모든 백성 앞에서, 이 세상 어느 민족들 가운데서도 이루어진 적이 없는 놀라운 일을 하여 보일 것이다. 너희 주변에 사는 모든 백성이, 나 주가 너희에게 하여주는 그 일이 얼마나 두려운 일인지를 보게 될 것이다. 11 너희는 내가 오늘 너희에게 명하는 것을 삼가 지키도록 하여라. 내가 이제 너희 앞에서 아모리 사람과 가나안 사람과 헷 사람과 브리스 사람과 히위 사람과 여부스 사람을 쫓아내겠다. 12 너희는 삼가, 너희가 들어가는 땅에 사는 사람들과 언약을 세우지 않도록 하여라. 그들과 언약을 세우면, 그것이 너희에게 올무가 될 것이다. 13 그러니 너희는 그들의 제단을 허물고, 그들의 석상을 부수고, 그들의 아세라 목상을 찍어버려라.

14 ○ 너희는 다른 신에게 절을 하여서는 안 된다. 나 주는 '질투'라는 이름을 가진, 질투하는 하나님이기 때문이다. 15 너희

'신들을 음란하게' 따른다(15-16절)는 말은 무슨 뜻입니까? 하나님이 아닌 다른 신을 따르는 것을 두고 구약성경은 곧잘 이처럼 '음란'이라 표현합니다. 하나님께서 우리의 남편이요 아내이신데, 우리가 그분에 만족하지 않고 도리어 다른 신에게 더 마음을 빼앗기는 것을 이렇게 표현한 것입니다. 그렇다면 다른 신을 섬기는 것은 근본적으로 만족할 줄 모르는 욕망이 본질이라 할 수 있습니다. 때로는 우리가 어떤 신앙이나 종교를 가지는 것 역시 곰곰이 따져보면 욕망의 결과인 경우가 있습니다. 만약 그렇다면, 그때 우리가 설령 예수 그리스도를 믿는다 할지라도 그 신앙을 '음란'이라 말할 수도 있을 것입니다.

는 그 땅에 사는 사람들과 언약을 세우지 말아라. 언약이라도 세웠다가, 그들이 자기들의 신들을 음란하게 따르며, 그 신들에게 제사를 드리면서 너희를 초대하면, 너희가 그 초대를 거절하지 못하고, 그리로 가서, 그 제물을 먹지 않겠느냐? 16 또 너희가 너희 아들들을 그들의 딸들과 결혼시키면, 그들의 딸들은 저희 신들을 음란하게 따르면서, 너희의 아들들을 꾀어, 자기들처럼 음란하게 그 신들을 따르게 만들 것이다.

17 ○ 너희는 신상을 부어 만들지 못한다.

18 ○ 너희는 무교절을 지켜야 한다. 내가 너희에게 명한 대로, 아빕월의 정해진 때에, 이레 동안 누룩을 넣지 않은 빵을 먹어라. 이것은 너희가 아빕월에 이집트에서 나왔기 때문이다.

19 ○ 태를 처음 열고 나온 것은 모두 나의 것이다. 너희 집짐승 가운데 처음 난 수컷은, 소의 맏배이든지 양의 맏배이든지, 모두 나의 것이다. 20 나귀의 맏배는 어린 양을 대신 바쳐서 대속하게 해야 한다. 그렇게 대속하지 않으려거든, 그 목을 부러뜨려야 한다. 너희 아들들 가운데 맏아들도 모두 대속해야 한다. 그리고 아무도 내 앞에 빈손으로 나와서는 안 된다.

'칠칠절'과 '수장절'(22절)은 어떤 절기인가요? 칠칠절은 무교절로부터 7주 다음 날, 즉 50일째 되는 날에 지키는 절기입니다(레 23:9-22). 보리와 밀의 첫 열매를 수확하고 그것으로 하나님께 예물을 드리는 절기인데, 하나님께서 수확을 거두게 하신 것을 기뻐하고 감사하며 지키는 절기입니다. 수장절은 한 해의 마지막 절기로, 포도와 감람 농사를 비롯해서 모든 농사를 마치고 거둔 수확을 창고에 '수장', 즉 저장하고 지키는 절기입니다. 이 역시 한 해에 대한 감사를 표현하는 절기라 할 수 있습니다. 우리가 얻은 것을 단지 우리 노력으로 이루었다고 말하지 않고 이처럼 하나님께서 우리에게 주셨다고 고백하며 기뻐할 때, 우리는 수확이 적어도 감사할 수 있고, 우리에게 주어진 수확을 이웃과 함께 나눌 수도 있습니다.

21 ○ 너희는 엿새 동안 일을 하고, 이렛날에는 쉬어야 한다. 밭갈이하는 철이나 거두어들이는 철에도 쉬어야 한다.

22 ○ 너희는 밀을 처음 거두어들일 때에는 칠칠절을 지키고, 한 해가 끝날 때에는 수장절을 지켜야 한다.

23 ○ 너희 가운데 남자들은 모두 한 해에 세 번 이스라엘의 하나님 나 주 앞에 나와야 한다. 24 내가 뭇 민족을 너희 앞에서 쫓아내고, 너희의 영토를 넓혀주겠다. 너희가 한 해에 세 번 주 너희의 하나님을 뵈려고 올라올 때에, 아무도 너희의 땅을 점령하려 하지 않을 것이다.

25 ○ 너희는 나에게 바치는 희생제물의 피를 누룩 넣은 빵과 함께 바치지 말아라. 유월절 제물은 이튿날 아침까지 남겨두어서는 안 된다.

26 ○ 너희는 너희 땅에서 난 첫 열매 가운데서 제일 좋은 것을 주 너희의 하나님의 집으로 가져오너라.

○ 너희는 새끼 염소를 그 어미의 젖으로 삶아서는 안 된다."

27 ○ 주님께서 모세에게 말씀하셨다. "너는 이 말을 기록하여라. 내가 이 말을 기초로 해서, 너와 이스라엘과 언약을 세웠

'한 해에 세 번'(23절)은 구체적으로 언제를 가리킵니까? 무교절과 칠칠절, 수장절 이렇게 세 번을 가리킵니다. 이 세 번의 절기에 모든 이스라엘은 하나님께서 거처로 정하신 곳, 성막 혹은 성전이 있는 곳으로 나아와야 합니다. 나중에 예루살렘 성전이 세워진 후 이 세 번의 절기는 모든 이스라엘 백성이 예루살렘으로 순례하는 순례 절기가 되었습니다. 이집트의 종이었던 우리를 하나님께서 건지신 것을 기념하기 위해 함께 모이고, 한 해의 수확을 풍성하게 거두게 하신 것을 기념하며 함께 모입니다. 이러한 순례 절기를 통해 이스라엘 백성은 우리가 누구이고 함께 살아가는 이들은 누구인지 돌아보았을 것입니다. 무엇보다도 우리를 존재케 하신 분이 하나님이심을 다시금 되새기고 기억하는 시간이 되었을 것입니다.

기 때문이다." 28 모세는 거기서 주님과 함께 밤낮 사십 일을 지내면서, 빵도 먹지 않고, 물도 마시지 않고, 언약의 말씀 곧 십계명을 판에 기록하였다.

모세가 시내산에서 내려오다

29 ○ 모세가 두 증거판을 손에 들고 시내산에서 내려왔다. 그가 산에서 내려올 때에, 그의 얼굴에서는 빛이 났다. 주님과 함께 말씀을 나누었으므로 얼굴에서 그렇게 빛이 났으나, 모세 자신은 전혀 알지 못하였다. 30 아론과 이스라엘의 모든 자손이 모세를 보니, 모세 얼굴의 살결이 빛나고 있었다. 그래서 그들은 그에게로 가까이 가기를 두려워하였으나, 31 모세가 그들을 부르자, 아론과 회중의 지도자들이 모두 그에게로 가까이 갔다. 모세가 먼저 그들에게 말을 거니, 32 그때에야 모든 이스라엘 자손이 그에게로 가까이 갔다. 모세는, 주님께서 시내산에서 자기에게 말씀하신 모든 것을 그들에게 명하였다. 33 모세는, 그들에게 하던 말을 다 마치자, 자기의 얼굴을 수건으로 가렸다. 34 그러나 모

어째서 모세는 수건으로 얼굴을 가려서(33절) 낮빛을 보지 못하게 했을까요? 하나님께서 모세와 친히 말씀하실 때는 심지어 가축조차도 근처에 있지 못하게 하셨습니다(3절). 하나님께서 친히 임재해 모습을 드러내시는 사건은 그만큼 특별하고 영광스러우며 놀라운 것입니다. 정직하고 의로운 사람과 같이 있어도 우리 역시 깨끗해진 것 같을 텐데, 영광스러운 하나님 앞에서 하나님께서 친히 하시는 말씀을 들으며 함께했으니 모세는 얼마나 변화되었을까요? 모세의 얼굴이 어찌나 빛났던지 사람들이 눈이 부셔서 볼 수가 없을 정도였고, 결국 별수 없이 모세는 수건으로 얼굴을 가려야 했습니다. 모세의 얼굴에 나타난 빛은 하나님의 영광을 지극히 일부만 담아냈을 뿐이지만, 사람들이 그것을 감당할 수 없을 정도였습니다.

세는, 주님 앞으로 들어가서 주님과 함께 말할 때에는 수건을 벗고, 나올 때까지는 쓰지 않았다. 나와서 주님께서 명하신 것을 이스라엘 자손에게 전할 때에는, 35 이스라엘 자손이 자기의 얼굴에서 빛이 나는 것을 보게 되므로, 모세는 주님과 함께 이야기하러 들어갈 때까지는 다시 자기의 얼굴을 수건으로 가렸다.

{ 제35장 }

안식일 규례

1 모세는 이스라엘 자손의 온 회중을 모아놓고 말하였다. "주님께서 당신들에게 실천하라고 명하신 말씀은 이러합니다. 2 엿새 동안은 일을 해야 합니다. 그러나 이렛날은 당신들에게 거룩한 날, 곧 주님께 바친 완전히 쉬는 안식일이므로, 그날에 일을 하는 사람은 누구든지 사형에 처해야 합니다. 3 안식일에

히브리인의 안식일과 요즘 기독교인들이 '주일'이라고 부르는 일요일은 어떤 공통점과 차이점이 있습니까? 안식일은 일주일에 하루는 나도 쉬고, 다른 사람들과 가축까지 쉬게 하며, 하나님의 창조와 안식을 기억하는 날로 자유와 해방, 쉼을 누리는 날입니다. 반면 주일은 죽음을 이기고 부활하신 예수님을 기억하며 함께 모여 찬양하고 예배하는 날로 찬양과 감사, 함께 예배함의 날이라 할 수 있습니다. 이처럼 두 날은 유래가 전혀 다릅니다. 그러나 두 날 모두 일주일에 한 번이라는 점에서, 그리고 안식일은 무조건, 주일은 대체로 일하지 않는 날이라는 점에서 서로 연관해 생각할 수 있습니다. 부지런히 일하지만 하루는 누구라도 쉬는 것이 마땅하다는 것, 우리가 일할수록 수입이 늘 수 있지만 일을 쉬면서 우리를 살게 하시는 하나님을 함께 모여 기억하고 예배하는 시간이 필요하다는 것을 안식일과 주일 제도가 깨우쳐줍니다.

는 당신들이 사는 어디에서도 불을 피워서는 안 됩니다."

성막 자재의 헌납(출 25:1-9)

4 ○ 모세가 이스라엘 자손의 온 회중에게 말하였다. "이것은
주님께서 내리신 명령입니다. 5 당신들은 각자의 소유 가운데
서 주님께 바칠 예물을 가져오십시오. 바치고 싶은 사람은 누
구나 주님께 예물을 바치십시오. 곧 금과 은과 동과, 6 청색 실
과 자주색 실과 홍색 실과 가는 모시실과 염소 털과, 7 붉게 물
들인 숫양 가죽과 돌고래 가죽과, 아카시아나무와, 8 등잔용
기름과 예식용 기름에 넣는 향품과 분향할 향에 넣는 향품과,
9 에봇과 가슴받이에 박을 홍옥수와 그 밖의 보석들입니다."

회막 기구들(출 39:32-43)

10 ○ "당신들 가운데 기술 있는 사람은 모두 와서, 주님께서

하나님은 왜 '누구나 반드시'가 아니라 '바치고 싶은 사람은'(5절) 예물을 가져오라고
'명령'(4절)하셨을까요? 눈에 보이지 않는 하나님을 신뢰하며 순종하는 삶의 가장
근본은 자발적인 태도일 것입니다. 자발적이지 않고 강제한다는 것은 무엇인가 스
스로 판단하기에 부족하고 모자라며 미숙하다는 것을 전제합니다. 만일 하나님께서
우리 안에 온 맘 다해 하나님을 경배하도록 프로그램을 심어두셨다면 우리는 평생
온 맘 다해 신앙생활을 할 것입니다. 그러나 우리는 그런 존재를 두고 사람이라고
하지 않고 로봇이나 기계라고 불러야 마땅할 것입니다. 하나님의 형상대로 지음받
은 우리는 기계가 아니라 자유의지를 가진 사람, 때로는 하나님께 거역하기도 하는
사람입니다. 그러므로 자발적 순종과 드림이야말로 존귀하신 하나님 앞에 나아가는
사람의 가장 존엄한 태도입니다.

명하신 모든 것을 만드십시오. 11 만들 것은, 성막과 그 덮개
와 그 윗덮개와, 갈고리와 널빤지와 가로다지와 기둥과 밑받
침과, 12 증거궤와 그것에 딸린 채와 속죄판과 그것을 가릴 휘
장과, 13 상과 상을 옮기는 데 쓸 채와 그 밖의 모든 기구와 상
에 차려놓을 빵과, 14 불을 켤 등잔대와 그 기구와 등잔과 등잔
용 기름과, 15 분향단과 단을 옮기는 데 쓸 채와 예식용 기름과
분향할 향과 성막 어귀의 휘장과, 16 번제단과 거기에 딸린 놋
그물과 번제단을 옮기는 데 쓸 채와 모든 기구와, 물두멍과 그
받침과, 17 뜰의 휘장과 그 기둥과 밑받침과 뜰의 정문 휘장과,
18 성막의 말뚝과 줄과, 울타리의 말뚝과 줄과, 19 성소에서 예
식을 올릴 때에 입는 잘 짠 옷과, 곧 제사장 아론의 거룩한 옷
과 그 아들들이 제사장 일을 할 때에 입는 옷입니다."

기쁜 마음으로 예물을 바치다

20 ○ 이스라엘 자손의 온 회중은 모세 앞에서 물러나왔다.
21 마음이 감동되어 스스로 그렇게 하기를 원하는 사람은 모두

'그렇게 하기를'(21절) 원하지 않는 이들, 그러니까 예물을 바치고 싶지 않은 사람들은
마음 가는 대로 해도 하나님의 노여움을 사지 않았을까요? 출애굽기나 다른 책에도
이때 예물을 바치지 않아 하나님의 노여움을 샀다거나 벌을 받았다는 내용은 전혀 없
습니다. 일례로 신약성경의 사도행전 시대의 신앙 공동체는 자발적으로 자신이 가진
것을 내어놓는 이들이 많았습니다(행 2:44-45; 4:32-35). 그런데 한 부부는 일부만을
바치면서 자신이 가진 전부라고 거짓말을 했고, 이 일로 그만 죽고 말았습니다(행 5:1-
10). 가진 걸 내어놓지 않아도 아무 문제가 없는데, 바치기 싫었기에 일부만 바치면서
전부를 바친 양 하다가 죽은 것입니다. 이로 미루어 보건대 바치지 않는 것은 아무런
죄가 되지 않으나, 억지로 남들이 하니까 거짓말로 하는 것이야말로 문제가 됩니다.

나서서, 회막과 그곳의 제사에 필요한 모든 것과 거룩한 옷을 만들 수 있도록, 갖가지 예물을 주님께 가져왔다. 22 남녀 구별 없이 스스로 원하는 사람은 누구나 장식 핀과 귀고리와 반지와 목걸이 등 온갖 금붙이를 가져왔으며, 그 모든 사람이 금붙이를 흔들어서 주님께 바쳤다. 23 그리고 청색 실과 자주색 실과 홍색 실과 가는 모시실과 염소 털과 붉게 물들인 숫양 가죽과 돌고래 가죽을 가진 사람들은 모두 그 물건들을 가져왔다. 24 은과 동을 예물로 바칠 수 있는 사람들은 모두 주님께 그 물건들을 예물로 가져왔고, 제사 기구를 만드는 데 쓰는 아카시아나무를 가진 사람들은 모두 그 나무를 가져왔다. 25 재주 있는 여자들은 모두 손수 실을 자아서, 그 자은 청색 실과 자주색 실과 홍색 실과 가는 모시실을 가져왔다. 26 타고난 재주가 있는 여자들은 모두 염소 털로 실을 자았다. 27 지도자들은 에봇과 가슴받이에 박을 홍옥수를 비롯한 그 밖의 보석들과 28 향품과 등잔용 기름과 예식용 기름과 분향할 향에 필요한 기름을 가져왔다. 29 스스로 바치고 싶어 하는 모든 남녀

기술자 오홀리압에게 '남을 가르치는 능력'(34절)이 필요했던 까닭은 무엇입니까? 브살렐과 오홀리압은 성막과 그에 연관된 물건을 제작하는 사람일 뿐 아니라 그 전체를 맡은 책임자였습니다. 여러 곳에서 모인 수많은 물자들을 적절히 분배해 실제로 작업이 진행되도록 일을 지휘하고 이끌어갈 그에게는 이 전체를 지휘하는 지혜가 필요했을 것입니다. 적재적소에 사람과 자원이 동원되도록 배치하고 사람들을 이끌어가는 것도 가르치는 행위에 포함됩니다. 출애굽기 본문은 하나님 말씀과 제사, 예배만이 아니라, 물건을 만들고 베를 짜고 일을 나누어 맡는 것과 같은 일상의 지혜 역시 하나님께로부터 온 것임을 보여줍니다. 오늘날로 치면, 목회자만이 아니라 교회에서 음식을 만들고 물건을 마련하고 청소하는 모든 이가 하나님께로부터 능력을 받은 사람이라는 것입니다.

이스라엘 자손이, 주님께서 모세를 시켜 명하신 모든 것을 만들려고, 기쁜 마음으로 물품을 가져다가 주님께 바쳤다.

회막 기술자(출 31:1–11)

30 ○ 모세가 이스라엘 자손에게 말하였다. "주님께서 유다 지파 사람, 훌의 손자이며 우리의 아들인 브살렐을 지명하여 부르셔서, 31 그에게 하나님의 영을 가득하게 하시고, 지혜와 총명과 지식과 온갖 기술을 갖추게 하셨습니다. 32 그래서 그는 여러 가지를 생각해내어, 그 생각해낸 것을 금과 은과 놋으로 만들고, 33 온갖 기술을 발휘하여, 보석을 깎아 물리는 일과, 나무를 조각하는 일을 하게 하셨습니다. 34 또한 주님께서는 그와 단 지파 사람 아히사막의 아들 오홀리압에게는 남을 가르치는 능력도 주셨습니다.

35 ○ 주님께서는 그들에게 기술을 넘치도록 주시어, 온갖 조각하는 일과 도안하는 일을 할 수 있게 하시고, 청색 실과 자주색 실과 홍색 실과 가는 모시실로 수를 놓아 짜는 일과 같은 모든 일을 할 수 있게 하시고, 여러 가지를 고안하게 하셨습니다.

{ 제36장 }

1 그러므로 브살렐과 오홀리압과 기술 있는 모든 사람, 곧 주님께서 지혜와 총명을 주셔서 성소의 제사에 필요한 모든 것을 만들 줄 아는 사람들은, 모든 것을 주님께서 명하신 그대로 만들어야 합니다."

자재 헌납

2 ○ 모세는, 브살렐과 오홀리압과, 주님께서 그 마음에 지혜를 더하여주신 기술 있는 모든 사람, 곧 타고난 재주가 있어서 기꺼이 그 일을 하고자 하는 모든 사람을 불러 모았다. 3 그들은 이스라엘 자손이 성소의 제사에 필요한 것을 만드는 데 쓰라고 가져온 모든 예물을 모세에게서 받았다. 그런 다음에도 사람들은 아침마다 계속 자원하여 예물을 가져왔다. 4 그래서 성소에서 일을 하는 기술 있는 모든 사람이, 하던 일을 멈추고 모세에게로 와서, 5 이르기를 "백성들이, 주님께서 명하신 일을 하는 데에 쓰고도 남을 만큼 많은 것을 가져오고 있습니다"

기술자들을 구할 때도 '기꺼이 하고자 하는'(2절) 이들만 불러 모았습니다. 하나님이 이토록 자발성을 중요하게 여기는 까닭은 무엇입니까? 앞에서도 이야기했지만, 자발적인 순종이야말로 하나님의 형상대로 지음받은 사람에게 어울리는 가장 존엄하고 영광스러운 모습입니다. 이를 위해 하나님께서는 심지어 하나님을 거역할 자유, 불순종하는 자유까지도 사람에게 허락하셨습니다. 다시 말해 불순종의 가능성이 전혀 없는 사람이라는 개념은 로봇에게나 어울리지, 이를 두고 완전하다거나 존엄하다고 말할 수는 없습니다. 온 땅의 왕이며 창조주이신 하나님께 나아가는 이라면 마땅히 자원하는 마음으로 나아가야 할 것입니다.

하였다. 6 그래서 모세는 진중에 명령을 내려서 '남자든 여자든, 성소에서 쓸 물품을 더는 헌납하지 말라'고 알리니, 백성들이 더 이상 바치지 않았다. 7 그러나 물품은 그 모든 일을 하기에 넉넉할 뿐 아니라, 오히려 남을 만큼 있었다.

성막을 만들다(출 26:1-37)

8 ○ 일을 하는 사람들 가운데, 기술이 있는 사람은 모두 열 폭천으로 성막을 만들었다. 그 천은 가늘게 꼰 모시실과 청색 실과 자주색 실과 홍색 실로, 그룹을 정교하게 수를 놓아서 짠 것이다. 9 폭의 길이는 스물여덟 자씩이요, 너비는 넉 자로, 폭마다 그 치수가 모두 같았다.

10 ○ 먼저 다섯 폭을 옆으로 나란히 이어 한 벌을 만들고, 또 다른 다섯 폭도 옆으로 나란히 이어서 한 벌을 만들었다. 11 그런 다음에, 나란히 이은 천의 한쪽 가장자리에 청색 실로 고를 만들고, 나란히 이은 다른 한쪽 가장자리에도 이와 같이 하여

예물은 많이 모일수록 더 좋은 게 아닌가요? 굳이 가져오지 말라고(6절) 말릴 필요가 있었을까요? 광야 시절 그들의 양식은 만나였습니다. 그런데 하나님께서는 만나를 거두되 하루치만을 일용할 양식으로 거두게 하셨습니다. 우리를 살게 하는 것은 우리가 저장해둔 음식이나 재산이 아니라 하나님이심을 깨닫게 하고 기억하게 하는 훈련이라고 할 수 있습니다. 성막을 만들기 위한 예물을 필요한 분량 이상 모으지 못하게 했다는 점도 이러한 원리에서 생각해볼 수 있습니다. 더 많이 쌓아두는 까닭은 무엇일까요? 나중에 더 필요할 때 백성들이 더 이상 내지 않으면 어떻게 하나 이런 불안 때문이 아닐까요? 언제든 백성의 자발적 드림이 없다면 하지 않는 것이 마땅할 것입니다. 하나님께 나아감은 미리 저축해놓을 수 있는 무언가가 아니라, 그때그때의 자발적 헌신입니다.

서로 맞물릴 수 있게 하였다. 12 서로 맞물리는 두 벌 끝 폭 가장자리에 만들 고의 수는 쉰 개씩이다. 이 고들을 서로 맞닿게 하였다. 13 금 갈고리를 쉰 개 만들어서, 이 갈고리로 두 쪽의 천을 서로 이어서 한 성막이 되게 하였다.

14 ○ 그들은 염소 털로 짠 천 열한 폭으로 성막 위에 덮을 천막을 만들었다. 15 폭의 길이는 서른 자요, 너비는 넉 자로, 열한 폭의 치수를 모두 같게 하였다. 16 다섯 폭을 따로 잇고, 나머지 여섯 폭도 따로 이었다. 17 다섯 폭을 이은 천의 가장자리에 고 쉰 개를 만들고, 여섯 폭을 이은 천의 가장자리에도 또 다른 고 쉰 개를 만들었다. 18 놋쇠 갈고리 쉰 개를 만들어서, 이 두 쪽을 마주 걸어서 한 천막이 되게 하였다.

19 ○ 이 밖에도 천막 덮개를 두 개 더 만들었으니, 하나는 붉게 물들인 숫양 가죽으로 만들고, 그 위에 덮을 또 다른 덮개는 돌고래 가죽으로 만들었다.

20 ○ 그들은 성막을 세울 널빤지를 아카시아나무로 만들었다. 21 널빤지는 길이를 열 자, 너비를 한 자 반으로 하고 22 널빤지에 두 촉꽂이를 만들어 서로 잇대어 세웠다. 성막의 널빤지를 모두 이와 같이 만들었다. 23 성막의 남쪽 벽면에 세울 널빤지

천 가장자리에 만들었다는 '고'(12절)는 어떤 장치를 가리킵니까? '고'는 일종의 고리 같은 것입니다. 각각의 천 가장자리를 따라 50개의 고리를 달았습니다. 두 개의 천에 있는 50개의 '고' 부분을 맞대고 이 둘을 '갈고리'로 연결하면 두 천이 한데 모이게 됩니다. 오늘날 두 커튼의 가장자리에 있는 고리들을 또 다른 고리 같은 것으로 서로 연결하는 모양을 생각하면 쉽게 이해할 수 있습니다. 이러한 장치는 성막 전체를 쉽게 조립하고 쉽게 해체하기 위한 것입니다. 이를 통해 하나님께서 거하시는 성막은 한 장소에 고정되지 않고 이스라엘이 움직이는 곳이면 어디든 동행할 수 있습니다.

성막

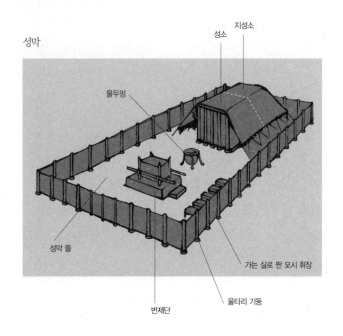

지성소

성소

물두멍

성막 뜰

가는 실로 짠 모시 휘장

번제단

울타리 기둥

는 스무 개를 만들었다. 24 그 널빤지 스무 개 밑에 받칠 밑받침은 은으로 마흔 개를 만들었다. 널빤지마다 그 밑에 촉꽂이를 꽂을 밑받침을 두 개씩 만들었다. 25 그리고 그 반대쪽인 성막의 북쪽 벽면에 세울 널빤지는 스무 개를 만들었다. 26 밑받침 마흔 개를 은으로 만들고, 각 널빤지마다 그 밑에 밑받침을 두 개씩 받치게 하였다. 27 성막 뒤쪽인 서쪽 벽면에 세울 널빤지는 여섯 개를 만들었다. 28 성막 뒤쪽의 두 모퉁이에 세울 널빤지는 두 개를 만들었다. 29 두 모퉁이에 세울 이 널빤지들은, 밑에서 꼭대기까지 겹으로 세워서 완전히 한 고리로 연결한 것인데, 두 모퉁이를 다 이와 같이 만들었다. 30 그래서 그것은 여덟 널빤지에, 널빤지마다 그 밑에 밑받침을 두 개씩 하여, 은 밑받침이 모두 열여섯 개였다.

31 ○ 그들은 아카시아나무로 가로다지를 만들었는데, 성막 한쪽 옆벽의 널빤지에 다섯 개, 32 성막의 다른 한쪽 옆벽의 널빤지에 다섯 개, 서쪽에 해당되는 성막 뒷벽의 널빤지에 다섯 개를 만들었다. 33 널빤지들의 가운데에 끼울 중간 가로다지는 이쪽 끝에서 저쪽 끝까지 이르게 만들었다. 34 널빤지에는 금을 입히고, 가로다지를 꿸 고리를 금으로 만들고, 가로다지

'벽면에 세울 널빤지'(25절)라는 표현 때문에 헷갈립니다. '성막'은 천막인가요, 아니면 목조건물인가요? 성막 옆면에 널빤지를 세우다 보니 얼핏 목조건물처럼 생각할 수 있지만, 천장에는 널빤지가 쓰이지 않았다는 점에서 이 널빤지는 천막으로 이루어진 구조물을 지탱하는 기둥 역할을 한다고 볼 수 있습니다. 남쪽과 북쪽에는 스무 개의 널판을 세워 서로 연결하고, 서쪽에는 여섯 개의 널판을 서로 연결했습니다. 입구가 되는 동쪽에는 다섯 개의 널판을 기둥처럼 세워서 출입이 가능하도록 했습니다. 그리고 이렇게 기본 구조를 잡은 것 위에 여러 겹으로 천막을 덮어씌운 것이 성막입니다. 기본적으로 언제든 조립과 해체가 가능하게 하려고 이렇게 만들어졌습니다.

에도 금을 입혔다.

35 ○ 청색 실과 자주색 실과 홍색 실과 가늘게 꼰 모시실로 휘장을 짜고, 그 위에 그룹을 정교하게 수놓았다. 36 이것을 칠 기둥 네 개를 아카시아나무로 만들었는데, 각 기둥에는 모두 금을 입히고 금 갈고리를 달았으며, 그 기둥에 받칠 은받침 네 개도 부어 만들었다. 37 청색 실과 자주색 실과 홍색 실과 가늘게 꼰 모시실로 수를 놓아, 장막 어귀를 가리는 막을 짰으며, 38 이 막을 칠 기둥 다섯 개와 그것에 딸린 갈고리들을 만들었고, 그 기둥머리와 거기에 달 고리에 금을 입히고, 그 밑받침 다섯 개를 놋으로 만들었다.

{ 제37장 }

언약궤를 만들다(출 25:10-22)

1 브살렐은 아카시아나무로, 길이가 두 자 반, 너비가 한 자 반, 높이가 한 자 반인 궤를 만들었다. 2 순금으로 그 안팎을 입히고, 그 둘레에는 금테를 둘렀다. 3 금고리 네 개를 만들어서, 그 밑 네 모퉁이에 달았는데, 한쪽에 고리 두 개, 다른 한쪽에 고리 두 개를 달았다. 4 아카시아나무로 채를 만들어서 금을 입히고, 5 이 채를 궤의 양쪽 고리에 끼워서 궤를 멜 수 있게 하였다.

6 ○ 그는 순금으로, 길이가 두 자 반이요 너비가 한 자 반인 속죄판을 만들었다. 7 그리고 금을 두들겨서 두 그룹을 만들고, 그것들을 속죄판의 양쪽 끝에 각각 자리 잡게 하였다. 8 그룹 하나는 이쪽 끝에, 또 다른 하나는 맞은쪽 끝에 자리 잡게 만들되, 속죄판과 그 양쪽 끝에 있는 그룹이 한 덩이가 되도록 만들었다. 9 그룹들은 날개를 위로 펴서 그 날개로 속죄판을 덮게 하

성소의 기물을 만드는 데 순금이 거의 빠짐없이 들어갑니다. 성경에서 금이 갖는 상징적인 의미가 있습니까? 순금이 지니는 상징이 무엇인지는 이렇게 성막 기물에 사용된 것으로 미루어 짐작할 수 있습니다. 사실상 성소와 관련된 물건을 만드는 데는 아카시아나무가 빈번히 쓰입니다. 광야 생활 동안 쉽게 구할 수 있는 일상의 재료로 만들되, 겉면은 순금으로 둘렀습니다. 이를 통해 가장 귀하고 값진 것을 표현했다고 볼 수 있습니다. 순금 때문에 순금으로 두른 증거궤가 귀한 것이 아니라, 증거궤가 하나님의 임재를 상징하는 귀한 것이기에 순금으로 둘러 상징적으로 표현한 것입니다. 반면 아론과 백성이 만든 금송아지는 전체가 모두 금으로 만들어졌다는 점에서 차이가 있습니다. 금을 귀하다 여겨 신을 금으로 표현하며 탐욕을 드러낸 것에 비해, 하나님의 임재를 귀히 여겨 금을 겉에 입혀 그 귀함을 표현한 것의 차이입니다.

였고, 그룹의 얼굴들은 속죄판 쪽으로 서로 마주 보게 하였다.

상을 만들다(출 25:23-30)

10 ○ 그는 아카시아나무로, 길이가 두 자이고 너비가 한 자이고 높이가 한 자 반인 상을 만들어서, 11 순금으로 입히고, 둘레에는 금테를 둘렀다. 12 그리고 손바닥 너비만 한 턱을 만들어 상 둘레에 붙이고, 그 턱의 둘레에도 금테를 둘렀다. 13 금고리 넷을 부어 만들어서, 이 고리를 상다리가 붙어 있는 네 모퉁이에 하나씩 붙였다. 14 그 고리들을 턱 곁에 달아서, 상을 운반할 때에 쓰는 채를 끼워 넣을 수 있게 하였다. 15 그 채는 아카시아나무로 만들고, 거기에 금을 입혀서 상을 운반할 수 있게 하였다. 16 상에 쓸 기구들, 곧 그 상에 올려놓을 대접과 종지와 부어 드

언약궤

그룹

속죄판

리는 제물을 담을 병과 잔을 순금으로 만들었다.

등잔대를 만들다(출 25:31-40)

17 ○ 그는 순금을 두들겨서 등잔대를 만들었으며, 등잔대의
밑받침과 줄기와 등잔과 꽃받침과 꽃을 하나로 잇게 하였다.
18 등잔대의 줄기 양쪽에서 곁가지 여섯 개가 나오게 하였는
데, 등잔대 한쪽에서 곁가지 세 개, 또 다른 한쪽에서도 곁가지
세 개가 나오게 하였다. 19 등잔대의 각 곁가지는 꽃받침과 꽃
잎을 갖춘 감복숭아꽃 모양의 잔 세 개를 연결하여 만들고, 그
맞은쪽 곁가지도 꽃받침과 꽃잎을 갖춘 감복숭아꽃 모양 잔 세
개를 연결하여 만들었다. 등잔대의 줄기에서 나온 곁가지 여섯
개를 모두 이와 같이 하였다. 20 등잔대 줄기는 꽃받침과 꽃잎

등잔대

을 갖춘 감복숭아꽃 모양 잔 네 개를 쌓아놓은 모양으로 만들었다. 21 그리고 등잔대의 맨 위에 있는 좌우 두 곁가지가 줄기에서 뻗어 나올 때에는 밑에서 세 번째 놓인 꽃받침에서 뻗어 나오게 하고, 그 아래에 있는 좌우 두 곁가지가 줄기에서 뻗어 나올 때에는 밑에서 두 번째 놓인 꽃받침에서 뻗어 나오게 하고, 그리고 맨 아래에 있는 좌우 두 곁가지가 줄기에서 뻗어 나올 때에는 맨 아래에 놓인 꽃받침에서 뻗어 나오게 하여, 곁가지 여섯 개가 줄기와 연결되어 한 덩이가 되게 하였다. 이렇게 등잔대의 줄기에서 좌우로 곁가지가 나오게 하였다. 22 등잔대 줄기의 꽃받침에 연결된 곁가지들은 모두 순금을 두들겨 만들어서, 전체를 하나로 잇게 하였다. 23 등잔 일곱 개와 등잔불 집게와 불똥 그릇을 순금으로 만들었는데, 24 등잔대와 이 모든 기구를 순금 한 달란트를 들여서 만들었다.

분향단을 만들다(출 30:1-5)

25 ○ 그는 아카시아나무로 분향단을 만들었는데, 그 길이가 한 자요 너비가 한 자인 네모난 모양으로서, 높이는 두 자로

특별히 감복숭아꽃 모양(19절)으로 등잔대를 만든 까닭이 있습니까? 본문에서 더 이상 설명하지 않아서 명확히 알 길이 없습니다. 출애굽기에서는 여기에 언급된 식물을 감복숭아라고 번역했지만, 다른 곳(렘 1:11)에서는 살구나무라고 옮기기도 했으며, 영어로는 아몬드(Almond) 나무로 표현됐습니다. 이와 같은 어근을 지닌 동사는 '지켜보다, 주시하다'를 의미합니다. 그래서 예레미야가 환상 속에서 살구나무를 본 것을 두고 하나님께서는 "내가 지켜보고 있다"는 의미라고 풀이하셨습니다(렘 1:11-12). 이를 생각하면, 등잔대에 있는 살구꽃 혹은 감복숭아꽃은 "하나님께서 늘 지켜보심"을 가리키는 상징적인 의미라고 해석할 수도 있습니다.

하고, 그 뿔과 단은 하나로 잇게 만들었다. 26 그리고 그 단의 윗면과 네 옆면과 뿔을 순금으로 입히고, 그 가장자리에 금테를 둘렀다. 27 금고리 둘을 만들어 그 금테 아래 양쪽 옆에 붙여서, 그것을 들고 다닐 채를 끼울 수 있게 하였다. 28 아카시아나무로 채를 만들고, 거기에 금을 입혔다.

성별하는 기름과 향(출 30:22-38)

29 ○ 그는, 향을 제조하는 법을 따라서, 성별하는 기름과 향기롭고 순수한 향을 만들었다.

{ 제38장 }

번제단을 만들다(출 27:1–8)

1 그는 아카시아나무로 번제단을 만들었는데, 그 길이가 다섯 자요 너비가 다섯 자인 네모난 모양으로 만들었으며, 그 높이는 석 자로 하였다. 2 번제단의 네 모퉁이에 뿔을 하나씩 만들어 붙이고, 그 뿔과 제단을 하나로 잇게 하고, 거기에 놋쇠를 입혔다. 3 번제단의 모든 기구, 곧 재를 담는 통과 부삽과 대야와 고기 갈고리와 불 옮기는 그릇을 놋으로 만들었다. 4 제단에 쓸 그물을 놋쇠로 만들고, 제단 가장자리 밑에 달아서, 제단의 중간에까지 이르게 하였다. 5 놋그물의 네 모퉁이에, 채를 끼우는 데 쓸 고리 네 개를 부어 만들었다. 6 아카시아나무로 채를 만들고, 거기에 놋쇠를 입혔다. 7 이 채들을 번제단 양옆의 고리에 끼워서, 그것을 운반할 수 있게 하고, 번제단은 널빤지로 속이 비게 만들었다.

번제단

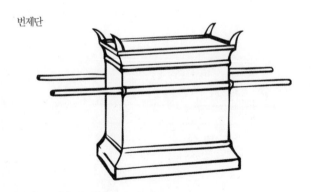

놋 물두멍을 만들다(출 30:18)

8 ○ 그는 물두멍과 그 받침을 놋쇠로 만들었는데, 그것은 회막 어귀에서 봉사하는 여인들이 바친 놋거울로 만든 것이다.

성막 울타리를 만들다(출 27:9-19)

9 ○ 그는 성막 뜰을 두르는 울타리를 만들었는데, 가는 실로 짠 모시 휘장으로 울타리를 둘렀다. 그 남쪽 휘장은 백 자로 하였다. 10 휘장을 칠 기둥 스무 개와 그 밑받침 스무 개를 놋쇠로 만들고, 그 기둥의 갈고리와 고리를 은으로 만들었다. 11 북쪽에도 마찬가지로, 백 자가 되는 휘장을 치고, 기둥 스무 개와 밑받침 스무 개를 놋쇠로 만들고, 기둥의 갈고리와 고리를 은으로 만들었다. 12 해 지는 쪽인 서쪽 울타리는 쉰 자가 되는 휘장으로 하고, 기둥 열 개와 밑받침 열 개를 만들었다. 그 기둥의 갈고리와 고리를 은으로 만들었다. 13 해 뜨는 쪽인 동쪽 울타리도 쉰 자로 하였다.

'회막 어귀에서 봉사하는 여인들'(8절)은 누굴 가리킵니까? 여성 제사장입니까? 성소에서 봉사하는 여인에 대해서는 이곳 외에 사무엘기상 2장 22절에 단 한 번 더 언급되는데, 이 여인들이 누구이며 무슨 일을 했는지 전혀 알 수 없습니다. 대개 이방 신전의 경우 신전에서 제의와 연관해 매음을 행하는 전문적인 여성이 있기도 했지만, 출애굽기나 사무엘기상 본문을 그렇게 볼 가능성은 없습니다. 여기에서는 물두멍 제조에 쓰일 놋의 출처를 밝히느라 여성이 언급되었다는 점에서, 성소 건설을 위해 자원해서 예물을 가져온 여성들과 연관해 생각해볼 수 있을 것 같습니다(출 35:20-29). 어떤 여성들은 직접 성막에 쓸 실을 뽑고 수를 놓기도 했으며, 그 외에도 성막과 연관해 함께 일했던 여성들이 있었을 것입니다.

14 ㅇ 동쪽의 정문 한쪽에 밑받침 셋을 놓고, 그 위에 기둥 셋을 세운 다음에, 열다섯 자가 되는 휘장을 쳤다. 15 다른 한쪽에도 밑받침 셋을 놓고서, 그 위에 기둥 셋을 세운 다음에, 열다섯 자가 되는 휘장을 쳤다. 동쪽 울타리에 있는 정문의 양쪽을 이렇게 똑같이 만들었다. 16 울타리의 사면을 두른 휘장은 모두 가늘게 꼰 모시실로 짠 것이다. 17 기둥 밑받침은 놋쇠로 만들었으나, 기둥 갈고리와 고리는 은으로 만들고, 기둥머리 덮개는 은으로 씌웠다. 울타리의 모든 기둥에는 은고리를 달았다.

18 ㅇ 동쪽 울타리의 정문에 칠 막은, 청색 실과 자주색 실과 홍색 실과 가늘게 꼰 모시실로 수를 놓아 짠 것으로, 그 길이는 스무 자이고, 너비 곧 높이는 뜰의 휘장과 마찬가지로 다섯 자이다. 19 그것을 칠 기둥 네 개와 그 밑받침 네 개를 놋쇠로 만들고, 그 갈고리를 은으로 만들고, 기둥머리 덮개와 고리를 은으로 만들었다. 20 성막의 말뚝과 울타리 사면에 박을 말뚝은 모두 놋쇠로 만들었다.

20절에서 설명하는 '말뚝'의 쓰임새는 무엇입니까? 광야 성막은 말 그대로의 성막, 그리고 성막 앞부분의 뜰로 이루어집니다. 이 전체를 사방에 천을 둘러 포장을 만들었습니다. 이렇게 설치해놓은 포장이 땅에 견고하게 서 있을 수 있도록 땅에 박아 고정시키기 위해 말뚝이 쓰였습니다. 오늘날에도 야외에서 텐트를 칠 때 텐트를 고정하기 위해 필요한 말뚝을 생각하면 쉽습니다. 그래서 말뚝은 뜰의 포장을 위해서 존재하고, 성막을 고정하기 위해서도 필요했습니다.

성막 공사 물자 명세

21 ○ 다음은 성막 곧 증거판을 간직한 성막 공사의 명세서로서, 제사장 아론의 아들 이다말이 모세의 명령을 받아, 레위 사람들을 시켜서 계산한 것이다. 22 유다 지파 사람 훌의 손자이며 우리의 아들인 브살렐은, 주님께서 모세에게 명하신 모든 것을 만들었다. 23 그를 도와서 함께 일한 단 지파 사람 아히사막의 아들 오홀리압은, 조각도 하고, 도안도 그렸으며, 청색 실과 자주색 실과 홍색 실과 가는 모시실로 수를 놓는 일도 하였다.

24 ○ 성소 건축비로 든 금 곧 흔들어 바친 금은 모두 성소 세겔로 이십구 달란트 칠백삼십 세겔이다. 25 인구조사의 대상이 된 회중이 바친 은은 성소의 세겔로 백 달란트 천칠백칠십오 세겔이다. 26 스무 살이 넘어서 인구조사의 대상이 된 사람이 모두 육십만 삼천오백오십 명이므로, 한 사람당 성소 세겔로 반 세겔 곧 한 베가씩 낸 셈이다. 27 성소 밑받침과 휘장 밑받침을 부어 만드는 데 은 백 달란트가 들었으니, 밑받침 백 개에 백 달란트 곧 밑받침 한 개에 한 달란트가 든 셈이

'성소 세겔'(24절)이란 단위가 생소합니다. 무얼 재는 단위이며, 어느 정도의 양을 가리킵니까? 세겔은 무게 단위이기도 하고, 화폐 단위이기도 했습니다. 세겔에 해당하는 무게가 시대와 장소마다 달랐다고 추측되며, 성소 세겔도 그 가운데 하나였을 것입니다. 성소에 있다 보니 일종의 표준적인 무게 역할을 했을 수 있습니다. 성소 세겔을 따르면 한 세겔은 20게라(30:13)이고, 3천 세겔은 한 달란트였습니다 (38:25–26). 무게로 따지면 한 세겔은 대략 50g 정도였다고 여겨집니다. 화폐 가치로 따지면, 당시에 숫양 한 마리의 가격이 성소 세겔로 2–3세겔 정도였습니다(레 5:15). 모든 이스라엘 사람은 은 반 세겔을 속전으로 내야 했습니다.

다. 28 천칠백칠십오 세겔을 들여서, 기둥의 갈고리와 기둥 머리의 덮개와 기둥의 고리를 만들었다. 29 흔들어 바친 놋쇠는 칠십 달란트 이천사백 세겔인데, 30 이것으로 회막 어귀의 밑받침과 놋제단과 이에 딸린 놋그물과 기타 제단의 모든 기구를 만들고, 31 울타리 사면의 밑받침과 뜰 정문의 밑받침과 성막의 모든 말뚝과 뜰 사면의 모든 말뚝을 만들었다.

{ 제39장 }

제사장의 예복을 만들다(출 28:1~14)

1 그들은 청색 실과 자주색 실과 홍색 실로 성소에서 예배드릴 때에 입는 옷을 정교하게 짜서 만들었다. 그들은 이렇게, 주님께서 모세에게 명하신 대로, 아론이 입을 거룩한 옷을 만들었다.

2 ○ 금실과 청색 실과 자주색 실과 홍색 실과 가늘게 꼰 모시실로 에봇을 만들었다. 3 금을 얇게 두들겨 가지고 오려내어서 실을 만들고, 청색 실과 자주색 실과 홍색 실과 가는 모시실을 섞어가며 정교하게 감을 짰다. 4 에봇의 양쪽에 멜빵을 만들어서, 에봇을 입을 때에 멜빵을 조여서 조정하게 하였다. 5 에봇 위에 띨 허리띠는 에봇을 짤 때와 같은 방법으로, 금실과 청색 실과 자주색 실과 홍색 실과 가늘게 꼰 모시실로 짜서, 에봇과 한데 이어 붙였다. 이것은 모두 주님께서 모세에게 명하신 대로 한 것이다.

6 ○ 홍옥수 두 개를 깎아서 금테에 물리고, 인장 반지를 새기듯이, 그 위에 이스라엘의 아들들의 이름을 새겨 넣었다. 7 그리고 이스라엘 지파들을 상징하는 이 기념 보석들을 에봇의 양쪽 멜

'인장 반지'(6절)란 무엇이며 어디에 쓰는 물건입니까? 인장 반지는 반지에 매우 세밀하게 작은 글씨를 새겨 넣은 것입니다. 대개 반지 소유자의 이름을 포함한 간략한 정보를 적어두어 이 반지를 문서에 찍었을 경우 최종적인 효력을 발휘하게 됩니다. 그래서 고대의 왕들은 이러한 인장 반지를 손에 끼고 있었고, 반지를 찍어 왕명을 확정했으며(왕상 21:8), 이렇게 왕의 반지로 도장을 찍은 조치는 다시 물릴 수 없다고 여겨졌습니다(더 8:8; 단 6:17). 하나님께서 가장 소중히 여기고 중요하게 여기는 존재임을 표현할 때 "그는 나의 인장 반지(옥새)다"와 같은 표현이 쓰이기도 합니다(렘 22:24; 학 2:23).

빵 위에 달았다. 이는 주님께서 모세에게 명하신 대로 한 것이다.

가슴받이를 만들다(출 28:15-30)

8 ○ 그들은 에봇을 만들 때와 마찬가지로 금실과 청색 실과 자주색 실과 홍색 실과 가늘게 꼰 모시실로 가슴받이를 정교하게 만들었다. 9 그것은 두 겹으로 겹쳐서 네모나게 만든 것으로, 길이가 한 뼘이요 너비가 한 뼘인 가슴받이이다. 10 거기에 보석을 네 줄 물렸다. 첫째 줄에는 홍보석과 황옥과 취옥을 박고, 11 둘째 줄에는 녹주석과 청옥과 백수정을 박고, 12 셋째 줄에는 풍신자석과 마노와 자수정을 박고, 13 넷째 줄에는 녹주석과 얼룩 마노와 벽옥을 박고, 이 보석들을 모두 금테에 물렸다. 14 이 보석들은 이스라엘의 아들들의 수대로 열둘이었는데, 인장 반지를 새기듯이, 보석마다 각 사람의 이름을 새겨서, 이 보석들로 열두 지파를 나타내게 하였다. 15 가슴받이를 가슴에 매달 사슬은 순금으로 노끈처럼 꼬아서 만들었다.

히브리인이라면 누구나 알 법한 이스라엘 열두 지파의 이름을 가슴받이에 새겨 제사장이 늘 간직하게 한 이유는 무엇입니까? 제사장은 하나님과 백성 사이에서 백성들이 하나님께 드리는 제사를 도우며 수행하는 직분입니다. 하나님께 나온 개인과 함께 제사를 드리기도 하지만, 일 년에 한 번 속죄일에는 민족 전체의 죄악을 깨끗하게 하기 위한 제사를 드려야 합니다. 제사장은 민족을 대신해 민족의 죄악을 지고 하나님께 나아가는 자라 할 수 있습니다. 그러므로 하나님 앞에 나아갈 때마다 자신이 온 이스라엘을 대신해 나아가고 있음을 늘 기억하고 명심해야 합니다. 만일 제사장이 자신의 직분을 이용해서 탐욕을 취하고, 특정한 지파나 개인과 결탁해버린다면 그야말로 끔찍한 일일 것입니다. 그의 의복 곁에 지닌 가슴받이의 열두 지파의 이름은 그가 누구이며 어디에 왜 서 있는지를 유념하게 합니다.

가슴받이의 보석과 해당 지파

1 홍보석(유다)	7 풍신자석(에브라임)
2 황옥(잇사갈)	8 마노(므낫세)
3 취옥(스불론)	9 자수정(베냐민)
4 녹주석(르우벤)	10 녹주석(단)
5 청옥(시므온)	11 얼룩 마노(아셀)
6 백수정(갓)	12 벽옥(납달리)

16 금테 두 개와 금고리 두 개를 만들어서, 그 두 고리를 가슴
받이의 양쪽 끝에 달았다. 17 금사슬 두 개를 꼬아서, 가슴받이
양쪽 끝에 있는 두 고리에 매었다. 18 그리고 꼰 사슬의 다른
두 끝을 에봇 앞쪽의 멜빵에 달린 두 금테에 매고, 19 또 금고
리 두 개를 더 만들었으며, 그것을 가슴받이 아래의 양쪽 가장
자리 안쪽인 에봇과 겹치는 곳에 달았다. 20 그리고 다른 금고
리 두 개를 더 만들어서, 에봇의 양쪽 멜빵 앞자락 아래, 곧 정
교하게 짠 에봇 띠를 매는 곳 조금 위에 달았다. 21 청색 실로
꼰 끈으로 가슴받이 고리를 에봇 고리에 매되, 정교하게 짠 에
봇 띠 조금 위에다 매어서, 가슴받이가 에봇에서 떨어지지 않
게 하였다. 이는 주님께서 모세에게 명하신 대로 한 것이다.

제사장의 또 다른 예복을 만들다(출 28:31-43)

22 ○ 그들은 에봇에 딸린 겉옷을 전부 청색으로 짜서 만들었
다. 23 그 겉옷 한가운데에 구멍을 내고, 그 구멍의 둘레를 갑
옷의 깃처럼 단단히 홀쳐서, 찢어지지 않게 하였다. 24 그들은

'주님의 성직자'(30절)라는 패를 붙이도록 한 뜻을 모르겠습니다. 에봇만 가지고는 제
사장임을 표시하기에 모자랐던 걸까요? 새번역 성경에서는 '주님의 성직자'로 옮겼
지만, 달리 표현하자면 '주님께 성결' 혹은 '주님께 거룩'과 같은 말로도 옮길 수 있
습니다. 제사장이라는 점은 의복으로도 충분히 표현됩니다. 그럼에도 이와 같이 머
리에 두른 패는 제사장 스스로 자신이 어떤 존재인지를 늘 상기하게 했을 것입니다.
하나님 앞에 나아갈 때는 그 일이 마치 당연한 것처럼 매너리즘에 빠져서는 안 되
며, 마치 스스로가 무슨 특권을 지닌 것처럼 생각해서도 안 될 것입니다. 오직 하나
님께서 이 일을 위해 자신을 세우셨음을 기억하고, 두렵고 떨리는 마음으로 맡은 일
을 수행해야 합니다.

겉옷 자락 둘레에 청색 실과 자주색 실과 홍색 실과 가늘게 꼰 모시실로 석류 모양 술을 만들어 달았다. 25 그리고 순금으로 방울을 만들어서, 그 방울을 겉옷 자락에 달린 석류 술 사이사이에 돌아가면서 달았다. 26 이렇게, 제사를 드릴 때에 입을 수 있게, 겉옷 자락을 돌아가며, 방울 하나 석류 하나, 또 방울 하나 석류 하나를 달았으니, 이는 주님께서 모세에게 명하신 대로 한 것이다.

27 ○ 그들은 또 아론과 그의 아들들이 입을 속옷을 가는 모시실로 정교하게 짜서 만들었다. 28 고운 모시 두건과 고운 모시 관과 가늘게 꼰 모시실로 짠 속바지를 만들었다. 29 가늘게 꼰 모시실과 청색 실과 자주색 실과 홍색 실로 수를 놓아, 허리띠를 만들었다. 이 모든 것은 주님께서 모세에게 명하신 대로 한 것이다.

30 ○ 그들은 또 성직자의 관에 붙이는 거룩한 패를 순금으로 만들고, 그 위에, 인장 반지를 새기듯이 '주님의 성직자'라고

성막의 면모가 화려하기 이를 데 없습니다. 하나님은 지금도 기독교인들이 교회 건물을 힘닿는 데까지 호화롭게 꾸미는 걸 기뻐하시는 걸까요? 금으로 입히는 부분이 있어서 화려해 보일 수 있습니다. 그러나 성막 물품 대부분은 아카시아나무와 놋으로 만들어진 것입니다. 그리고 이를 위한 재료는 모두 백성들이 자원해서 드린 것이었습니다. 즉 백성들이 일상에서 간직하고 사용하던 물건 가운데 드렸고, 이것으로 성막을 세웠습니다. 화려하고 웅장한 건물이라면 고대 이집트의 피라미드나 스핑크스 혹은 고대 시대의 궁전을 떠올릴 수 있지만, 성막은 이와 거리가 아주 멉니다. 이렇게 만들어진 성막은 거의 대부분 고리를 지닌 이동용 성소입니다. 그래서 성막은 자발적 드림, 일상의 물품, 백성과 함께 이동하는 성소라는 특징을 지닙니다. 반면 오늘날 대규모의 화려한 교회당은 일상에서 하나님과 함께한다는 가치도 반영하지 못하고, 오직 자신들이 지닌 경제력만을 과시하는 사치스러운 건물에 불과합니다.

새겨 넣었다. 31 그것을 청색 실로 꼰 끈에 매어서 제사장이 쓰는 관에 달았다. 이것은 주님께서 모세에게 명하신 대로 한 것이다.

성막 완공 검사(출 35:10-19)

32 ㅇ 이렇게 해서, 성막 곧 회막의 공사가 완성되었다. 이스라엘 자손은, 주님께서 모세에게 명하신 모든 것을 그대로 다 하였다. 33 그런 다음에, 그들은 성막을 모세에게 가져왔으니, 이는 천막과 거기에 딸린 모든 기구, 곧 갈고리와 널빤지와 가로다지와 기둥과 밑받침과, 34 붉게 물들인 숫양 가죽 덮개와 돌고래 가죽 덮개와 칸막이 휘장과, 35 증거궤와 그것에 딸린 채와 속죄판과, 36 상과 그 밖의 모든 기구와 상에 차려놓을 빵과, 37 순금 등잔대와 거기에 얹어놓을 등잔들과 그 밖의 모든 기구와 등잔용 기름과, 38 금제단과 예식용 기름과 분향할 향과 장막 어귀의 휘장과, 39 놋제단과 거기에 딸린 놋그물과

이집트에서 탈출한 달을 첫째 달로 삼았으니까, 40장 2절에 따르면 한 해 만에 성막이 세워진 셈입니다. 그렇게 복잡하고 방대한 작업을 어떻게 한 해 만에 마칠 수 있었을까요? 출애굽한 지 석 달 만에 시내산에 도착했으니, 정확하게 말하면 대략 8개월 동안 성막과 물건들을 모두 만들었다고 할 수 있습니다. 건물을 세우는 일이라면 엄청난 일이었겠지만, 성막 건설은 오늘날로 말하자면 텐트와 그에 필요한 부속 물품 만들기라고 할 수 있습니다. 이에 필요한 물품은 모두 자원해 바친 것들로 풍족했고, 브살렐과 오홀리압 같은 숙련되고 지혜로운 기술자가 있었으며, 이를 돕는 사람들도 많았습니다(36:1-3, 8). 이러한 상황을 고려하면 이 모든 작업을 마치기에는 8개월 정도면 충분하다고 볼 수 있습니다. 무엇보다 그들에게는 하나님께서 그들과 함께하시는 처소를 만드는 일이 기쁨이었고, 기대 가득한 일이었을 것입니다.

놋제단을 옮기는 데 쓸 채와 모든 기구와 물두멍과 그 받침과, 40 뜰의 휘장과 그 기둥과 밑받침과 뜰의 정문 휘장과 그 줄과 말뚝과, 성막 곧 회막에서 예배를 드릴 때에 쓰는 모든 기구와, 41 성소에서 예식을 올릴 때에 입는 잘 짠 옷 곧 제사장 아론의 거룩한 옷과 그 아들들이 제사장 일을 할 때에 입는 옷 들이다. 42 이스라엘 자손은, 주님께서 모세에게 명하신 모든 것을 그대로 하여, 일을 완수하였다. 43 모세가 그 모든 일을 점검하여보니, 그들이 주님께서 명하신 그대로 하였으므로, 그들에게 복을 빌어주었다.

{ 제40장 }

회막 봉헌

1 주님께서 말씀하셨다. 2 "너는 첫째 달 초하루에 성막 곧 회막을 세워라. 3 그리고 거기에 증거궤를 들여놓고, 휘장을 쳐서, 그 궤를 가려라. 4 또 너는 상을 가져다가 격식대로 차려놓고, 등잔대를 가져다가 그 위에 등잔불을 올려놓아라. 5 또 금 분향단을 증거궤 앞에 놓고, 성막 어귀에 휘장을 달아라.

6 ○ 번제단은 성막 곧 회막 어귀 앞에 가져다 놓아라. 7 회막과 제단 사이에는 물두멍을 놓고, 거기에 물을 채워라. 8 회막 주위로 울타리를 만들고, 거기에 휘장을 치고, 동쪽 울타리에다 낸 정문에는 막을 드리워라.

9 ○ 너는 예식용 기름을 가져다가, 성막과 거기에 딸린 모든 것에 발라서, 성막과 그 모든 기구를 거룩하게 구별하여라. 그

성막의 모든 기구와 제사장에게까지 기름을 바르고 붓습니다(9, 13절). 거룩하게 구별하는 절차에 기름을 사용한 까닭은 무엇입니까? 여기서 기름은 물건이나 사람을 구별하는 표시로 바르고 붓기 위해 특별하게 제작된 기름입니다(30:22-33). '거룩'에 해당하는 히브리어는 '구별' 혹은 '분리'를 뜻합니다. 물건 자체가 특별한 재질이나 값비싸고 진귀한 것이라서 거룩한 것이 아니라, 거룩하신 하나님께 드려지는 물건이어서, 또 거룩하신 하나님께 드리는 제사나 예배에 쓰이는 물건 혹은 사람이어서 거룩합니다. 사람이나 물건 안에 담긴 성질이 아니라, 하나님과의 관계로 인해 거룩하다 선포되는 것입니다. 그렇기에 아카시아나무 같은 평범하고 흔한 나무로 만든 증거궤에 기름을 발라 거룩한 물건이 되게 합니다. 그렇기에 일반 사람과 하나 다를 바 없는 제사장에게 기름을 부어 거룩한 제사장이라 선언합니다. 그래서 하나님께 나아가는 일은 특별한 사람이나 물건이 아니라 그 누구라도, 어떤 물건이어도 가능한 것입니다.

러면 그것이 거룩하게 될 것이다. 10 너는 번제단과 그 모든 기구에 기름을 발라, 제단을 성별하여라. 그러면 제단이 가장 거룩하게 될 것이다. 11 너는 물두멍과 그 밑받침에 기름을 발라, 그것들을 성별하여라.

12 ㅇ 너는 아론과 그의 아들들을 회막 어귀로 데려다가, 목욕을 하게 하여라. 13 그리고 너는 아론에게 거룩한 옷을 입게 하고, 그에게 기름을 붓고, 그를 거룩하게 구별하여, 제사장으로서 나를 섬기게 하여라. 14 그의 아들들을 데려다가, 그들에게 속옷을 입혀라. 15 그리고 네가 그들의 아버지에게 기름을 부은 것과 같이, 그들에게 기름을 부어라. 그러면 그들이 나를 섬기는 제사장이 될 것이다. 그들은 기름 부음을 받음으로써, 대대로 영원히 제사장직을 맡게 된다."

16 ㅇ 모세는 주님께서 그에게 명하신 것을 모두 그대로 하였다. 17 마침내 제이 년 첫째 달 초하루에 성막을 세웠는데, 18 모세는 밑받침을 놓고, 널빤지를 맞추고, 가로다지를 꿰고, 기둥을 세워, 성막을 완성하였다. 19 또 성막 위에 막을 펴고, 그 위에 덮개를 덮었다. 이는 주님께서 모세에게 명하

'언약궤'와 '증거궤'라는 명칭이 섞여 쓰이고 있습니다. 같은 궤를 이처럼 달리 부르는 이유는 무엇입니까? '증거궤'는 주로 출애굽기에서 쓰이고, 출애굽기를 제외한 구약성경에서는 잘 쓰이지 않는 명칭입니다(출애굽기 외에서는 민 4:5; 7:89; 수 4:16). 반면 출애굽기에는 '언약궤'라는 말이 단 한 번도 쓰이지 않습니다(25장 30절에 '언약궤'가 쓰였지만 히브리어 성경에는 나타나지 않습니다). 증거궤는 그 안에 하나님께서 알리신 열 가지 계명, 십계명이라는 '증거의 돌판'이 있음을 강조하는 표현이라면, '언약궤'는 하나님께서 그 백성 이스라엘과 언약을 맺으셨음을 강조하는 표현입니다. 그래서 하나님께서 그 백성과 동행하심을 강조할 때는 증거궤가 쓰이고, 하나님의 언약 백성을 강조할 땐 언약궤를 쓴다고 말할 수 있습니다.

신 대로 한 것이다. 20 그렇게 한 다음에, 증거판을 가져다가 궤 안에 넣고, 그 궤에 채를 꿰고, 궤 위에 속죄판을 덮었다. 21 궤를 성막 안에 들여놓고, 휘장을 쳐서 증거궤를 막았다. 이는 주님께서 모세에게 명하신 대로 한 것이다. 22 회막 안, 성막의 북쪽 면, 휘장 바깥에 상을 들여놓았다. 23 상 위에는 주님께 바치는 빵을 차려놓았다. 이것은 주님께서 모세에게 명하신 대로 한 것이다. 24 회막 안의 상 맞은쪽, 성막의 남쪽 면에 등잔대를 놓고, 25 주님 앞에 등잔을 올려놓았다. 이것은 주님께서 모세에게 명하신 대로 한 것이다. 26 금제단을 회막 안, 휘장 앞에 들여놓고, 27 그 위에 향기로운 향을 피웠다. 이것은 주님께서 모세에게 명하신 대로 한 것이다. 28 또 성막 어귀에 막을 달고, 29 성막 곧 회막 어귀에 번제단을 놓고, 그 위에 번제물과 곡식제물을 바쳤다. 이것은 주님께서 모세에게 명하신 대로 한 것이다. 30 회막과 제단 사이에 물두멍을 놓고, 거기에 씻을 물을 채웠다. 31 모세와 아론과 아론의 아들들이 그 물로 손과 발을 씻었는데, 32 회막에 들어갈 때와 단에 가까이 갈 때에 그렇게 씻었다. 이것은 주님께서 모세에게 명하신 대로 한 것이다. 33 울타리를 만들어서 성막과 제단을 둘

성막은 하나님의 집인가요? 아니면 하나님의 상징인가요? 성막은 하나님의 집입니다! 그렇지만 하나님께서 늘 거기에 살고 계시는 것은 아니니 하나님께서 거하심을 알리는 상징이기도 합니다. 광야에서 이스라엘이 한곳에 머무를 때 그들의 진 한가운데에 성막이 있었습니다. 이것은 이스라엘 가운데 하나님께서 거하심을 보여주는 명료한 그림 같은 상징입니다. 성막에 구름이 떠오르면 이스라엘은 움직이고, 진행하던 구름이 내려앉으면 이스라엘은 그곳에 머무릅니다. 먼저 성막을 설치하고, 성막 사방으로 이스라엘이 각자의 텐트를 칩니다. 그래서 성막은 그 백성과 동행하시는 하나님을 상징합니다.

러싸고, 동쪽 울타리에다가 낸 정문에는 막을 달아 가렸다. 이렇게 모세는 모든 일을 다 마쳤다.

주님의 영광이 회막을 덮다(민 9:15-23)

34 ○ 그때에 구름이 회막을 덮고, 주님의 영광이 성막에 가득 찼다. 35 모세는, 회막에 구름이 머물고, 주님의 영광이 성막에 가득 찼으므로, 거기에 들어갈 수 없었다. 36 이스라엘 자손은 구름이 성막에서 걷히면 진을 거두어 가지고 떠났다. 37 그러나 구름이 걷히지 않으면, 걷힐 때까지 떠나지 않았다. 38 그들이 길을 가는 동안에, 낮에는 주님의 구름이 성막 위에 있고, 밤에는 구름 가운데 불이 있어서, 이스라엘 온 자손의 눈앞을 밝혀주었다.

창세기 우주와 세상 만물, 시간, 인류가 어디서 비롯되었으며 어떻게 존재하게 되었는지 설명한다. 한편으로는 하나님께서 손수 인간을 빚어 만드신 뜻은 무엇이며, 그 하나하나와 어떤 관계를 맺고 싶어 하시는지, 인류를 향해 어떤 계획과 기대를 가지고 있으며 또 무얼 약속하시는지, 그 약속이 어떻게 한 세대에서 다음 세대로 꿋꿋이 흘러내려 갔는지 그려낸다. 천지창조의 파노라마에서 출발해서, 약속을 간직한 야곱 일가가 기근을 피해 이집트로 내려가 정착한 내력으로 마감된다.

출애굽기 이집트에서 종살이를 하던 이스라엘 백성의 탈출기. 하나님은 모세라는 지도자를 내세워 가혹한 착취와 노역에 시달리던 이스라엘 백성을 건져내 약속의 땅으로 안내하신다. 끝까지 거부하고 버티는 파라오에게 내린 열 가지 엄청난 재앙, 바다가 갈라져 길이 열리는 사건을 비롯해 하나님께서 이스라엘 백성에게 베푸신 갖가지 기적 등 흥미진진한 이야기들이 실려 있다. 두고두고 지키도록 하나님께서 직접 정해주신 여러 절기와 예배의식, 법률 제도 등도 볼 수 있다.

레위기 이스라엘 백성이 지켜야 할 규칙을 모은 법률서. 언약을 품은 백성이 깨끗한 삶과 마음으로 하나님과 친밀한 관계를 맺으며 살아갈 여러 방법을 구체적으로 제시한다. 하나님께 드리는 제사와 제물의 종류, 제사장의 자격과 권위, 정결한 짐승과 부정한 짐승, 성적인 규례, 결혼과 가정을 둘러싼 제도, 사형으로 다스려야 할 범죄, 땅의 소유권, 안식년과 희년 제도 등을 자세히 다룬다.

민수기 두 차례의 인구조사 기록을 밑그림으로 이스라엘 백성의 광야 생활을 따라간다. 종살이에서 풀려난 감격은 어느 결에 사라지고 불평과 불만이 이스라엘 백성 가운데 자리 잡는다. 원망은 모세와 그 가족, 그리고 실질적으로는 하나님을 향하기에 이르고, 마침내 온 백성이 불순종의 대가를 치르게 된다. 이집트에서 출발한 첫 세대는 영영 약속의 땅에 들어가지 못하고 광야에서 스러지고 만다.

신명기 약속의 땅을 코앞에 두고, 모세가 이스라엘 백성에게 남긴 마지막 당부. 모세는 이집트의 손아귀에서 벗어난 뒤로 40년에 걸쳐 광야를 떠돌았던 세월을 되짚는다. 하나님을 외면하고 우상을 숭배했던 죄를 지적하는 한편, 그럼에도 불구하고 조금도 부족함 없이 먹이고 입힌 하나님의 돌보심을 일깨운다. 이어서 율법의 가르침을 일일이 꼽아가며 하나님 앞에서 거룩하게 사는 일이 얼마나 중요한지 강조한다. 하나님의 법에 따르는 이가 누릴 축복과 거부하는 이에게 향하는 저주를 낱낱이 열거한다. 모세가 눈을 감으면서 이스라엘 역사도 새로운 국면으로 넘어간다.

여호수아기 새로운 지도자 여호수아를 따라 요단강을 건넌 이스라엘 백성의 가나안 정복기. 하나님의 능력에 힘입어 견고하기 이를 데 없는 여리고 성을 무너뜨리면서 시작된 정복 전쟁은 치열한 공방을 거듭하며 길게 이어진다. 하나님께서 알려주신 전투 원칙에 충실했을 때는 어김없이 승리를 거뒀지만, 자만해서 또는 속임수에 넘어가 명령을 어겼을 때는 막대한 피해를 입었다. 여호수아는 싸워 얻은 땅들을 각 지파에 나눠 주고, 끝까지 하나님께 충실하겠다는 백성의 다짐을 받는다.

사사기 모세와 여호수아 이후, 이스라엘에 임금이 나오기 전까지 긴 세월 동안 백성을 다스렸던 숱한 지도자(사사)들의 이야기. 약속의 땅에 자리를 잡았지만, 이스라엘 백성은 누가 자신들의 참 하나님인지를 이내 잊고 말았다. 신앙은 흐트러지고, 우상숭배가 만연했다. 세상은 거칠어졌고, 틈만 나면 뭇 민족들의 침략과 압제에 시달렸다. 하나님은 그때마다 사사들을 세워 백성을 구출하고, 그분과 맺은 약속을 소중히 여기라고 요구하신다.

룻기 사사 시대에 살았던 룻이라는 여인의 일대기. 독특하게도 주인공 룻은 히브리인이 아니었다. 멸시의 대상이었던 이방인, 그것도 이스라엘과 적대지간인 모압의 여인이 어떻게 히브리 역사의 한 장을 차지하게 되었을까? 남편과 사별하고, 먹고살 길조차 막막했던 이방 여인이 율법이 정한 의무를 충실히 이행하려는 진실한 사내와 만나 건강하고 안정된 삶을 회복하는 이 단순한 이야기가 오늘을 사는 우리에게 전하는 메시지는 무엇일까?

사무엘기상 사사의 시대가 마무리되고 왕의 통치가 시작되는 시기의 거대한 역사 드라마. 주요 등장인물은 사무엘, 사울, 다윗이다. 일찌감치 제사장 손에 맡겨져 성전에서 살았던 사무엘은 곧바른 사사로 성장하고, 이스라엘의 왕정을 여는 중책을 맡는다. 첫 왕 사울은 뛰어난 자질을 가졌지만 제 힘과 능력을 과신한 탓에 서서히 몰락의 길을 걷는다. 하나님의 명령에 따라 사무엘은 다시 다윗에게 기름을 붓고 왕위를 넘긴다. 저 유명한 '다윗과 골리앗'의 한판 승부 이야기도 여기서 볼 수 있다.

사무엘기하 이스라엘 역사를 통틀어 가장 위대한 임금으로 꼽히는 다윗의 통치와 추락을 그린다. 난국을 진정시키고 왕위에 오른 그는 주변 국가들을 잇달아 굴복시키고 빼앗겼던 법궤를 되찾았으며, 영토를 크게 넓혀 강국으로 성장할 토대를 놓는다. 하지만 간통을 저지르고 충직한 부하를 사지에 내몰아 죽게 하는 치명적인 범죄를 저지르면서 단번에 추락하고 만다. 이윽고 사랑했던 아들이 반란을 일으키고, 함께 사지를 넘나들었던 신하들이 갈라져 서로 죽이는 비극적인 사태가 벌어진다.

열왕기상 솔로몬과 그 이후에 등장한 왕들, 그리고 걸출한 예언자들의 행적을 기록한 책. 왕위 다툼의 최종 승자가 된 솔로몬은 통치 초기, 대대적인 제사를 드리고 웅장한 성전을 건축하는 등 하나님을 향한 진심을 드러낸다. 하지만 명성과 권력이 드높아지자 초심을 잃고 백성에게 높은 세금과 힘든 노역을 강요하는 한편, 끝없는 정략결혼으로 동맹을 늘려간다. 결국 솔로몬이 눈을 감기 무섭게 왕국은 이스라엘과 유다로 갈라진다. 두 나라는 제각기 왕위를 이어가며 끝없이 부대낀다. 하나님은 엘리야를 통해 권능을 드러내 보이며 거룩한 약속을 상기시키고 회개를 촉구하신다.

열왕기하 이스라엘과 유다 왕국이 차례로 무너져 내리는 쇠락의 역사를 다룬다. 하나님은 예언자들을 숱하게 보내 멸망을 경고하고 바른길로 돌아서길 요구하시지만, 두 나라의 대다수 임금들은 귀를 단단히 틀어막고 거룩하지 못한 삶으로 오로지한다. 예언자 엘리야의 뒤를 이은 엘리사는 수없이 많은 기적들을 일으키고 개혁을 부르짖었지만, 보람을 얻지 못한다. 결국 북쪽 이스라엘은 앗시리아에, 남쪽 유다는 바빌론에 차례로 멸망당하고 만다.

역대지상 아담부터 다윗에 이르는 이스라엘의 방대한 족보, 그리고 다윗이 통치하던 시절의 역사를 기록한 책. 족보는 포로로 끌려갔다 간신히 고향으로 돌아온 이스라엘 백성에게 민족의 정체성을 확인시키고 궁극적으로 되돌아가야 할 지점이 어디인지 가리켜 보여준다. 족보를 상세하게 소개한 뒤에는 언약궤를 되찾고 성전 지을 준비를 완벽하게 갖춰놓았던 다윗 임금에 초점을 맞춘다. 다윗 왕국은 영광스러운 역사의 첫 줄이었고, 성전은 하나님과 맺은 약속의 상징이었기 때문이다.

역대지하 역대지하는 솔로몬 왕국으로 시선을 돌린다. 솔로몬이 지은 성전이 얼마나 화려하고 웅장했는지, 그 안에 들어가는 기구 하나하나까지 상세히 그려가며 소개한다. 아울러 솔로몬의 부귀와 영화가 얼마나 대단했으며 지혜가 얼마나 탁월했는지 낱낱이 되새김질한다. 뒤를 이은 임금들의 발자취를 따라가며 이스라엘이 몰락하고 포로 신세가 되었음을 알리지만, 끝머리에는 고레스가 내린 해방 명령을 실어 또 다른 시대가 열릴 것임을 예고한다.

에스라기 페르시아로 끌려갔다가 풀려난 이스라엘 백성의 귀향, 그리고 성전과 성벽을 다시 세우는 힘겨운 씨름, 무너진 이스라엘 백성의 신앙을 되세우려는 선지자 에스라의 분투를 다룬다. 기적처럼 포로 신세에서 벗어나 고향으로 돌아온 백성은 감격 속에 제사를 드리고 성전과 성읍 재건에 나서지만, 완공을 보기까지는 악랄하고도 치밀한 적들의 방해 공작에 시달려야 했다. 뒤늦게 2진을 이끌고 이스라엘에 돌아온 에스라는 신앙이 형편없이 흐트러진 동포들의 모습에 경악하고 곧장 회복운동에 나선다.

느헤미야기 에스라와 비슷한 시대를 살았던 느헤미야가 고향으로 돌아와 펼친 개혁운동을 담고 있다. 바빌론에서 임금을 모시는 관리로 일하던 느헤미야는 재건 공사가 지지부진하다는 고국 소식에 귀환을 결심한다. 고향에 돌아온 느헤미야는 적대 세력의 압박을 뿌리치고 여러 가문과 힘을 모아 재건 공사를 마무리한다. 마침내 공사가 끝나자, 이스라엘 백성은 한데 모여 율법을 낭독하고, 죄를 뉘우치고, 예배를 드리고, 삶의 자세를 가다듬었다.

에스더기 페르시아의 임금 아하수에로의 왕비가 된 유대 여인 에스더의 파란만장 일대기. 에스더가 포로의 처지에서 단번에 왕비가 되었을 즈음, 유대인들은 총체적인 난국을 맞는다. 임금의 총애를 받는 고관 하만이 자신에게 고분고분 고개를 숙이지 않는 유대인들을 모조리 말살하기로 작정하고 실행에 들어간 까닭이다. 에스더는 제 목숨을 내놓고 동족을 살리는 데 앞장선다.

욥기 더없이 풍요롭고 행복한 삶을 누리던 이가 하루아침에 가진 걸 다 잃어버리고 고통의 수렁에 빠진다면, 그이의 뇌리엔 어떤 생각들이 오갈까? 나무랄 데 없이 선한 성품, 풍요로운 삶, 화목한 가정까지 무엇 하나 모자람 없던 욥은 거대한 불행에 휩쓸려 고통의 바다 깊숙이 가라앉고 만다. 친구들은 잘못한 게 있으니 벌을 받는 게 아니냐고 하지만, 욥으로선 불행의 원인을 도무지 가늠할 수 없다. 토론이 이어지고 목소리가 높아지지만, 결론은 나지 않는다. 이제 하나님의 답을 들어볼 차례다. 그분은 무어라 하시는가?

시편 하나님의 백성이 부르는 노래 모음. 다윗과 솔로몬을 비롯해 여러 시인들의 노래를 모았다. 하나님의 됨됨이와 이룬 일들을 높이고 찬양하는 노래가 많지만, 그것이 전부는 아니다. 더러는 베풀어준 은혜에 감격하기도 하고, 괴로움을 호소하며 도움을 구하기도 하고, 허물을 고백하고 용서를 구하기도 하고, 하나님께서 주신 약속을 되새기기도 하며, 예배의 즐거움을 노래하기도 한다.

잠언 하나님을 임금으로 삼고 사는 백성의 눈으로 어떻게 세상을 살아야 할지 간결하게 정리한 글 모음. 지혜가 얼마나 소중한 보물인지 누누이 설명한 뒤, 좋은 친구를 사귀고, 슬기로운 말을 하고, 게으름과 성적인 유혹을 피하는 법 등 다양한 주제를 다룬다. 흔히 보는 교훈집이나 금언서와는 출발이 다르다. 잠언은 지혜의 근원을 하나님에 두는 까닭이다.

전도서 땅에 코를 박고 사는 이들에게 삶의 본질을 가리켜 보이며 고개를 들어 하늘을 올려다보라고 가르치는 책. "헛되고 헛되다. 모든 것이 헛되다"라는 선언에서 출발해 무슨 일이든 때가 있는 법임을 일깨운다. 인생은 불공평하며 한 치 앞도 알 수 없지만, 조바심칠 게 아니라 오늘을 살며 하나님을 바라보라고 권한다.

아가 두 연인이 나누는 사랑 노래. 낯빛이 까만 여인과 왕이기도 하고 목자이기도 한 사내는 끝없이 연모하고, 사랑을 나누며, 혼인의 즐거움을 만끽하고, 더불어 춤을 춘다. 둘이 서로를 그리워하며 쏟아내는 고백은 다정하고, 안타까우며, 사랑스럽고, 더러 에로틱하기까지 하다.

이사야서 네 임금의 치세와 흥망성쇠를 지켜본 선지자 이사야는 유다와 예루살렘에 관한 환상을 보고 백성에게 하나님이 주신 메시지를 선포한다. 하나님께 등을 돌린 '죄지은 민족, 허물이 많은 백성, 흉악한 종자, 타락한 자식들'을 향해 심판이 코앞에 닥쳤음을 경고하는 반면, 다른 한편으로는 그럼에도 불구하고 더없이 큰 권세로 구원하시는 하나님의 사랑을 선포한다.

예레미야서 유다가 막바지를 향해 치닫던 시절에 활동했던 예언자 예레미야가 전하는 하나님의 메시지. 멸망이 코앞에 닥쳤으니 당장 뉘우치고 돌아서라 외쳤기에 백성의 격렬한 반발을 샀다. 임금과 백성의 비위를 맞추기에 급급한 사이비 예언자들의 모욕을 감수해야 했고, 옥에 갇히기도 했다. 하지만 예레미야는 암울한 미래를 예고하는 데 그치지 않고 하나님의 약속이 회복되는 궁극적인 미래를 가리켜 보인다.

예레미야 애가 유다의 참담한 미래를 내다보고 탄식하며 눈물짓는 예언자의 노래. 백성은 사로잡혀 사방팔방으로 뿔뿔이 흩어지고, 거룩한 성 예루살렘은 황폐해져 적막이 감돈다. 예언자는 이 모두가 마땅히 치러야 할 죗값임을 지적하고, 고아의 처지가 된 백성을 기억해주시길 하나님께 호소한다.

에스겔서 포로로 끌려간 바빌론에서 예언자로 활동했던 에스겔의 메시지. 앞선 책의 예언자들처럼 유다와 뭇 나라들에 쏟아질 하나님의 심판을 선포하고, 예루살렘의 회복과 축복을 예고하며, 하나님께서 더없이 가까이 함께해주실 미래를 소망한다. 책을 가득 채운 기이하고 기묘한 행적과 환상들은 이런 메시지들을 생생하게 전달하고 깊이 각인시킨다.

다니엘서 포로의 처지로 바빌론 왕궁에 살며 집중 관리를 받았던 유다 청년 다니엘이 하나님을 향한 순수한 마음을 지키기 위해 벌였던 씨름, 그리고 그이가 꿈에 보았던 놀라운 환상을 기록한 책. 한결같은 신앙을 가졌던 까닭에 다니엘은 일생일대의 위기를 겪지만, 하나님의 극적인 개입으로 목숨을 건진다. 후반부에는 다니엘이 보았던 기이한 환상과 상징들이 파노라마처럼 펼쳐진다.

호세아서 신앙적으로 한없이 타락하고 우상숭배가 극성을 부리던 이스라엘 땅에서 활동했던 예언자 호세아의 입을 통해 전하는 하나님의 메시지. 바람기 가득한 아내를 결코 포기하지 않고 줄곧 사랑을 이어가는 삶을 통해 하나님의 사랑이 얼마나 극진한지 한눈에 보여준다.

요엘서 유다와 예루살렘에 닥친 엄청난 자연재해를 소재로 예언자 요엘이 전한 하나님의 메시지. 예언자는 메뚜기 떼의 습격을 이민족의 침입에 빗대어 설명한 뒤, 뉘우치고 돌아오기를 기대하는 하나님의 마음을 전한다. 하나님은 진심으로 회개하면 재앙을 거두기도 하는 분임을 강조하며, 즉각적이고 전폭적인 회개를 촉구한다.

아모스서 종교적인 타락과 위선, 무너진 정의, 부패한 사회를 매섭게 비판했던 예언자 아모스가 전한 하나님의 메시지. 다마스쿠스와 모압을 비롯해 숱한 주변 국가들을 향한 하나님의 진노와 징계를 선포하고 이스라엘의 멸망을 예언하지만, 거룩한 질서가 회복된 미래에 대한 예고도 빼놓지 않는다.

오바댜서 예언자 오바댜의 입을 통해 에돔을 향한 노여움과 심판을 예고하는 하나님의 메시지. 유다가 바빌론에 시달리는 모습을 지켜보며 돕기는커녕 도리어 웃음 짓던 오만한 에돔은 하나님의 손에 무너지고, 거룩한 백성이 승리를 거둘 것을 예고한다.

요나서 예언자 요나는 강대국 니느웨에 가서 죄를 꾸짖고 심판이 임박했음을 알리라는 하나님의 명령을 받지만, 순종 대신 도망을 택한다. 이후에 벌어지는 사건들은 속속들이 죄에 물든 인간일지라도 돌이키기만 하면 얼마든지 용서하시겠다는 하나님의 속내를 여실히 보여준다.

미가서 정의는 무너지고 죄악이 차고 넘치는 유다와 이스라엘을 꾸짖고, 거룩한 뜻과 질서가 지배하는 새로운 세상을 그려 보이며, 하나님께서 진정으로 원하시는 바가 무엇인지를 명쾌하게 제시한다.

나훔서 나훔이 선포한 하나님의 메시지로 '피의 도성, 거짓말과 강포가 가득하며 노략질을 그치지 않는 도성' 니느웨의 멸망을 예고한다. 하나님이 얼마나 크고 강하며 사랑이 가득한 분인지 설명하고, 그 권세가 어떻게 니느웨를 파멸에 이르게 할지 그림처럼 선명하게 보여준다.

하박국서 정의와 심판에 대한, 예언자 하박국과 하나님의 질의응답. 하박국은 세상에 이토록 불의가 가득한데 하나님은 어째서 짐짓 모른 체하시는가 따져 묻고, 하나님께서는 지체 없이 단호한 답변을 내놓으신다. 하박국은 "주 하나님은 나의 힘"이라는 고백으로 긴 대화를 마무리한다. 하나님은 과연 어떤 답을 주셨을까?

스바냐서 예언자 스바냐가 전하는 하나님의 메시지. 유다와 열방의 죄상을 통렬하게 지적하고 시시각각 다가오는 심판을 예고하는 한편, 징벌이 그치는 '그날이 오면' 축제 같은 즐거움이 가득하리라고 가르친다.

학개서 바빌론 포로 생활에서 풀려나 고국에 돌아온 뒤, 성전을 다시 세우기 위해 안간힘을 썼던 예언자 학개가 전하는 하나님의 메시지. 재건 작업이 지지부진한 현실 앞에서 성전을 다시 세우는 행위가 갖는 의미를 설파하고, "언약이 아직도 변함이 없고, 나의 영이 너희 가운데 머물러 있으니, 너희는 두려워하지 말라"는 거룩한 음성을 전달한다.

스가랴서 뿔과 대장장이, 측량줄, 대제사장 여호수아, 순금 등잔대와 두 올리브나무, 날아다니는 두루마리, 곡식 넣는 뒤주, 병거 네 대 등 기이하고 다양한 환상들을 기록하고, 선택한 백성을 향한 하나님의 구원 계획을 소개하는 예언자 스가랴의 글.

말라기서 구약성경의 마지막 책. 진실한 예배가 사라지고 말라비틀어진 형식만 남은 세상, 약자들이 억압받고 소외되는 불의한 사회를 고발하고, 하나님께서 '특사'를 보내셔서 온갖 불순한 동기와 행위들을 정결하게 하며 굽은 정의를 바로 세우시는 날이 기필코 오리라고 단언한다.

Bible in Hand | 교양인을 위한 성경

Bible in Hand | 교양인을 위한 성경 시리즈는 성경 원문의 뜻을 우리말 어법에 맞게 정확하게 번역한 〈성경전서 새번역〉 본문과 해제로 구성되어 있다. 성경을 읽으면서 생기는 질문에 답을 주는 질문과 해제 부분의 경우, 구약은 김근주 교수(기독연구원 느헤미야), 신약은 권연경 교수(숭실대 기독교학과)가 성경을 읽어가는 재미와 정보의 길안내를 맡았다.

구약

세상의 모든 처음

영광의 탈출,
새로운 삶을 향하여

지혜와 삶과 사랑

세상의 모든 처음
창세기 | 248p | 11,000원

**영광의 탈출,
새로운 삶을 향하여**
출애굽기 | 212p | 11,000원

지혜와 삶과 사랑
잠언, 전도서, 아가 | 192p | 8,500원

해제 **김근주** 교수 | 기독연구원 느헤미야

서울대학교 경제학과를 졸업하고, 장로회신학대학교 신학대학원에서 목회학 석사(M.Div.)와 신학 석사(Th.M.) 학위를 받은 후, 영국 옥스퍼드대학교에서 칠십인역 이사야서의 신학적 특징을 다룬 논문(The Identity of the Jewish Diaspora in the Septuagint Isaiah)으로 박사(D.Phil.) 학위를 받았다. 기독연구원 느헤미야 연구위원이며, 일산은혜교회 협동목사로 섬기고 있다.

해제 **권연경** 교수 | 숭실대학교 기독교학과

서울대학교 영어영문학과를 졸업하고, 풀러신학교(M.Div.)와 예일대학교 신학부
(S.T.M.)를 거쳐 런던대학교 킹스칼리지에서 박사학위(Ph.D.)를 받았다. 현재 숭실
대학교 기독교학과 교수로 재직하고 있으며, 기독연구원 느헤미야 연구위원을 맡고
있다.

신약

성취된 약속,
왕으로 온 메시아

마태복음서 | 188p | 10,000원

너희는
나를 누구라고 하느냐?

마가복음서 | 128p | 7,000원

행진, 담대하게 거침없이

사도행전 | 176p | 8,500원

● Bible in Hand | 교양인을 위한 성경 시리즈는 구약 17권, 신약 8권으로 2021년 완간 예정이다.

● **봄이다 프로젝트 페이스북** https://www.facebook.com/ltispring

● **봄이다 프로젝트 블로그** https://blog.naver.com/hoon_bom

● **문의** hoon_bom@naver.com

BIBLE in Hand 교양인을 위한 성경

영광의 탈출, 새로운 삶을 향하여

구약 | 출애굽기

1쇄 발행일 2020년 5월 18일

펴낸이 최종훈
펴낸곳 봄이다 프로젝트
등록 2017-000003
주소 경기도 양평군 서종면 황순원로 414-58 (우편번호 12504)
전화 02-733-7223
이메일 hoon_bom@naver.com

책임편집 이나경 박준숙
디자인 designGo
표지 이미지 shutterstock
인쇄 SP

ISBN 979-11-963622-7-0
값 11,000원